Lebenslange Persönlichkeitsentwicklung

Bernd Wildenmann · Wibke Klipfel

Lebenslange Persönlichkeitsentwicklung

Management Potenzial identifizieren, entfalten und weiterentwickeln

Bernd Wildenmann
GmbH & Co. KG, Wildenmann Consulting
Ettlingen, Baden-Württemberg
Deutschland

Wibke Klipfel
Research and Development, Wildenmann Consulting
Ettlingen, Baden-Württemberg
Deutschland

ISBN 978-3-662-69505-0   ISBN 978-3-662-69506-7   (eBook)
https://doi.org/10.1007/978-3-662-69506-7

Die Deutsche Nationalbibliothek verzeichnet diese Publikation in der Deutschen Nationalbibliografie; detaillierte bibliografische Daten sind im Internet über https://portal.dnb.de abrufbar.

© Der/die Herausgeber bzw. der/die Autor(en), exklusiv lizenziert an Springer-Verlag GmbH, DE, ein Teil von Springer Nature 2024

Das Werk einschließlich aller seiner Teile ist urheberrechtlich geschützt. Jede Verwertung, die nicht ausdrücklich vom Urheberrechtsgesetz zugelassen ist, bedarf der vorherigen Zustimmung des Verlags. Das gilt insbesondere für Vervielfältigungen, Bearbeitungen, Übersetzungen, Mikroverfilmungen und die Einspeicherung und Verarbeitung in elektronischen Systemen.
Die Wiedergabe von allgemein beschreibenden Bezeichnungen, Marken, Unternehmensnamen etc. in diesem Werk bedeutet nicht, dass diese frei durch jede Person benutzt werden dürfen. Die Berechtigung zur Benutzung unterliegt, auch ohne gesonderten Hinweis hierzu, den Regeln des Markenrechts. Die Rechte des/der jeweiligen Zeicheninhaber*in sind zu beachten.
Der Verlag, die Autor*innen und die Herausgeber*innen gehen davon aus, dass die Angaben und Informationen in diesem Werk zum Zeitpunkt der Veröffentlichung vollständig und korrekt sind. Weder der Verlag noch die Autor*innen oder die Herausgeber*innen übernehmen, ausdrücklich oder implizit, Gewähr für den Inhalt des Werkes, etwaige Fehler oder Äußerungen. Der Verlag bleibt im Hinblick auf geografische Zuordnungen und Gebietsbezeichnungen in veröffentlichten Karten und Institutionsadressen neutral.

Planung/Lektorat: Marion Krämer
Springer ist ein Imprint der eingetragenen Gesellschaft Springer-Verlag GmbH, DE und ist ein Teil von Springer Nature.
Die Anschrift der Gesellschaft ist: Heidelberger Platz 3, 14197 Berlin, Germany

Wenn Sie dieses Produkt entsorgen, geben Sie das Papier bitte zum Recycling.

*Für unsere liebe Zoe, die ihr wundervolles
Leben noch vor sich hat.*

Vorwort & Danksagung

Du wirst in deinem Leben 5 bis 7 Menschen kennenlernen, die es gut mit dir meinen. Diese Menschen solltest du niemals übersehen.

Die Frage der menschlichen Entwicklung steht gerade im Kontext der Organisationen und Unternehmungen immer wieder im Mittelpunkt. Kann sich eine Person verändern, insbesondere wenn es sich um positive Entwicklungen handelt? Jedem Menschen wird zugestanden, dass er oder sie sich durchaus destruktiv im Verhalten entwickeln kann. Bis dahin, dass eine Person sich immer weiter in eine Destruktion entwickelt.

Aber kann sich jemand über das Leben hinweg stetig verändern oder stetig reifer werden? Das speziell auch in den reiferen Jahren oder ist ein Mensch mit 30 fertig und bleibt im Großen und Ganzen so wie er oder sie ist? Die Entwicklungsstufen in den jungen oder jüngeren Jahren sind intensiv erforscht.

Forscher wie Erik H. Erikson (1976) haben Stufen der Entwicklung aufgezeigt. Dort geht es um die Besonderheiten einzelner Entwicklungsphasen insbesondere bis zur Adoleszenz. Es wird untersucht, in welcher Weise bewusste und unbewusste Prozesse in bestimmten Phasen das Erleben, die Wahrnehmung und das Verhalten des jungen Menschen beeinflussen und wie diese auch zu manifesten, Zeit überdauernden Haltungen führen können. Gleichsam wird untersucht, wie sich die Bewältigung von einzelnen Stadien auf nachfolgende und neue Entwicklungsphasen auswirken.

Für die Erklärungen von späteren Lebensphasen gibt es nur wenige Modelle. Carl Gustav Jung hat mit seinem Funktionstypenmodell auch die entwicklungspsychologische Seite der Persönlichkeit ausgeführt. Darauf wollen wir später nochmals speziell eingehen (Frey-Wehrlin, C. T. & Liebscher, M., 2020). Eine auf diesem Gebiet sehr bedeutsame Arbeit hat Jane Loevinger geschaffen, obwohl sie in den einschlägigen Lehrbüchern kaum erwähnt wird.

Sie hat gelehrt und geforscht und ihre gesamten Erkenntnisse veröffentlicht (Hy & Loevinger, 1996), bis ins Detail der Analyse. Auf diese Arbeit möchten wir uns in dieser Veröffentlichung stützen.

Ihre Arbeit wird oder wurde weitergeführt von Instituten wie dem Center for Creative Leadership (CCL) unter Nick Petrie. Weitere Veröffentlichungen gibt es bei Susanne Cook-Greuter (1999).

Loevinger hat für die Bestimmung der Entwicklungsstufen mit Satzergänzungen gearbeitet. So auch die vorgenannten weiteren Anwender. Nachdem diese Methode einigermaßen aufwendig ist, haben wir uns entschlossen, für die Bestimmung der Stufen ein Fragebogeninventar mit Items zu entwickeln, die in ihrer Auswertung die Bestimmung des Entwicklungslevels zulassen.

Wir haben uns bei den Stufen an denen von Loevinger (Hy & Loevinger, 1996) orientiert, an einigen Stellen jedoch Veränderungen und Anpassungen vorgenommen. Dies auch, weil unser Verfahren vorwiegend im Wirtschaftskontext angewendet werden soll. Die Erhebungsphase sollte jedenfalls vom Aufwand her erheblich gekürzt werden, damit solche Befragungen auch finanzierbarer werden.

Wir möchten uns an dieser Stelle ganz besonders bei Amee Olson bedanken. Sie hat das ganze Thema in Bewegung gebracht. Amee rief mich eines Tages an und machte mich auf diese Betrachtung der Persönlichkeit aufmerksam. Sie hat es uns auch ermöglicht, Kontakt zu den Vertretern dieser Richtung zu bekommen. Dank an unsere Auftraggeber. Die Erkenntnisse sind nicht im theoretischen Elfenbeinturm entstanden. Sondern in der Realität. Die vielen Führungskräfte, die wir kennenlernen durften, zeigen in der Beobachtung im Lebensverlauf die Anhaltspunkte, die man manchmal nur aufschreiben muss. Dank an Julia Licht für das finale Korrekturlesen des Buches.

Bernd Wildenmann
Wibke Klipfel

Literatur

Erikson, E. H. (1976). *Identität und Lebenszyklus*. Suhrkamp.
Frey-Wehrlin, C. T., & Liebscher, M. (2020). *Jung, Carl Gustav: Psychologische Typen*. Metzler.
Hy, L. X., & Loevinger, J. (1996). *Measuring ego development*. Erlbaum.

Inhaltsverzeichnis

1	Die Bedeutung der Persönlichkeit im Kontext der Erfolgsfaktoren für den Erfolg im Management	1
	Literatur	2
2	Horizontale und vertikale Persönlichkeitsentwicklung	5
	Literatur	8
3	Reifung oder Lernen	9
4	Dispositionen und Dimensionen der Persönlichkeit	11
	Literatur	14
5	Dynamik der menschlichen Entwicklung	15
	Literatur	17
6	Das Selbstwertgefühl als zentrale Instanz der Persönlichkeit	19
7	Die acht vertikalen Entwicklungsstufen der Persönlichkeitsentwicklung: WM Vertical Personality	23
	7.1 Stufe 1: Impulsive Stufe	25
	7.1.1 Die Subskalen der Stufe 1	28
	7.2 Stufe 2: Stufe des Selbstschutzes	29
	7.2.1 Die Subskalen der Stufe 2	30
	7.3 Stufe 3: Egozentrierte Stufe	32
	7.3.1 Die Subskalen der Stufe 3	34
	7.4 Stufe 4: Konformistische Stufe	35
	7.4.1 Die Subskalen der Stufe 4	37
	7.5 Stufe 5: Stufe des Selbstwertes und des Selbstbewusstseins	38
	7.5.1 Die Subskalen der Stufe 5	42
	7.6 Stufe 6: Stufe der selbstbestimmten Gestaltung	44
	7.6.1 Die Subskalen der Stufe 6	45
	7.6.2 Stufe 6a) Intellektuelle Dominanz	47
	7.6.2.1 Die Subskalen der Stufe 6a	47
	7.6.3 Stufe 6b) Emotionale Dominanz	48
	7.6.3.1 Die Subskalen der Stufe 6b	48
	7.7 Stufe 7: Stufe der Selbsthinterfragung	49
	7.7.1 Die Subskalen der Stufe 7	50

7.8	Stufe 8: Stufe der Autonomie.	51
	7.8.1 Die Subskalen der Stufe 8	52
Literatur.		53
8	**Zusammenfassende Darstellung der acht vertikalen Stufen**	**55**
9	**Strategien für die persönliche Entwicklung auf den verschiedenen Entwicklungsstufen**	**57**
9.1	Entwicklungsstrategien in den einzelnen Stufen und über die Stufen hinweg	58
9.2	Annahmen und Konditionierung	59
9.3	Entwicklungsfelder auf Stufe 1: Impulsive Stufe	62
9.4	Entwicklungsfelder auf Stufe 2: Selbstschutz	64
9.5	Entwicklungsfelder auf der 3. Stufe: Egozentrierte Stufe	66
9.6	Entwicklungsfelder auf der 4. Stufe: konformistische Stufe	68
9.7	Entwicklungsfelder auf der 5. Stufe: Stufe des Selbstwertes	69
9.8	Entwicklungsfelder auf der 6. Stufe: Stufe der selbstbestimmten Gestaltung	71
9.9	Entwicklungsfelder auf der 7. Stufe: Stufe des Selbsthinterfragung	72
Literatur.		74
10	**Regression auf frühere Stufen in Phasen der persönlichen Überforderung**	**75**
10.1	Exkurs: Inferiore Funktion und Schattenseite nach Carl Gustav Jung	76
10.2	Die Hauptfunktion	77
10.3	Die Hilfsfunktionen	79
10.4	Die minderwertige Funktion	81
10.5	Der Schatten oder die Schattenseite unserer Persönlichkeit	86
10.6	Die Konfrontation mit dem Schatten und seine Realisierung	88
Literatur.		90
11	**Die Dynamik der inferioren Funktion im Kontext der vertikalen Persönlichkeit**	**91**
11.1	Wie können wir lernen, mit der Schattenseite besser umzugehen?	96
12	**Weitere Modelle der horizontalen Entwicklung des Menschen**	**99**
12.1	Der NEO-PI-R im Überblick	99
12.2	Neurotizismus (Neuroticism)	99
	12.2.1 Die N-Facetten des NEO-PI-R im Überblick	100
12.3	Extraversion (Extraversion)	101
	12.3.1 Die E-Facetten des NEO-PI-R im Überblick	101
12.4	Offenheit für Erfahrung (Openness to Experience)	102
	12.4.1 Die O-Facetten des NEO-PI-R im Überblick	102

12.5	Verträglichkeit (Agreeableness)	103
	12.5.1 Die A-Facetten des NEO-PI-R im Überblick	103
12.6	Gewissenhaftigkeit (Conscientiousness)	104
	12.6.1 Die C-Facetten des NEO-PI-R im Überblick	104
Literatur		105

13 Der Reflector Big Five im Überblick 107
13.1 Die Basisdefinition des N-Faktors: Bedürfnis nach Stabilität 107
13.2 Die Basisdefinition des E-Faktors: Extraversion 109
13.3 Die Basisdefinition des O-Faktors: Offenheit 111
13.4 Die Basisdefinition des A-Faktors: Umgänglichkeit 112
13.5 Die Basisdefinition des C-Faktors: Gewissenhaftigkeit 114
Literatur 115

14 Modelle der vertikalen Persönlichkeitsentwicklung 117
14.1 Die Entwicklungsstufen nach Jane Loevinger 117
    14.1.1 Die 9 Stufen der Ich Entwicklung nach Loevinger 117
Literatur 123

15 Susanne Cook-Greuter: Beschreibungen der Stufen der Führungsreife 125
15.1 Die präkonventionelle Stufe (~5 %) 125
15.2 Die postkonventionellen Stadien (~15–20 %) 126
Literatur 128

16 Vertikale Persönlichkeitsentwicklung, Managementpotenzial und Spin-Out-Faktoren 129
16.1 Was ist Managementpotenzial? 132
16.2 Fähigkeit im Umgang mit Komplexität 135
16.3 Motivation aus dem Ungelösten 144
16.4 Einfluss auf soziale Systeme 147
16.5 Lernen aus Erfahrung 151
Literatur 159

17 Zusammenhang der Faktoren Potenzial, Spin-Out Faktoren und vertikale Entwicklung der Persönlichkeit 161

Literatur 165

Abbildungsverzeichnis

Abb. 2.1	Dimensionen des Reflector Big Five	6
Abb. 2.2	Lebenslange Entwicklung der horizontalen Dimensionen	7
Abb. 4.1	Dispositionen und Persönlichkeitsmerkmale	12
Abb. 4.2	Parameter der Persönlichkeit GPOP (Golden Profile of Personality)	12
Abb. 7.1	Narzisstische Grandiosität und narzisstische Verletzlichkeit	26
Abb. 7.2	Narzissmus und Perfektionismus	27
Abb. 7.3	Das Konstrukt des Machiavellismus (1)	27
Abb. 7.4	Das Konstrukt des Machiavellismus (2)	27
Abb. 7.5	Das Konstrukt der Psychopathie	27
Abb. 8.1	Vertikale Stufen der Persönlichkeitsentwicklung	56
Abb. 9.1	Rollen in psychologischen Spielen	65
Abb. 11.1	Stufen und temporäre inferiore Reaktion	92
Abb. 11.2	Reaktionen in der Schattenseite	92
Abb. 11.3	Dynamik der Schattenseite	93
Abb. 11.4	Dynamik der inferioren Funktion	94
Abb. 11.5	Ausprägungen Schattenseite	95
Abb. 11.6	Analysefragen Schattenseite	96
Abb. 16.1	Potenzialmodell nach Wildenmann	130
Abb. 16.2	Beziehung zwischen Managementpotenzial und Reife der Persönlichkeit	131
Abb. 16.3	Entwicklung des Potenzials	132
Abb. 16.4	Managementpotenzial	133
Abb. 16.5	Potenzialorientierte Kompetenzen	135
Abb. 16.6	Das 8-Stufen-Modell: Komplexitätsverarbeitung	142
Abb. 16.7	Potenzialentwicklungschart nach Jaques, Cason und Jaques, 1994	143
Abb. 16.8	Das 8-Stufen-Modell: Motivation aus dem Ungelösten	146
Abb. 16.9	Entwicklung der Motivation aus dem Ungelösten über Lebenszyklus	147
Abb. 16.10	Das 8-Stufen-Modell: Einfluss auf soziale Systeme	148

Abb. 16.11	Entwicklung Einfluss auf soziale Systeme über Lebenszyklus	152
Abb. 16.12	Das 8-Stufen-Modell: Lernen aus Erfahrung	154
Abb. 16.13	Entwicklung Lernen aus Erfahrung über Lebenszyklus	157
Abb. 16.14	Das Zwei-Faktoren-Modell	157

Die Bedeutung der Persönlichkeit im Kontext der Erfolgsfaktoren für den Erfolg im Management

„Die aufregendsten Durchbrüche im 21. Jahrhundert werden nicht durch die Technologie entstehen, sondern durch ein sich erweiterndes Verständnis unseres Menschseins."
  John Naibitt, Trend- und Zukunftsforscher

Vor einiger Zeit rief mich eine ehemalige Kollegin, eine gebürtige Amerikanerin, an. Sie hatte 6 Jahre in meinem Unternehmen gearbeitet und war nach dieser Zeit wieder in die Staaten zurückgekehrt. Sie arbeitet heute in einem amerikanischen Pharmaunternehmen. Sie berichtete mir in dem Telefonat, dass sie ein neues Verfahren im Bereich Persönlichkeitsentwicklung kennengelernt hatte, das entgegen den anderen Verfahren nicht Persönlichkeitsdimensionen abbildet, sondern Lebensstadien aufzeigt, in deren Korridor sich Menschen entwickeln.

In diesem Moment erinnerte ich mich an eine Situation, die gut 40 Jahre früher passierte. Ich saß beim Frühstück in einem Hotel in Zermatt und las die Ausführungen von C. G. Jung zum Thema Funktionstypen der Persönlichkeit (Jung, 1960). Ich war damals von den Ausführungen fasziniert und lernte in der Folgezeit unterschiedlichste Menschen kennen, die sich ebenfalls mit der Thematik beschäftigten. In USA war aus dem Modell bereits der MBTI (Myers Briggs Type Indicator) entstanden. Später wurde daraus der deutsche MBTI (Bents & Blank, 2004), parallel entstanden verschiedene weitere Verfahren, wie das TMS (Team Management System) (Tscheuschner & Wagner, 2008) oder der GPOP (Golden Profiler of Personality, Bents & Blank, 2004) und weitere Verfahren. Diese Verfahren erlebten in den Folgejahren einen ungeahnten Aufschwung. Unzählige Führungskräfte kamen in den Genuss dieser Inventare.

Das Telefonat mit meiner amerikanischen Kollegin löste in mir eine ähnliche Reaktion aus. Durch die Entwicklung von vertikalen Verfahren kann die Beratung von Führungskräften in eine neue Dimension gelangen. Die Kombination von horizontalen (auf Traits basierenden) Verfahren mit an Lebensstadien orientierten Verfahren wird viele neue Beratungsdimensionen eröffnen.

Wie können sich diese Entwicklungen ergänzen?

Horizontale Verfahren gehen davon aus, dass Erfolg in der Führung von Menschen sehr stark von bestimmten Persönlichkeitsfaktoren abhängt. Zum einen begünstigen bestimmte Faktoren spezielle Fähigkeitsbereiche, zum anderen führt das Fehlen von erfolgskritischen Kompetenzen oft zu Defiziten. Die Potenzialforschung hat aufgezeigt, dass es Faktoren gibt, die den Erfolg in Führungslaufbahnen prognostizieren lassen (Wildenmann, 2015).

Ging man noch in der Eigenschaftstheorie der 1950er-Jahre davon aus, dass es keine Merkmalsgruppen gibt, die Führungserfolg eindeutig begünstigen oder prognostizieren lassen, so hat die Forschung der folgenden Jahre eindeutig das Gegenteil bewiesen.

So begünstigt eine hohe Fähigkeit, mit komplexen Situationen umzugehen, eine Person in der Bewältigung von abstrakten strategischen Themenstellungen eindeutig (Cason & Jacques, 1994).

Auf der anderen Seite hat die Forschung bezüglich der Profile von erfolgreichen Führungskräften (z. B. bei den Big-Five-basierten Verfahren) eindeutige Erfolgsprofile hervorgebracht. Im Kapitel: Weitere Modelle der horizontalen Entwicklung des Menschen, stellen wir Ihnen einen Vertreter dieser Gattung vor (Reflector Big Five; Schakel et al., 2007). Die Erfolgsprofile und eine vertiefende Erläuterung finden sich bei Wildenmann (2015).

Diese Persönlichkeitsdimensionen können angeboren oder gelernt sein. Sie sind unterschiedlich im Schwierigkeitsgrad bezüglich der Veränderung und Entwicklung. In jedem Falle hilft es, wenn sich die Menschen eine gewisse psychologische Elastizität erhalten haben. Je mehr sich eine Person reflektieren kann, umso mehr wird sie in der Lage sein, sich zu entwickeln. Natürlich kann niemand aus seiner Haut, die grundsätzlichen Züge einer Persönlichkeit werden immer erhalten bleiben. Es kommt eher darauf an, diese grundsätzlichen Züge konstruktiv wachsen zu lassen und positiv zu kultivieren.

Die meisten der Persönlichkeitsinventare analysieren den Menschen in einer akuten Lebenslage, vermitteln also ein Bild eines aktuellen Zustands der verschiedenen Dimensionen seiner Persönlichkeit.

Wir wollen in diesem Buch hierzu eine alternative Betrachtungsweise aufzeigen. Die Persönlichkeit wird nicht horizontal (also als eine in einem bestimmten Alter ermittelten Verteilung der möglichen Dimensionen) analysiert, sondern über den gesamten Lebensverlauf hinweg vertikal betrachtet. Es wird an verschiedenen Stufen aufgezeigt, welche Reife eine Person in welchem Alter erreicht hat. Und welche Stufen besonders stark ausgeprägt sind und wurden.

Literatur

Bents, R., & Blank, R. (2004). *Typisch Mensch: Einführung in die Typentheorie*. Hogrefe Verlag GmbH & Company KG.
Cason, K., & Jacques, E. (1994). *Human capability: A study of individual potential and its application*. Cason Hall & Co Pub.
Jung, C. G. (1960). *Psychologische Typen*. Rascher.

Literatur

Schakel, L., Smid, N., & Jaganjac, A. (2007). *Reflector big five: Professional manual.* PiCompany.

Tscheuschner, M., & Wagner, H. (2008). *Der Weg zum Hochleistungsteam. Praxisleitfaden zum Team Management System nach Charles Margerison und Dick McCann.* Gabal.

Wildenmann, B. (2015). *21 Pfade für die erfolgreiche Führung von Menschen.* Springer Fachmedien.

Horizontale und vertikale Persönlichkeitsentwicklung

Wie bereits ausgeführt, sind die bislang in der Managementausbildung verwendeten Instrumente und Konzepte horizontal aufgebaut. Horizontal heißt: die mit dem Verfahren erfassten Daten stellen die Ausprägung von Dimensionen und Faktoren der Persönlichkeit, Kompetenzen, Motiven oder emotionale Faktoren zu einem bestimmten Zeitpunkt des Lebens dar. Es geht darum, die eigenen Kompetenzen, Fertigkeiten, das eigene Können und Wissen zu erweitern, kompetenter zu werden und das eigene Handlungsspektrum zu erweitern. Angeborene Persönlichkeitsdimensionen zu entwickeln oder zu kultivieren, strategische Agilität zu erwerben und den Umgang mit Konflikten zu trainieren.

All diese Kompetenzen werden mehr oder weniger durch Talente auf der Persönlichkeitsebene begünstigt. Diese Dispositionen werden mit Persönlichkeitsdimensionen gemessen und über 360°-Feedback-Systeme in ihrer Ausprägung den Teilnehmenden zurückgemeldet.

Es sind quasi Blitzlichter auf einem bestimmten Abschnitt des Lebens. Eine Modifikation dieser Faktoren über die Lebenslinie hinweg ist in den meisten Modellen nicht erklärt.

Vertreter hierfür sind:

- Myers Briggs Typen Indikator (MBTI) (Bents & Blank, 2004), Golden Profiler of Personality (GPOP, Bents & Blank, 2004), Team Management System (TMS, Tscheuschner & Wagner, 2008): Alle diese Systeme bauen auf der Funktionstypologie von Carl Gustav Jung (1960) auf.
- DISC-Modell: Erhebt vier Grundtypen der Persönlichkeit: dominant, initiativ, gewissenhaft, stetig (Ott et al., 2006).
- Dark Triad of Personality: Erhebt drei Persönlichkeitsmerkmale: Narzissmus, Machiavellismus, Psychopathie (Schwarzinger, 2020).

- Reflector Big Five Personality/Leadership (Schakel et al., 2007), Workplace Big Five (Howard & Howard, 1997): Diese Systeme sind Derivate der Big-Five-Forschung, unter anderem begründet von Costa und McCrae (1997).
- Wildenmann Leadership Circle (2003), Benchmarks (1987), Choices (1995) als Vertreter der 360°-Feedback-Systeme.

Einige dieser Vertreter werden wir in einem speziellen Kapitel dieses Buches vertiefen.

Am Beispiel des Reflector Big Five kann der Zusammenhang von horizontaler und vertikaler Entwicklung erläutert werden:

Horizontale Entwicklung heißt, dass die Hauptdimensionen mit ihren Subdimensionen in ihrem Profil gemessen werden (siehe Abb. 2.1). Aus diesem Profil können Neigungen, Stärken und Schwächen abgeleitet werden. Diese Analyse sagt aber nichts über die tatsächliche, im Verhalten sichtbare Ausprägung aus. Auch nichts über konstruktive oder destruktive Ausprägungen. Jede der Dimensionen zeigt eine gewisse Neigung auf – das reale, tatsächliche Verhalten kann nur durch Eigenbeobachtung oder Feedback evaluiert werden.

In der vertikalen Entwicklung (siehe Abb. 2.2) geht es um die Entwicklung des Menschen in seiner psychologischen Reife. Es geht um die Entfaltung des Menschen in dem humanen Potenzial von tieferem Verständnis, tieferen Beziehungen, höherer Wirkung.

Die Entwicklung geht von Einfachheit zu Komplexität, von Statik zu Dynamik, von Egozentriertheit zu Soziozentriertheit zu Weltzentriertheit. Somit geht es um die altersabhängige Entwicklung der Persönlichkeit in Bezug auf:

- Entwicklung des Selbstvertrauens und Vertrauens in andere
- Entwicklung einer inneren Haltung zu anderen Menschen und Kulturen
- Fähigkeit und Bereitschaft, Feedback anzunehmen und zu verarbeiten
- Aufbau von Reflexions- und Lernfähigkeit
- Bewusster Umgang mit Motiven und Emotionen
- Bereitschaft und Fähigkeit zur Kooperation
- Entwicklung von Gelassenheit, Selbststeuerung und Souveränität
- Entwicklung von Charisma und der Fähigkeit, andere zu energetisieren

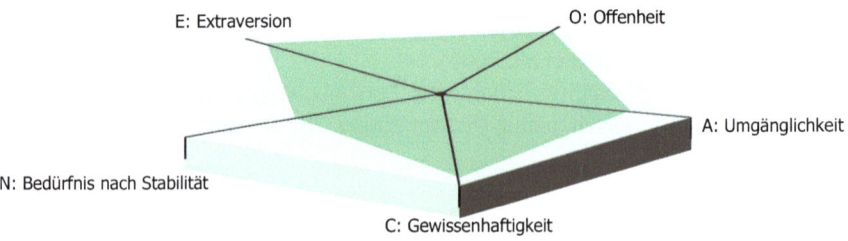

Abb. 2.1 Dimensionen des Reflector Big Five (Schakel et al., 2007)

2 Horizontale und vertikale Persönlichkeitsentwicklung

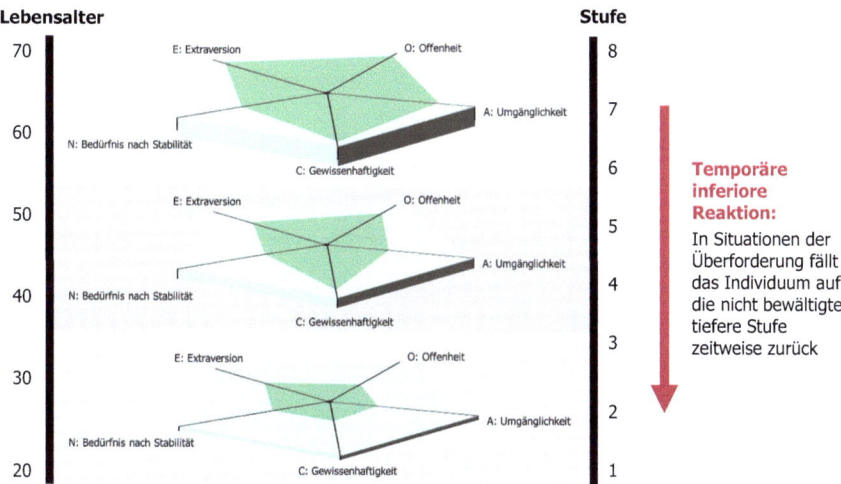

Abb. 2.2 Lebenslange Entwicklung der horizontalen Dimensionen

Die möglichen Wirkungen sind:

- Verstärkung der persönlichen Wirkung auf andere
- Erhöhung der Fähigkeit, Beziehungen einzugehen und zu stabilisieren
- Autonomie sowie Toleranz für Unterschiede und Mehrdeutigkeit
- Entwicklung der Flexibilität, Selbsterkenntnis und der Fähigkeit, mit der Umwelt zu integrieren
- Abnahme der Abwehrkräfte und Verminderung der Tendenz, sich und andere abzuwerten

Insofern stehen horizontale Modelle nicht in Konkurrenz mit vertikalen Modellen. Vielmehr ergänzen sich die Ableitungen, die aus beiden Richtungen ersichtlich sind. Die Entwicklung der horizontalen Kompetenzen geschieht auch im Lebenszyklus und wird gekoppelt mit den Reifestufen. Das heißt: ein Mensch kann die Extraversion über das Leben hinweg an sich entwickeln. Die entwickelte Extraversion wird helfen, die parallelen Entwicklungen über die Reifestufen zu unterstützen. In der Kombination lassen sich wertvolle zusätzliche Ableitungen und Interpretationen finden. Dazu werden wir im späteren Verlauf des Buches weitere Erkenntnisse aufzeigen.

Außerdem stehen die Potenzialfaktoren zur Prognose von zukünftigem Managementerfolg sowohl mit den horizontalen wie mit den vertikalen Modellen in Beziehung. In diesem Buch werden deshalb Vertreter aller 3 Bereiche ausführlich vorgestellt:

- Für den horizontalen Bereich: NEO-PI-R und Reflektor Big Five
- Für den vertikalen Bereich: Wildenmann Vertikale Persönlichkeit
- Für den Management-Potenzialbereich: Wildenmann Potenzialmodell

Literatur

Bents, R., & Blank, R. (2004). *Typisch Mensch: Einführung in die Typentheorie.* Hogrefe Verlag GmbH & Company KG.

Center for Creative Leadership. (1987). *Benchmarks.*

Costa, P. T., Jr., & McCrae, R. R. (1997). Personality trait structure as a universal human. *American Psychologist, 52*(5), 509.

Howard, P. J., & Howard, J. M. (1997). *The big five workbook.* CentACS.

Jung, C. G. (1960). *Psychologische Typen.* Rascher.

Lominger LTD. (1995). *Choices.* Cernter for Creative Leadership.

Ott, L., Wittmann, R., & Gay, F. (2006). 5. Das DISG-Persönlichkeitsprofil 1. *Persönlichkeitsmodelle und Persönlichkeitstests: 15 Persönlichkeitsmodelle für Personalauswahl, Persönlichkeitsentwicklung, Training und Coaching* (S. 159).

Schakel, L., Smid, N., & Jaganjac, A. (2007). *Reflector big five: Professional manual.* PiCompany.

Schwarzinger, D. (2020). *Die Dunkle Triade der Persönlichkeit in der Personalauswahl: Narzissmus, Machiavellismus und subklinische Psychopathie am Arbeitsplatz.* Hogrefe Verlag GmbH & Company KG.

Tscheuschner, M., & Wagner, H. (2008). *Der Weg zum Hochleistungsteam. Praxisleitfaden zum Team Management System nach Charles Margerison und Dick McCann.* Gabal.

Wildenmann, B. (2003). *Leadership circle II.*

Reifung oder Lernen 3

Die altersbedingte Entwicklung des Menschen vollzieht sich in vorgezeichneten Stadien. Auch lassen sich diese Entwicklungen auf psychologische Bereiche hin abgrenzen. So gesehen entwickeln sich die intellektuellen Fähigkeiten in bestimmten Korridoren. Wir beschäftigen uns seit vielen Jahren mit der Entwicklung der Fähigkeit, mit komplexen Situationen umzugehen, weil diese ein bedeutendes Vorhersagekriterium für Managementerfolg ist. Jedoch kann dieses Kriterium nicht herangezogen werden, um die Entwicklung der Reife des Menschen zu bestimmen.

Die Fähigkeit mit komplexen Situationen umzugehen, kann und wird damit in Beziehung stehen, kann jedoch das Phänomen nicht ausschließlich erklären. Auch der Umgang mit den eigenen Kompetenzen und Handlungsmöglichkeiten ist nicht eine ausreichende Erklärung für die Reife des Menschen. Diese Entwicklungen gehen damit einher.

Menschen können lernen,

- ihre Motive und Emotionen konstruktiv zu steuern,
- mit Konflikten umzugehen,
- ihre Tendenz zu Perfektionismus in den Griff zu bekommen,
- damit aufzuhören, andere undifferenziert als inkompetent einzuschätzen.

Sie können lernen, Strategien zu entwickeln,

- für eine eloquente Kommunikation,
- für die Fähigkeit, vor vielen Leuten zu sprechen,
- die eigene Meinung kompetent zu vertreten,
- für eine überzeugende Argumentation.

Sie können lernen, mit Stimmungsschwankungen umzugehen oder durch Mnemotechniken 100 Gegenstände zu erinnern oder nacheinander zu einer vorgegebenen Reihenfolge aufzuzählen.

Auch ist der Charakter eines Menschen, die Persönlichkeitsstruktur an sich, nicht altersgebunden veränderbar. Es ist ausreichend nachgewiesen, dass die dispositive Grundstruktur des Menschen angeboren ist und von daher nur in ihrer grundsätzlichen konstruktiven oder destruktiven Ausprägung im Verhalten entwickelt werden kann.

Jeder Mensch durchläuft diese Stufen. Anhand dieser Stufen durchläuft jeder Mensch mehr oder weniger bewusst, mehr oder weniger intensiv die gleichen Lebensstadien. Je mehr dieser Lebensstadien positiv bewältigt werden, umso stärker wird sich die Reife des Menschen zeigen.

An folgenden Faktoren lässt sich die Reifung des Menschen erkennen:

- Differenzierte Betrachtung der Phänomene dieser Welt durch die Befreiung von Stereotypen und durch die Fähigkeit zu Empathie und Wertfreiheit
- Hohe Beziehungs- und Synchronisationsfähigkeit zu Menschen unterschiedlicher Schichten
- Durch eine hohe Fähigkeit zur Annahme von Menschen, zur Warmherzigkeit und zu Verständnis
- Hohe psychologische Attraktivität und hohe energetisierende Wirkung durch Humor als Ausdruck von ungewöhnlichen Assoziationen, durch eine innere Unabhängigkeit, ungewöhnliche Positionen zu beziehen und durch eine hohe Wertzuweisung zu Menschen
- Angemessener Ausdruck eigener Gefühle, Erwartungen und Interessen durch die Überwindung von Scheu und Angst abgelehnt zu werden und durch die Fähigkeit und Bereitschaft, sich abzugrenzen, ohne zu brüskieren
- Fähigkeit zu Inspiration und Auslösung von Begeisterung bei anderen Menschen
- Zulassen von positivem emotionalem Fluss und Fähigkeit zu ungewöhnlichen Assoziationen
- Charismatische Wirkungen und Überzeugungsfähigkeit durch eine hohe innere Sicherheit und Glaube an die Selbstwirksamkeit, durch das Vertrauen auf den Impuls von innen und nicht mit äußeren Attributen überzeugen zu müssen.
- Gelassenheit; hohe Fähigkeit, eigene Emotionen zu steuern; viskose Auswahl des adäquaten Abstraktionslevels. eigene Emotionen zu steuern und durch eine viskose Wahl des adäquaten Abstraktionslevels

Dispositionen und Dimensionen der Persönlichkeit

4

Es wurden unzählige Modelle und Tests entwickelt, um die Komplexität der menschlichen Psyche aufzuzeigen und erklären zu können (siehe Abb. 4.1).

Und trotzdem, jedes Modell erklärt nur einen Ausschnitt des dahinterstehenden hochkomplexen menschlichen Systems. So auch das in diesem Buch dargestellte Modell der vertikalen Persönlichkeitsentwicklung. In nachstehender Abbildung werden auszugsweise Beispiele für Dispositionen und Persönlichkeitsmerkmale aufgezeigt.

Dabei stehen Dispositionen für genetisch festgelegte Präferenzen des Menschen. Der Mensch wendet sich entsprechend der Ausprägung diesen Wahrnehmungs-, Entscheidungs- und Verhaltenspräferenzen zu.

Diese Präferenzen sind in aller Regel gegensätzlich angeordnet (siehe Abb. 4.2). Das Individuum findet sich auf einem Polaritätenprofil zwischen Gegenausprägungen zu einem Hauptfaktor und ist ein Leben lang damit beschäftigt, diese Präferenzen auszuprägen. Das Individuum findet sich auf einem Polaritätenprofil zwischen Gegenausprägungen und ist ein Leben lang damit beschäftigt, diese Präferenzen auszuprägen. Diese Ausprägungen können für sich und andere konstruktiv oder destruktiv entwickelt und gelebt werden (Bents & Blank, 2004).

Abhängig vom Lebensalter wendet sich das Individuum auch den Gegensätzen der ursprünglich hoch präferierten Ausprägungen zu und vervollständigt sich dadurch im Verlauf des Lebens, potenziell idealerweise vollständig.

Jedenfalls theoretisch. Das prominenteste Beispiel dieses Erklärungsansatzes ist das Funktionstypenmodell von Carl Gustav Jung (Jung, 1960).

Hierfür wurden verschiedene Befragungssysteme entwickelt. So zum Beispiel der Meyers-Briggs-Typenindikator (MBTI, Bents & Blank, 2004) oder der Golden Profiler of Personality (GPOP, Bents et al., 2004). Parallel entstand in den letzten Jahren eine umfassende und tiefgehende Forschung in unterschiedlichen Teilbereichen dieser Modelle. Eine umfassende Beschreibung des Jung'schen

4 Dispositionen und Dimensionen der Persönlichkeit

Betrachtungsfokus	Dispositionen der Persönlichkeit	Persönlichkeitsmerkmale
Autor	Carl Gustav Jung	Costa & McCrae
Messmethode	• Myers Briggs Typenindikator • Golden Profiler of Personality	• NEO-FFI • Reflector Big Five Personality
Dimensionen	• Extraversion-Introversion • Empfinden-Intuition • Denken-Fühlen • Beurteilen-Wahrnehmen	• Emotionale Stabilität • Extraversion • Offenheit • Verträglichkeit • Gewissenhaftigkeit

Abb. 4.1 Dispositionen und Persönlichkeitsmerkmale

Extraversion (E) Interesse richtet sich auf Objekte		Introversion (I) Interesse richtet sich auf Ideen
Sinneswahrnehmung (S) pragmatische Orientierung		Intuition (N) abstrahierende Orientierung
Analytisches Entscheiden (T) rationale Wahrheit suchende Entscheidung		Wertorientiertes Entscheiden (F) gefühlsmäßige, wertmäßige Entscheidung
Strukturorientierung (J) ergebnisorientierte Einflussnahme		Wahrnehmungsorientierung (P) flexible, suchende Gewährung
Anspannung (A)		Gelassenheit (G)

Abb. 4.2 Parameter der Persönlichkeit GPOP (Golden Profile of Personality) (GPOP, Bents et al., 2004)

Funktionstypen-odells mit Anwendungsmöglichkeiten findet sich bei Wildenmann: Die Persönlichkeit des Managers (1999).

Als Modell für die Erklärung der Persönlichkeitsmerkmale haben wir das Big-Five-Modell herangezogen (Costa & McCrae, 1997). Dieses Modell entstand aus dem NEO (Neuroticism Extraversion Openness) Personality Inventory-Revised (Angleitner & Ostendorf, 2004) wird in den späteren Abschnitten ausführlich erläutert.

Die Basis für die Erkenntnisse sind statistische Analysen zur Auffindung von psychologischen Faktoren. Diese Faktoren sind nicht allein genetisch bedingt, sondern durchaus auch auf einer phänotypischen Ebene zu lokalisieren. Die Dimensionen finden sich dann auch auf der Ebene der Subdimensionen.

4 Dispositionen und Dimensionen der Persönlichkeit

Auch hier ist die Idee der möglichst konstruktiven Entwicklung dieser Faktoren im Mittelpunkt der Betrachtung. Jede Analyse bringt ein Profil hervor.
Jede Dimension/Subdimension beinhaltet drei Entwicklungsansatzpunkte:

1. Verwirklichung und Ausprägung der möglichen Stärke
2. Ausloten und Justierung der übertriebenen Stärke
3. Kompensation und Entwicklung der Schwächen aus der Gegenposition

Am Beispiel der Skala Perfektionismus/Flexibilität hieße dies:

Das Individuum kann sich zunächst damit auseinandersetzen, welche Stärken die hohe Ausprägung von Perfektionismus beinhaltet. Zum Beispiel:

- Hohe Qualitätsstandards zu realisieren
- Eine hohe Bereitschaft zu entwickeln, die Extrameile zu gehen
- Die Standards immer zu hinterfragen
- „Die Latte" immer höher zu legen

Das erste Ziel ist damit, diese natürlichen Impulse wahrzunehmen, zu leben und auszuprägen.

Dann kann sich die Energie auf die Übertreibung dieser Impulse konzentrieren. Das Individuum sucht das gesunde Maß und erkennt, dass eine Übertreibung dieser Tendenzen oft negative Wirkungen haben kann. Es geht darum, ein Augenmaß zu dem zu entwickeln, was notwendig ist und zu lernen, mit der eigenen Ungeduld umzugehen.

Im nächsten Schritt bewegt sich das Individuum auf den Gegenpol zu und fragt sich, welche Möglichkeiten sich auf der Seite der Flexibilität befinden:

- Gelassenheit aufbauen,
- natürliche Entwicklungsprozesse stärker beachten,
- ein Augenmaß entwickeln für das, was möglich ist.

Das Modell der vertikalen Entwicklung der Persönlichkeit setzt bei diesen horizontalen Modellen an und erweitert diese Modelle um die vertikale Dimension - also um die Frage, welche Entwicklungsstufen sich für den Menschen altersabhängig auftun. Auch welche zusätzlichen Möglichkeiten sich durch diese neue Komponente anbieten, wird betrachtet.

Literatur

Angleitner, A., & Ostendorf, F. (2004). *NEO-Persönlichkeitsinventar nach Costa und McCrae.* Hogrefe-Verlag GmbH & Company KG.

Bents, R., & Blank, R. (2004). *Typisch Mensch: Einführung in die Typentheorie.* Hogrefe Verlag GmbH & Company KG.

Costa, P. T., Jr., & McCrae, R. R. (1997). Personality trait structure as a universal human. *American Psychologist, 52*(5), 509.

Jung, C. G. (1960). *Psychologische Typen.* Rascher.

Wildenmann, B. (1999). *Die Persönlichkeit des Managers.* Hogrefe.

Dynamik der menschlichen Entwicklung 5

Im Zusammenhang mit der gesamten Thematik stehen folgende zentrale Fragen im Mittelpunkt: Wie sind die Dynamik und der Prozess der menschlichen Entwicklung? Was passiert, wenn Menschen Entwicklungsschritte für sich realisieren? Was unterscheidet Menschen, die große persönliche Entwicklungsschritte bewältigt haben im Vergleich zu solchen, die nur bescheidene Fortschritte in ihrer persönlichen Entwicklung realisieren können (Ahnert, 2014)?

Grundsätzlich stehen drei Phänomene in Beziehung:

Individuum,
Disposition und
Umwelt.

Mit der Disposition sind genetische Veranlagungen gemeint. Veranlagungen, die zur Entwicklung drängen und auf psychologischem Gebiet die Grundlage der Identität bilden. Solche Anlagen sind zum Beispiel die Fähigkeit, laufen zu lernen. Jedes Kind möchte laufen lernen, hemmen können vielleicht Ängste oder Misserfolge beim Ausprobieren.

Auch möchte jeder Mensch die Sprache erlernen. Dazu braucht er aber schon die Interaktion mit der Umwelt. Reicht bei der Prägung der Graugans schon die Beziehung zwischen Anlage und Umwelt, um den Lernvorgang zu erklären, so sind bei den meisten Vorgängen bei Menschen alle drei Phänomene beteiligt.

Das Individuum ist aktiver Mitgestalter der eigenen Entwicklung und hat und nutzt Freiheitsgrade. Das macht die Graugans nicht. Sie ist in diesem Bezug ohne Freiheitsgrade.

Aber in nahezu allen Fällen ist die Motivation für das Laufen oder für den Spracherwerb beim Menschen hoch ausgeprägt. Das Ziel muss nicht diskutiert werden, sondern ist in hohem Maße vorhanden. So ist es auch bei vielen anderen Talenten, die wir Menschen besitzen. Sie drängen zur Entwicklung.

Dieser Zusammenhang ist in vielen Coachings und Beratungskontexten bedeutend: Es braucht Zielkongruenz. Fehlt die Zielkongruenz, passiert oft leider nur wenig, zumindest von dem, was beabsichtigt war. Darauf achten wir Menschen oft zu wenig. Ratschläge, Appelle oder Drohungen sind die am meisten gebrauchten Veränderungsstrategien.

Für wirkliche Entwicklungsprozesse braucht es dann Reflexion. Vor jedem konstruktiven Lernen steht deshalb die Reflektion. Die Reflexion macht den Menschen flüssig und veränderungsbereit. Dann ist die Fähigkeit zu Bewusstheit, zur Einsicht ausschlaggebend und die Bereitschaft, Feedback anzunehmen, zu verarbeiten und die daraus entstehenden Entwicklungsmöglichkeiten zu realisieren.

Die Bereitschaft und Fähigkeit zur Reflexion sind notwendige Voraussetzungen für das Lernen im sozialen Verhaltensbereich.

Zum einen geht es um die Reflexion des Lerngegenstandes an sich. Soll eine Person erkennen, dass sie eine starke Tendenz hat, andere Personen grundsätzlich eher undifferenziert als inkompetent einzuschätzen und darüber hinaus dazu tendiert, sehr stark wertend zu reagieren und andere laufend zu unterbrechen, muss diese Person erst einmal das entsprechende Feedback annehmen.

Dann muss sie für sich in der Lage sein, das Feedback mit der eigenen Wahrnehmung zu koppeln und Erkenntnisse daraus ableiten, ob hier eine Kongruenz herzustellen ist. Dann geht es um die Frage, wie ein Lerntransfer herzustellen ist, ob die Person das eigene Verhalten ändern kann und will.

Reflexion heißt aber auch, sich zum Beispiel mit bestimmten Themen auseinanderzusetzen. Beispielsweise, welche Priorität ein bestimmtes strategisches Thema hat. Ob es wichtig ist, an den Durchlaufzeiten bestimmter Prozesse zu arbeiten. Auch hier ist die individuelle Reflexion der Themen unabdingbar. Auch hier hat es sich gezeigt, dass durch die generative Auseinandersetzung mit dem Thema Reflexion und damit Bereitschaft zur Veränderung ausgelöst werden kann.

Für weitere Informationen zu diesem Thema siehe auch: Wildenmann (2015).

So sind die oben genannten Bereiche unmittelbare Voraussetzung für menschliche Entfaltung und Entwicklung. Für die Erreichung der in den verschiedenen Altersstufen möglichen Stufen geht die stetige Entwicklung dieser vorgenannten Bereiche parallel einher. So kann es sein, dass ein Individuum sich auf den unteren Stufen noch sehr gegen Feedback wehrt. Je höher die Stufen sind, die ein Mensch erreichen möchte, umso mehr ist es unabdingbar, die Themen

- Wunsch nach Feedback,
- Annahme von Feedback,
- Fähigkeit und Bereitschaft zur Reflexion,
- Fähigkeit zur Einsicht,
- Fähigkeit zum Transfer von neuen Verhaltensweisen

auf ein immer höheres Niveau zu bringen. Somit können bestimmte Qualitäten auf den Stufen realisiert werden.

Sicherlich gibt es für alle Stufen innere Motive und psychologische Auslöser. Eine erfolgreiche Integration dieser Auslöser gelingt in jedem Fall besser, wenn der Prozess durch Reflexion und Bewusstheit begleitet wird.

Damit ist die Entwicklung dieser Fähigkeitsbereiche gleichsam Teil des Entwicklungsprozesses, wie auch Voraussetzung.

Nehmen wir das Phänomen Entwicklung von Charisma und persönlicher Ausstrahlung. Dafür braucht es zwei Voraussetzungen:

- viele herausfordernde Situationen, in welchen der Mensch andere gewinnen und überzeugen musste,
- ein grundsätzliches Talent für die Entwicklung von Charisma und die immer wieder stattfindende Reflexion der verschiedenen Erlebnisse und Erfahrungen.

Dann wird sich in einem vielfach wiederkehrenden Prozess die natürliche Überzeugungswirkung oder das Charisma entfalten.

Literatur

Ahnert, L. (Ed.). (2014). *Theorien in der Entwicklungspsychologie*. Springer.
Wildenmann, B. (2015). *21 Pfade für die erfolgreiche Führung von Menschen*. Springer Fachmedien.

Das Selbstwertgefühl als zentrale Instanz der Persönlichkeit

6

Kommen wir zum Kern der Persönlichkeit, der Kristallisation alle individuellen Annahmen zu sich selbst und zu allen anderen und allem anderen. Diese münden in das Selbstwertgefühl des Menschen. Das ist der Mittelpunkt unserer Persönlichkeit. Viele unserer Reaktionen im Verhalten, in den Gefühlen, in den Annahmen entspringen der stetigen Koppelung unseres Verhaltens an unser Selbstwertgefühl.

Nahezu jede unserer Handlungen steht mit diesem Zentrum in Beziehung. Die Koppelung an das Selbstwertgefühl ist umso stärker, je mehr eine Person selbst emotional berührt ist oder sich abgewertet und minderwertig empfindet. Immer, wenn es um Hoffnungen, Interessen, Ängste und Befürchtungen geht, agiert dieser zentrale Teil unserer Persönlichkeit.

Es passiert in der Regel in einem Abgleich: Kann ich den Erwartungen entsprechen oder genüge ich nicht? Ein ständiger bewusster oder unbewusster innerer Dialog findet statt. Das gesunde Selbstwertgefühl befindet sich dann zwischen narzisstischer Überheblichkeit und überangepasster Unsicherheit.

Die extern wahrgenommene Wirkung des Selbstwertgefühles äußert sich in der

- Direktheit einer persönlichen Äußerung,
- Eigenständigkeit der geäußerten Gedanken und gedanklichen Verknüpfungen,
- Stabilität des eigenen Wertgebäudes gegenüber von Abwertungen Dritter,
- geringen Tendenz der Selbstabwertung und der durch Handlungen Dritter erzeugten Neigung, sich irritieren zu lassen oder sich und die eigenen Leistungen in Frage stellen zu lassen,
- hohen Bereitschaft, Transparenz zum eigenen Außenbild zu erhalten.

Was heißt dann eigentlich Selbstwertgefühl und wie grenzt sich der Begriff von Selbstsicherheit, Selbstachtung oder Selbstvertrauen ab?

Selbstwertgefühl, synonym Selbstwert ist dann der psychologische Wert, den sich eine Person selbst zumisst, entstanden aus übernommenen Annahmen und

Überzeugungen zu sich selbst. Selbstvertrauen wäre dann im Fähigkeits- und Kompetenzbereich das, was sich eine Person selbst zutraut, also wie hoch die Selbstwirksamkeitserwartung einer Person ist.

Wie oben bereits aufgezeigt, kann sowohl ein übersteigertes wie auch ein geringes Selbstwertgefühl, Teil einer psychischen Störung sein.

Neben der Frage, ob ein Selbstwertgefühl hoch oder niedrig ist, geht es um die Unterscheidung, ob das Selbstwertgefühl dem Individuum bewusst oder unbewusst ist oder wie viskose das Selbstwertgefühl ist. Dabei geht es um die Neigung, wie schnell jemand auf der Skala von geringem zu gesundem oder zu übertriebenem Selbstwertgefühl die inneren Zustände wechselt.

Die Basis für das Selbstwertgefühl sind Erfolge, altersspezifisch zu erbringende oder angestrebte Leistungen und die damit verbundene Bewertung dieser Leistungen. Die Bewertung erfolgt in aller Regel von außen. Das Individuum entscheidet, ob es die Bewertung für sich annimmt oder aber auch nicht. Insbesondere aus den negativen Bewertungen zieht der Mensch mitunter fatale Schlüsse, die eine lange Halbwertszeit haben können. Diese persönlichen Schlüsse können sich generalisieren und können quasi ein Eigenleben beginnen, wie ein Geschwür. Diese Botschaften sind in aller Regel einschränkend und mit starken emotionalen Reaktionen verbunden.

Beispiele dafür sind

- umfassende persönliche Selbstwahrnehmung der Wertlosigkeit,
- persönliche Selbstwahrnehmung der Wertlosigkeit der eigenen Leistung oder der Ergebnisse der eigenen Leistung,
- persönliche Selbstwahrnehmung, nicht geschätzt zu werden,
- persönliche Selbstwahrnehmung, nicht liebenswürdig zu sein,
- persönliche Selbstwahrnehmung, nicht dazuzugehören, ausgeschlossen zu sein,
- persönliche Selbstwahrnehmung, nicht ausreichend intelligent zu sein oder
- persönliche Selbstwahrnehmung, nicht genügend handwerklich praktisch veranlagt zu sein und verschiedenes mehr.

Diese Annahmen zu sich selbst werden aktiviert, wenn eine spezielle Herausforderung, eine Leistungserwartung entsteht. Diese negativen Annahmen führen zu einem sofortigen Energieverlust und zu einer Selbstabwertung: Ich genüge nicht, ich kann die Erwartungen anderer nicht erfüllen.

Das Individuum vergleicht sich jetzt mit anderen und schätzt sich selbst in dem Vergleich als minderwertig ein. In der Kompensation versucht das Individuum das Problem durch Perfektionismus, Überanpassung, Schnelligkeit, Anstrengung oder Gefühlsabwehr zu lösen, was jedoch nur eine verschärfende Wirkung hat. Es entsteht Stress. Dieser Stress führt zu einer weiteren Verschärfung der Situation, weil im Stress gerade die Funktionen, die jetzt notwendig wären, nicht verfügbar sind.

Die Konsequenz aus diesem Kreislauf ist: Die erwartete Leistung wird nicht erbracht, es geht schief und das Individuum bekommt eine Bestätigung für eine negative Annahme zu sich selbst, was den Teufelskreislauf weiter verstärkt. Oder die Erbringung der Leistung gelingt, aber es bleibt auch dann die Erkenntnis für das

Individuum, dass alles unheimlich anstrengend und kräfteraubend ist, was schlussendlich die vorhandenen negativen Annahmen über sich nur weiter bestätigt.

Kommen wir zum Entstehungsprozess des Selbstwertgefühls. Es braucht Erfolge und die Erfolge müssen der eigenen Leistungsfähigkeit zugeschrieben werden. Dann entsteht über viele positive Erfahrungen hinweg mit der Zeit eine gewisse Stabilität.

Faktoren, die das Entstehen und die Stabilisierung des Selbstwertgefühls begünstigen sind

- äußere Attribute wie attraktives Aussehen,
- die familiäre Herkunft,
- Titel,
- hohe verfügbare finanzielle Mittel,
- hohe Begabung in hoch bewerteten Bereichen.

Was sind Strategien zur nachhaltigen Entwicklung des Selbstwertgefühls?

Für die Entwicklung und Stabilisierung des Selbstwertgefühls gibt es im Wesentlichen zwei Strategien. Zuerst ist es wichtig, sich die eigenen Abwertungsstrategien bewusst zu machen. Das ist nicht immer ein einfacher Prozess, am Ende aber die entscheidende Vorgehensweise, um aus einem Teufelskreis der Selbstabwertung herauszutreten. Die Selbstabwertung geschieht in Millisekunden, also braucht es dafür eine hohe Bewusstheit.

Die zweite Strategie setzt bei der Grandiosität an. Gerade die Talentbereiche, für die es eigentlich viel Training braucht, werden oft vernachlässigt, weil man sich das Talent nicht eigentlich zutraut.

Ein hochbegabter Trompeter wird unendlich viel trainieren, weil er/sie glaubt, dass das Training unabdingbar für den Erfolg ist. Eine weniger talentierte Person wird viel zu früh aufhören zu üben, weil diese Person glaubt, alles schon längst können zu müssen, zu langsam zu sein. Damit wird viel zu früh mit der anstrengenden Überei aufgehört.

Oder man verfällt in eine Art Grandiosität: „Ich bekomme das schon hin". Das ist genau das Misserfolgsverhalten. Wenn dann das Solo vorgeführt werden soll und durch Beobachtung Dritter sowieso Stress entsteht, ist der Misserfolg vorprogrammiert. Wenn es dann nicht funktioniert hat, entsteht Vermeidungsverhalten, das heißt, das Individuum weicht dem Üben noch mehr aus, was das Problem weiter verschärft.

Somit ist die Voraussetzung für den Erfolg und für das Entstehen von Selbstwert, dass das, was an Leistung gezeigt werden soll, unendlich oft geübt werden muss, bis man es im Schlafe beherrscht.

Eine zentrale Übung, wenn es um die Entwicklung von Selbstwertgefühl geht, ist es, wirklich immens daran zu arbeiten, den Erfolg auch unter Beobachtung hundertprozentig herstellen zu können: das Solo tausendmal zu üben, den Vortrag zigmal im kleinen Kreis zu halten, bis er in Fleisch und Blut übergegangen ist.

Es genügt in diesen Fällen nicht, sich die Selbstabwertungstendenz bewusst zu machen. Das Individuum muss sich eine Referenz für die Leistung schaffen, eine Bestätigung eines kompetenten Dritten erhalten, dass der Leistungsstand genügend ist.

Diese Strategien sind entscheidend für den Erfolg. Sie müssen nur konsequent umgesetzt werden Dies braucht Anstrengung und Bewusstheit. Manchmal auch Unterstützung von außen.

Das Selbstwertgefühl ist für die Erreichung der möglichen 8 Stufen der vertikalen Persönlichkeitsentwicklung neben Feedback und Bewusstheit der zentrale Entwicklungsmotor.

Die acht vertikalen Entwicklungsstufen der Persönlichkeitsentwicklung: WM Vertical Personality

Nachstehend werden die 8 Stufen der Persönlichkeit erläutert. Die Basis für dieses Modell sind die Forschungen von Jane Loevinger und Hy (1996). Die einzelnen Stufen sind speziell für Mitarbeitende und Führungskräfte in Organisationen beschrieben. Diese Stufen werden von Menschen in deren Entwicklung durchlaufen und mehr oder weniger bewältigt. Auch unterscheidet sich die zeitliche Verweildauer der Menschen in den einzelnen Stufen.

Die einzelnen Stufen in diesem Modell sind:

1. Impulsive Stufe
2. Stufe des Selbstschutzes
3. Egozentrierte Stufe
4. Konformistische Stufe
5. Stufe des Selbstwertes
6. Stufe der selbstbestimmten Gestaltung
   6a. Intellektuelle Dominanz
   6b. Emotionale Dominanz
7. Stufe der Selbsthinterfragung
8. Stufe der Autonomie

Grundsätzlich kann davon ausgegangen werden, dass alle Stufen aufsteigend durchgangen werden. Wird eine Stufe nicht bewältigt, so muss das Individuum nicht auf dieser Stufe vollumfänglich stehen bleiben, sondern kann sich mit entsprechendem Alter auf eine nächste Stufe bewegen und diese Stufe auch durchlaufen. Jede Stufe, die bewältigt wurde, integriert die vorherigen Stufen, soweit sie bewältigt wurden. Das erworbene Wissen und die erworbenen Fähigkeiten, Fertigkeiten aber auch Haltungen, Werte und Normen der früheren Stufen bleiben erhalten.

Es werden nicht alle Stufen von jedem Individuum durchlaufen, vielmehr wird die Entwicklung an einer Stufe stagnieren. Viele Menschen verbleiben auf der

Stufe 3 und sind ihr ganzes Leben damit beschäftigt, den eigenen Vorteil zu suchen. Andere bleiben auf Stufe 4 und finden ihre Erfüllung durch die Mitgliedschaft in einer sozialen Gruppe. Viele qualifizierte Mitglieder von Organisationen verbleiben auf Stufe 5. Sie sind fachliche Experten und Spezialisten, aber auch Führungskräfte.

Auf Stufe 6 möchte der Mensch etwas Ganzes schaffen, nach dem Motto: das Ganze ist mehr als die Summe seiner Teile. Aus dem Einzelnen wird etwas „Orchestriertes".

Die Beschäftigung mit Stufe 7 kann zeitlich bereits im früheren Leben beginnen, wenn Menschen anfangen, Feedback anzunehmen und sich selbst zu reflektieren. Wenn ein Mensch Stufe 7 erreicht hat, kommt der Impuls, an sich zu arbeiten von innen und wird nicht nur von außen „aufgedrängt".

Auf Stufe 8 hat der Mensch eine voll ausgebildete Identität mit einem gelebten Wertesystem, mit einer hohen Zentrierungsfähigkeit und einer starken Wirkung auf andere. Die Zielvorstellungen sind umfassender, sowohl vom zeitlichen Aspekt wie auch von der Multidimensionalität. Außerdem haben diese Menschen die Fähigkeit, die Transformation ihrer Pläne zu gestalten. Allerdings muss dafür die Verbindung zu den Potenzialfaktoren hergestellt werden.

Potenzialfaktoren sind (vgl. Wildenmann, 2015):

1. Fähigkeit im Umgang mit Komplexität
2. Motivation aus dem Ungelösten
3. Führungsimpuls
4. Lernen aus Erfahrung

Diese Faktoren sind mit dem Modell der vertikalen Persönlichkeit nicht abgebildet, sollten jedoch immer mit hinzugezogen werden, da sie sich auch altersabhängig entwickeln und mit der vertikalen Persönlichkeitsentwicklung synchronisiert werden können.

Die Tendenz ist andererseits, dass Menschen in Stresssituationen auf die Stufe zurückfallen, die sie nicht umfänglich bewältigt hatten. Der Rückfall auf diese Stufe geschieht in der Regel nicht bewusst, auch nicht unbedingt willentlich herbeigeführt Der Rückfall auf diese Stufe geschieht in der Regel nicht bewusst, und wird auch nicht willentlich herbeigeführt. Vielmehr werden die meist ungesteuerten und mitunter destruktiven Reaktionen unbewusst ausgelöst und lassen sich auch nur begrenzt willentlich beeinflussen. Dies hängt von der Fähigkeit der internen Zentrierung ab.

Jedes höhere Level, das erreicht wird, ist differenzierter in der Haltungs- und Verhaltensausprägung. Das Individuum kann flexibler und integrierter auf die Herausforderungen unserer Welt reagieren.

In höheren Stufen agiert der Mensch selbstbestimmter, zentrierter, mit höherer und validerer Selbstwahrnehmung; mit einer geringeren Tendenz, sich selbst abzuwerten; mit einer höheren kommunikativen Bewältigungsfähigkeit; mit einem breiteren Spektrum an Perspektiven.

Die Stufen, die erreicht und bewältigt wurden, sind dem Menschen bekannt, weil sie Teil des eigenen Werdens sind. Die noch nicht erreichten späteren Stufen können von früheren Stufen aus nicht vollständig verstanden werden.

Spätere Stufen sind nicht unbedingt Stufen, auf denen der Mensch glücklicher ist. Viele Erkenntnisse können zunächst schmerzlich sein.

Die Umwelt hat einen gewissen Einfluss auf die Möglichkeit der Entwicklung der einzelnen Stufen.

Die verschiedenen Stufen äußern sich neben dem Verhalten an sich auch in der Sprache. So können die Stufen auch über die Sprache, die ein Mensch verwendet, lokalisiert werden. Die Sprache reflektiert die Erfahrung eines Menschen, genauso wie die emotionalen, intellektuellen und motivationalen Zustände und Möglichkeiten. Neue Bedeutungsbereiche, die ein Mensch erfährt, verändern und erweitern die Sprache.

Die einzelnen Stufen sind idealtypisch beschrieben und können letztlich von keinem Menschen vollumfänglich gelebt werden.

7.1 Stufe 1: Impulsive Stufe

Organische Kindesentwicklung
Diese Stufe ist die erste Stufe der Entwicklung der Persönlichkeit. Hier handelt das Kind ohne Reflexion aus dem akuten Geschehen. Es zeigt impulsive, emotionale, ungesteuerte Reaktionen ohne Feinsteuerung und innerliche Mäßigung oder bewusste Steuerung. Es hat wenig Kontrolle über das eigene Handeln (Loevinger & Wessler, 1970).

Das Kind ist gesteuert von Bedürfnissen, Impulsen und Gefühlen. Und es ist vollkommen abhängig von anderen. Es entwickelt eine tiefe Beziehung zu den ersten Bezugspersonen und lernt, ob es vertrauen kann, ob die Beziehung verlässlich ist, ob es versorgt wird. Es findet hier eine tiefe Prägung zu den ersten Bezugspersonen statt.

Hier ist der Urquell von Vertrauen zu anderen zu finden. Das Kind erfährt die unbedingte Zuwendung und Liebe von den Eltern und lernt, ob durch die eigenen Aktionen und Reaktionen Resonanz ausgelöst wird oder ob die eigenen Impulse nicht beachtet werden. Je weniger eine Nichtbeachtung erfolgt und je mehr das eigene eskalierende „sich melden" nicht beachtet wird, umso mehr wird das Kind kein grundsätzliches Vertrauen zu den ersten Bezugspersonen entwickeln können.

Je mehr das Kind eskalierend auf sich aufmerksam machen muss, umso mehr lernt es, dass nur das lautstarke Schreien irgendwann eine Wirkung hat, was nur zu einer schnelleren Eskalation führt. Es lernt, schneller und lautstärker zu eskalieren. Die hilflosen Eltern versuchen dann auch nach entsprechenden Ratschlägen, die Situation auszuhalten oder dem Kind „den Willen zu brechen", was die Situation nur weiter verschärft.

Hier wird der Grundstein für das Gefühl der mangelnden Selbstwirksamkeit gelegt. Diese Prägung findet auf nichtsprachlichem Niveau statt, ist damit diffus und kann auch im späteren Alter nur schwer bewusst gemacht werden.

Und damit ist sicherlich ein Grundstein gelegt für das spätere Vermögen des vielleicht erwachsenen Menschen, anderen Menschen Vertrauen zu geben.

Je nach genetischer Grundstruktur wird das Kind sich eher entscheiden, angepasst zu reagieren oder ein narzisstisches Anspruchsverhalten entwickeln. Es wird sich viel zu schnell unterordnen und nachgeben oder maßlose Ansprüche entwickeln.

Das „freie Kind-Ich" als überdauernder Lebenszustand.
Natürlich ist diese Stufe auch im späteren Leben verfügbar. Positiv äußert sich diese Stufe in der freien Äußerung der Gefühle. Totale Begeisterung, Freudenausbruch nach einem großen Erfolg, Unbekümmertheit, der ungetrübte Genuss der Natur, vollkommenes Verliebtsein sind Ausdrücke dieses Teils unserer Persönlichkeit. In der Transaktionsanalyse wird dieser Zustand „freies Kind" genannt. Es stellt die unmittelbare Verbindung zu unseren Bedürfnissen, Gefühlen und Impulsen dar und ist damit für die psychische Balance des Menschen sehr wichtig. Hier ist auch der Zugang zu allen kreativen und schöpferischen Handlungen.

Aber es gibt auch eine andere, dunkle Seite, die Menschen zeigen, wenn sie weite Strecken ihres bewussten Daseins auf dieser Stufe verbringen. Diese Strategien sollen dazu dienen, das nicht ausgeprägte Selbstbewusstsein zu kompensieren. Das Individuum sieht sich selbst als Maß aller Dinge, zeigt egoistisches und rücksichtsloses, gefährdendes Verhalten. Es wirkt ungestüm und der Situation unangepasst, unkontrolliert, übernimmt keine Verantwortung, impulsiv - oder agiert manipulierend.

Diese dunkle Seite des Menschen wird an drei Dimensionen der Persönlichkeit verdeutlicht. Vergleiche hierzu die TOP, die Triade der Persönlichkeit (Schwarzinger, 2020):

1. Narzisstische Haltung
2. Machiavellistische Ausprägung
3. Psychopathische Haltung

Diese drei Haltungen und das daraus entspringende destruktive Verhalten lassen sich sowohl Stufe 1 wie auch Stufe 2 und Stufe 3 zuordnen.

In den folgenden Abbildungen (Abb. 7.1 bis 7.5) werden die drei Ausprägungen dargestellt.

▶ Narzisstische Grandiosität wird mit eingebildeten, arroganten und dominanten Haltungen und Verhaltensweisen in Verbindung gebracht.

▶ Die narzisstische Verletzlichkeit spiegelt sich in den Erfahrungen von Wut, Neid, Aggression, Hilflosigkeit, Leere, geringes Selbstwertgefühl wider.

▶ Narzissten haben eine starke selbsttäuschende (d. h. geringe Einsicht) Komponente in ihrer Persönlichkeit.

Abb. 7.1 Narzisstische Grandiosität und narzisstische Verletzlichkeit

7.1 Stufe 1: Impulsive Stufe

- Narzissten streben danach, unrealistische Leistungsstandards erfüllen zu wollen, indem sie die Messlatte nach jeder Leistung höher legen, was oft in einen Zyklus der Unzufriedenheit führt.
- Das ist die Basis für einen kritischen Perfektionismus. Das Individuum ist nie mit der eigenen Leistung zufrieden, in der Außenwirkung wird diese Neigung auf andere Menschen übertragen. Man kann es diesen Menschen nie recht machen und es wird nie genügend sein.
- Perfektionismus führt in der Regel zu Stressreaktionen und löst Versagensangst aus. Diese Tendenz führt im ungünstigen Fall dazu, dass das Individuum sehr ineffektiv arbeitet, weil keine Prioritäten mehr gesetzt werden. Im Falle der Nichterreichung des Ziels wird dann die ursprüngliche innere Haltung bestätigt.

Abb. 7.2 Narzissmus und Perfektionismus

- Der Machiavellismus ist ein Persönlichkeitsmerkmal, das auf den Philosophen Niccolò Machiavelli zurückzuführen ist. Grundlage dieses Merkmals ist die Bereitschaft zur Manipulation.
- Schwächung des/der anderen, verdeckte Ziele und Manipulation bilden den Kern des Machiavellismus.
- Antisoziale Methoden der Zielerreichung sind Teil der Machiavellistischen Strategien. Sie sind nach diesem gedanklichen Modell unabdingbar für die Zielerreichung.
- Diese Tendenzen sind auch mit Gier und Selbstsucht verbunden, die durch Rationalisierungen von Zweck- und Zielsetzungen gerechtfertigt werden.
- Machiavellismus ist mit geringem Grad an Verträglichkeit und Gewissenhaftigkeit, Empathie und Kooperation verbunden.
- Individuen geben zwischenmenschliche Beziehungen im Dienste konkreter Ziele auf.

Abb. 7.3 Das Konstrukt des Machiavellismus (1)

- Die klassischen Schriften von Machiavelli deuteten an, dass die idealen Führer strategisch manipulativ sind, betonen die Vorbereitung, Planung, Voraussicht, Zweckmäßigkeit, Rationalität, Logik, Opportunismus, Entscheidungstendenzen.
- Personen, die hohe Werte bei Machiavellismus haben, sollten egoistische Planung und Strategie, manipulative Taktiken und Täuschungen reflektieren und Verhaltensalternativen finden.
- Schließlich ist Machiavellismus mit einem Mangel an Schuld oder Reue verbunden.
- Bestimmte Forschungsrichtungen über Führungsdispositionen zeigen auf, dass unter bestimmten Bedingungen Machiavellismus zu einer pragmatischen und effektiven Führung führen kann.
- Die Forschung hat auch gefunden, dass zu wenig machiavellistische Ausprägung mit schlechter Geschäftsleistung verbunden sein kann.

Abb. 7.4 Das Konstrukt des Machiavellismus (2)

- Zentrale Charakterelemente sind hohe Impulsivität sowie wenig Empathie und Angst.
- Psychopathen werden als antagonistisch charakterisiert und glauben an ihre eigene Überlegenheit und Neigung zur Selbstdarstellung.
- Psychopathen haben eine einzigartige aktive Erfahrung, sodass es vorgeschlagen wurde, dass der definitive Marker der Psychopathie ein Mangel an selbstbewusster emotionaler Schuld und eine Abwesenheit des Gewissens ist.
- Darüber hinaus erleben Psychopathen keine oder wenig Ängste. Sie sind weniger beschämt bei selbst erlebten Peinlichkeiten.
- Folglich lernen sie oft nicht von Bestrafungen für Missetaten.
- Psychopathen sind auch impulsiv und suchen sofortige Befriedigung ihrer Bedürfnisse.

Abb. 7.5 Das Konstrukt der Psychopathie

7.1.1 Die Subskalen der Stufe 1

Nachstehend erläutern wir die Subskalen zu der ersten Stufe:

Unbekümmertheit
Menschen mit hohen Werten bei dieser Subskala gehen eher unbeschwert durch das Leben. Sie sind offen für die kommenden Dinge, sehen das halbvolle Glas, sorgen sich nicht um die Zukunft und haben wenig Versagensängste. „Alles wird gut" ist ihr Motto. Mitunter werden sie mit für sie überraschenden Ergebnissen konfrontiert.

Überlegenheitsgefühl
Um das eigene wenig ausgeprägte Selbstwertgefühl zu verbergen, werden Überlegenheitsgefühle entwickelt. Eine ausgeprägte Annahme einer Überlegenheit, anderen Personen gegenüber und ein Glaube an eigene überragende Leistungsfähigkeit soll die innere Unsicherheit überstrahlen.

Überragende Führungswirkung
Die Überzeugung eines hohen Machteinflusses auf andere Menschen, verbunden mit der Annahme einer hohen Wirkung und Überzeugungskraft sind weitere Beispiele dieser Haltung. Diese Menschen haben Gefallen am Bestimmen über andere Personen. Es handelt sich hier um einen unkultivierten Führungsanspruch mit einer grandiosen Überbewertung der eigenen Wirkung.

Es besteht eine gewisse emotionale Saturierung am Bestimmen über andere Personen. Es geht um das Bestimmen, nicht um die Ergebnisse. Auf höheren Stufen ist dieser Führungsimpuls ausgebildet, es geht nicht mehr allein um Macht, sondern um das Erreichen bestimmter Ziele.

Risikobereitschaft
Mit einher geht die Neigung, ein zu großes Risiko einzugehen, um sich selbst zu beweisen. Diese Menschen streben nach einer hohen Bewunderung und sind dafür bereit, viel zu riskieren.

Anspruchshaltung
Das Individumm glaubt von sich, ohne eine entsprechende Leistung zu erbringen, einzigartig, besonders, wichtig und großartig zu sein und entwickelt daraus den Anspruch, generell bevorzugt behandelt werden zu müssen. Auch sehen Menschen in dieser Stufe nur statusmäßig hoch einzustufende Personen oder Organisationen als Kontaktpartner, mit denen sie verkehren möchten.

Status
Statussymbole bedeuten auf dieser Stufe viel, ohne die entsprechende externe Garnierung der Persönlichkeit entsteht schnell das Gefühl der Wertlosigkeit. Mitunter

entstehen schnell auch Neidgefühle oder Gefühle der Unterlegenheit und Bedeutungslosigkeit.

Impulsivität
Bei Frustration können Menschen auf dieser Stufe in ihrer Reaktion ungehalten und unkalkulierbar werden. Emotional ungehaltene Reaktionen können durch scheinbar unbedeutende Vorgänge hervorgerufen werden. Es fehlt die Feinsteuerung, gleichsam wie die Reaktion aggressiv oder depressiv sein kann. In aller Regel kippen die Menschen in solchen Situationen auf ihre gegensätzliche psychologische Seite und reagieren von dort aus destruktiv für sich und/oder andere.

Impulsiver Führungsstil
Führungskräfte auf dieser Stufe gehen unbekümmert und sorglos mit ihrer Situation um. Sie lassen die Dinge auf sich zukommen, fühlen sich eigentlich auch nicht verantwortlich und zuständig. Sie geben sich ihren Bedürfnissen hin, wichtig sind ihnen die Vorteile, die mit einer solchen Position verbunden sind. Sie sehen die komplexen Herausforderungen eher durch eine „Schwarz-Weiß-Brille".

Sie weisen Feedback als nichtzutreffend zurück, fühlen sich sofort angegriffen und reagieren schnell eskalierend. Hohe Viskosität in der Äußerung von Emotionen liegt vor. Regeln werden als unnötig und einschränkend erlebt. Ein Verbleiben im Konkreten wird bevorzugt. Es wird wenig systematisch gearbeitet und wenig geplant. Vieles geschieht spontan und improvisiert. Es gibt auch viele Änderungen, oft kurzfristig, bis hin zu kurzfristigen Aufträgen, die sofort erledigt werden müssen.

7.2 Stufe 2: Stufe des Selbstschutzes

Organische Kindesentwicklung
In dieser Phase der Entwicklung versucht das Kind, sich zu schützen und Nachteile zu vermeiden. Die erste Wachstumsstelle ist das „Nein", wenn das Kind lernt, sich abzugrenzen. Dies ist die Phase, in der sich das Kind aus der völligen Abhängigkeit von der Fürsorge anderer löst. Es gibt zwei Wege: entweder die Anpassung oder die Durchsetzung. Artig sein („nach dem Toilettengang muss man sich die Hände waschen") oder die lautstarke Durchsetzung durch Wutanfälle (Cook-Greuter, 1999).

Noch kann das sich beginnende Bewusstsein, die Entstehung des „Erwachsenen-Ichs" diese Prozesse nicht moderieren. Wenn Menschen auf dieser Stelle stehen bleiben, fehlt ihnen ein wichtiger Teil der Sozialisation. Wenn etwas nicht sofort funktioniert, setzen sie sofort Aggression ein, um ihre Bedürfnisse erfüllt zu bekommen. Im Kindesalter sind in diesem Alter Logik und Argumente relativ nutzlos.

Aber die Eltern oder Bezugspersonen können Verständnis für den Wunsch zeigen und das Kind dort hinführen, dass es lernt, andere Strategien als den Wutausbruch zu verwenden, um die eigenen Wünsche erfüllt zu bekommen.

Anpassung und Auflehnung als Selbstwertbasis
Diese gelernten oder nicht gelernten Verhaltensweisen zeigen dann auch erwachsene Personen, wenn sie sich auf der Stufe des Selbstschutzes befinden. Sei es als Endstadium ihrer Entwicklung. Ebenso wenn jemand auf dieser Stufe stehen geblieben ist oder wenn eine Person durch das Kippen auf diese inferiore Seite gerade eine Regression auf diese Stufe erlebt. Auf dieses Phänomen werden wir später noch speziell eingehen. Auf dieser Stufe geht es um Gewinnen oder Verlieren, um Freund oder Feind, um die bedingungslose Erreichung eines Ziels.

Alternativ schützt sich das Kind vor Bevormundung durch Rückzug, vor fehlender Wertschätzung durch alternative Bedürfnisbefriedigung, z. B. bei autoritärem Verhalten der Bezugspersonen durch artig sein und Überanpassung.

Günstig ist, wenn das Kind lernt, dass es selbst eine Wirkung auf das Verhalten der Bezugspersonen hat und der eigene Selbstschutz wahrgenommen wird. Dann kann das Selbstwertgefühl wachsen.

Auf dieser Stufe der Sozialisation lernt der Mensch dann auch mehr oder weniger adäquat mit Anpassung umzugehen. Wenn Anpassung eine wichtige Strategie ist, Wertschätzung zu bekommen, werden abhängig vom Temperament und Grundcharakter die sogenannten Antreiber übernommen. Dieser Begriff kommt ebenfalls aus der Transaktionsanalyse (Schlegel, 1984). Die 5 Antreiber:

- Sei perfekt
- Sei stark
- Beeil dich
- Mach's anderen recht
- Streng dich an

geben zumindest das Gefühl, so den Anforderungen zu genügen. In der Erfüllung der Antreiber wird in aller Regel zwar nicht das angestrebte Ziel erreicht. Aber es genügt zunächst die Anpassung, um Akzeptanz zu erreichen. Je mehr diese Antreiber zum allgemeinen Lebensmotto werden, und in eine starke Konditionierung münden, umso mehr wird dieses Verhalten automatisiert gezeigt. Auch hier gilt es, dem Menschen Alternativen zu zeigen, wie es zur Erfüllung der eigenen Bedürfnisse kommt.

7.2.1 Die Subskalen der Stufe 2

Verteidigung und Rechtfertigung
Erwachsene Menschen, die auf dieser Stufe stehen fühlen sich schnell angegriffen und bedroht. Sie verteidigen und rechtfertigen sich, wenn immer etwas kritisiert oder in Frage gestellt wird. Oder sie versuchen durch Notlügen oder Verdrehung der Realitäten aus der Bedrängung zu gelangen. Oft werden Themen verleugnet, abgewiegelt oder vergessen oder es kommt zu der Reaktion des Beleidigt-seins. Es geht hier um den Umgang mit Schuld.

7.2 Stufe 2: Stufe des Selbstschutzes

Wird diese Phase nicht überwunden, neigt eine Person in vielen Situationen dazu, sich durch Verteidigung, Erklärung und Rationalisierung zu wehren, ob angemessen oder nicht. Feedback wird abgewehrt, indem die Quellen des Feedbacks als unglaubwürdig dargestellt werden. Die Person sucht die Ursache für Fehler bei anderen und stellt sich selbst als unschuldig hin. Sie ist bereit zu lügen, um aus der bedrohlichen Situation herauszukommen.

Projektion
Projektion von eigenen Unzulänglichkeiten auf andere. Bei der Projektion werde eigene Schwächen anderen Personen zugeschrieben und mitunter überstark kritisiert. Die Motivation ist die Konzentration auf den eigenen Selbstschutz und den Erhalt des geringen Selbstwertgefühls.

Selbstabwertung und Abwertung anderer
Tendenz zur Selbstabwertung und Übernahme der Schuldzuweisung. Aber auch Tendenz zu harscher Kritik und genereller Abwertung von Menschen. Das Bedürfnis, sich ständig selbst schützen zu müssen, ist allgegenwärtig und lässt schnell jede Gelassenheit verschwinden. So kippen Personen auf dieser Stufe oft von eigenen Nicht-okay-Gefühlen zu Nicht-okay-Gefühlen zu anderen Menschen. Dann kommt es zu einer generellen Haltung der Abwertung anderer. Niemand kann den Erwartungen genügen. Alle sind inkompetent.

Starke Tendenz ist auch, sich als Opfer zu fühlen: „Auf mir hacken alle herum", „Warum werden andere nicht gerügt, obwohl sie die gleichen Fehler machen" oder „Alles, was ich mache, ist falsch".

Das vorherrschende Gefühl ist: Ärger, Trauer und negative Einschätzung von Verhalten anderer Menschen. Feindlicher Humor, Angst vor Autoritäten, kindische Reaktionen.

Kompensatorische Überschlagshandlungen (fängt beispielsweise an zu putzen oder das zu arbeiten, wofür es früher Belohnung gab).

Führungsstil
Vermeidet Feedback, schützt sich proaktiv, vermeidet Konfrontation und Dialog, sieht sich schnell in der Defensive. Entweder überangepasst oder aggressiv. Vertuscht kritische Vorgänge und Beschwerden oder spielt sie herab.

Differenziert die Umwelt in Freunde oder Feinde, jemand ist für mich oder gegen mich.

Die Arbeit wird als Belastung erlebt, außer dem verdienten Geld gibt es keine Befriedigung.

Vermeidet jegliches Risiko. Sichert sich ab und versucht sich zu immunisieren. Übernimmt keine Verantwortung. Starke Tendenz zu Kritik an anderen. Sucht die Schuld für die Nichterreichung von Zielen im externalen Forum oder im Schicksal. Entwickelt Annahmen und angenommene Zusammenhänge, um die eigene Situation zu rationalisieren.

Glaubt zu wenig an sich und die eigene Leistungsfähigkeit, stellt sich und die eigene Leistung schnell in Frage. Tendenz zu Rückzug und Vermeidung von Auseinandersetzung. Mitunter Verlust von Energie, Gefühl der Kraftlosigkeit und Müdigkeit. Sieht nur noch Probleme, jedes Problem ist groß und schier unlösbar.

Verliert das Vertrauen zu den Menschen. Durch die hohe Anpassung verlieren Menschen in dieser Phase auch ihre Überzeugungskraft, weil sie zu unterwürfig auftreten.

Die bedeutenden Themen bleiben auch in ihrer Ganzheitlichkeit auf der Strecke. Der Selbstschutz ist so vordergründig, dass strategische Themen vernachlässigt werden, die Sicht auf das Ganze verloren geht.

Treten nach unten, buckeln nach oben. Die ständige Angst, etwas falsch zu machen, führt mitunter zu Mikromanagement. Alles wird genau in vielen Anweisungen vorgegeben, es kommt zur Überforderung. Viele der Anweisungen werden wieder vergessen oder sind widersprüchlich zu anderen.

Reduziert sich auf frühere Fertigkeiten, auf das, was früher funktioniert hat oder was negative Konsequenzen abgemildert hat.

Die Situation kann sich zu einem negativen Kreislauf der wahrgenommenen Inkompetenz auf höheren Ebenen entwickeln, weil die Konzeptlosigkeit überhandnimmt und strategische Fortschritte ausbleiben, weil operative „Löschaktionen" alle Ressourcen beanspruchen.

Zusammenfassend werden auf diesem Level zwei Negativstrategien gewählt: Entweder Ignoranz und Vermeidung oder Anpassung und Unterwerfung.

7.3   Stufe 3: Egozentrierte Stufe

Organische Kindesentwicklung
In der natürlichen Entwicklung beginnt das Kind, seinen eigenen Vorteil zu sehen. Die eigenen Bedürfnisse werden immer mehr bewusst und sollen befriedigt werden. Dafür lernt das Kind, sich aktiv den eigenen Vorteil zu suchen. Es geht nicht mehr allein um die Wunscherfüllung, es geht um den eigenen Vorteil. Das Kind ist sich seiner eigenen (körperlichen) Stärke bewusst und nützt diese, um andere einzuschüchtern und um das zu bekommen, was es möchte.

Je stärker die Egozentriertheit zum Lebensmotto wird, umso misstrauischer werden die betreffenden Menschen. Alles ist ein Nullsummenspiel, entweder man gewinnt oder man verliert. Das Motiv für diese Haltung ist die Befürchtung, benachteiligt zu werden, sowieso weniger als die anderen zu haben, sowieso benachteiligt zu sein.

Besitz als Identitätsersatz
Das Selbstwertgefühl ist nicht mehr als ein Kokon. Die Identität wird gestützt durch Besitz: „mein Haus, mein Auto, mein Boot". Die erwachsenen Egozentriker sind darauf bedacht, ihr im Grunde fragmentarisches Selbstwertgefühl zu bewahren, durch Besitz, Ruhm und auch in höheren Kreisen geschätzt zu sein. Große Auftritte, bewusst inszeniert, sollen die sehnlichst gewünschte Akzeptanz herbeiführen. Andere werden als „Objekte" gesehen, grenzwertige Manipulation

in Kauf genommen, Menschen werden benutzt. In der Selbstsicht ist das Verhalten durch das Ziel legitimiert.

Wenn der Bogen überspannt wird, wird der Egozentriker fallen gelassen, es sind nur Komplizen da, keine Freunde. Weil der Egozentrierte keinen eigenen Wert für sich entwickeln konnte, ist ein Gefühl des Defizits vorhanden, das auch zu Wut und Neid führt. Diese Wut rechtfertigt das opportunistische Handeln und führt auch dazu, dass geschädigte Menschen als selbst schuld (weil zu dumm) eingeschätzt werden. Insbesondere, wenn Opportunisten verdeckte Ziele haben, wenden sich die Menschen immer weiter von ihnen ab. Die „Ich gewinne immer, du verlierst immer" Haltung führt regelmäßig zu Konflikten. Diese Menschen gelten als gerissen, ohne Gewissen, manipulativ.

In bestimmten Kontexten können egozentrierte Menschen finanziell sehr erfolgreich sein und können beachtliche berufliche Erfolge realisieren. Insbesondere, wenn sie durch Instinkt und Bauernschläue ein geschicktes Geschäftsgebaren entwickeln. Sie bringen die eigenen Emotionen nicht zum Ausdruck, weil sie damit ihrer Ansicht nach durchschaut werden könnten.

Sie suchen sich bewusst einflussreiche Gesprächspartner, die sie glauben, manipulieren zu können. Sie suchen sich „schwache" Weggefährten, die sie leicht beeinflussen können und die auch ihre Nähe suchen, weil sie anderswo keine Akzeptanz erhalten. Sie lassen keine Widersprüche zu, weil sie sofort einen Loyalitätsverlust befürchten, setzen ihre Weggefährten auch schnell unter Druck und genießen die Macht, die sie über diese Menschen haben.

Wenn sie Feedback zu ihrem Verhalten bekommen, wehren sie das Feedback ab und es scheint so, als ob sie sich nicht ändern wollten. Aber eigentlich können sie sich nicht ändern, weil sie keine Alternative zu ihrem Verhalten sehen (Cook-Greuter, 2014).

Der Opportunist kann nicht neutrale komplexe Analysen aufzeigen, weil in allen den eigenen Handlungen der eigene Vorteil stets mitschwingt und in den Argumenten mitbedacht werden muss. Wenn die Diskussion zu eng wird, weicht der Opportunist aus, indem durch Rationalisierung, aber auch mitunter vorgebrachte emotionale Überlastung, aktuell keine Auseinandersetzung möglich ist. Die stetige Angst ist es, selbst durchschaut und damit aber auch beherrscht zu werden.

Allerdings, viele Freunde haben sie nicht.

Diese Phase wird durch die Erkenntnis überwunden, dass der wahre Gewinn im Leben das Geben und das Nehmen ist. Die Erfahrung, dass Menschen dankbar sind und erhaltene Vorteile ausgleichen. Und durch das zunehmende Aufkommen eines echten Selbstwertgefühls eine echte Identität entstehen kann. Am Ende sind Egozentriker oft allein. Wenn es gelingt, ihnen aufzuzeigen, dass das Team insgesamt für alle mehr Vorteil bringt, kann der Opportunist durch seinen Businesssinn sehr wertvolle Beiträge bringen. Aber ohne diese Einsicht wird eine Lösung des Komplexes nicht möglich sein.

7.3.1 Die Subskalen der Stufe 3

Egozentriertheit als Lebensmotto
Wenn eine Person in der Ego-Phase stecken bleibt, wird die Egozentriertheit zum Lebensmotto. Die Berechnung des eigenen Vorteils steht im Mittelpunkt. Das Individuum versucht sich zu schützen, um sich zumindest einen eigenen Vorteil zu sichern. Es sucht und erkennt Chancen und Möglichkeiten, die zum eigenen Vorteil umgesetzt werden.

Verdeckte Absichten
Stellt die eigenen Bedürfnisse über die von anderen. Ist somit nicht sehr auf die Befindlichkeit von anderen orientiert. Unterstützt andere Menschen, wenn ein eigener Vorteil daraus erwächst. Mitunter wird eine „Fassade" aufgebaut, um die eigene eigentliche Agenda nicht veröffentlichen zu müssen. Es gibt dann eine „Hidden Agenda". Solche Menschen sind immer in eigener Sache unterwegs. Das eigene Arbeitsteam interessiert sie nicht, weil sie daraus keinen Vorteil für sich erkennen können. Sie ziehen sich zurück, nehmen die Vorteile mit, bringen aber keinen eigenen Beitrag. Andere Menschen interessieren sie nicht, auch wenn es diesen schlecht geht. Jeder hat sein Schicksal.

Emotionale Kälte
Die emotionale Bandbreite ist begrenzt. Empathie und Verständnis haben im Arbeitsleben nichts zu suchen. Es geht, um persönliche Bedürfnisse und materialistische Objekte und das Bedürfnis, sich zu bereichern. Zeigt keinerlei Mitgefühl, wirkt kalt und abweisend. Die Kälte wird rationalisiert: „Im Business haben Gefühle nichts zu suchen". Es ist eine gewisse Bereitschaft da, zu lügen oder etwas zu verschweigen, um berufliche Vorteile zu erhalten.

Manipulation
Dabei werden unmittelbare Möglichkeiten genutzt. Kann manipulativ sein und verdächtigt andere, manipulativ zu handeln. Ist misstrauisch. Diese Menschen haben eine Bereitschaft, andere zu täuschen. Oft glauben sie, dass man ohne die Täuschung von anderen nicht erfolgreich sein kann. Sie eskalieren oder drohen, wenn es nicht nach ihrem Willen geht oder wenn das eigene Ziel infrage gestellt wird. "Der Weg nach oben ist auch von Leichen gesät".

Führungsstil
Verbunden mit einer guten Intuition und Komplexitätsverarbeitung können Menschen auf dieser Stufe sehr erfolgreich werden, für sich. Andere sind nur so lange gut, wie sie für die Erreichung der eigenen Ziele dienlich sind.

Stark auf das Konkrete fokussiert. Kurzfristiger Fokus. Verteidigt, anstatt zu gestalten. Sieht bei Anderen eher negative Absichten. Wertet andere ab. Wenig eigenständige Konzepte; bedient sich dafür bei anderen. Zieht sich zurück. Weicht dem echten Dialog aus. Weist anderen grundsätzlich die Schuld zu. Ist schlussendlich nur am eigenen Vorteil interessiert. Feindlicher abwertender Humor. Wenig beeinflussbar, da intern blockiert.

Unterstützt Projekte, wenn ein Vorteil für sich daraus erwächst. Kann als Führungskraft auch große Leistungen vollbringen, wenn die eigenen hohen Ziele mit dem Erfolg verbunden werden können. Hat hohe Ziele, möchte viel erreichen.

7.4 Stufe 4: Konformistische Stufe

Natürliche Entwicklung in Kindheit und Jugend
In der natürlichen Entwicklung transformiert während der Schulzeit das Kind den Wandel von der ego-zentrierten Stufe auf die Stufen der Konformität. In dieser Zeit erkennt das Kind sich selbst auch zu den Autoritäten in der Gruppe. Freunde geben Halt und Sicherheit, ausgeschlossen zu sein verunsichert und mindert die Entwicklung des Selbstwertes. Regeln werden akzeptiert, weil sie da sind. Die Wertschätzung von der Gruppe, von den Freunden zu bekommen ist Ziel vieler Handlungen.

Es bilden sich soziale Untergruppen, die sich mitunter gegeneinander abgrenzen.

Der Ausgangspunkt ist der Vergleich und der Wunsch, in der Gruppe anerkannt zu sein. Es geht um den Rang in der Gruppe. Die vielen Streiche, die gegenüber Autoritätspersonen durchgeführt werden, haben nur ein Ziel: Akzeptanz in der Gruppe, Sicherheit in der Position in der Rangreihe der Peer Gruppe zu erlangen. Die dafür erlangten Strafen werden leicht ertragen, sind sie doch ein Beweis des Mutes, der aufgebracht werden musste, um eine unerhörte Tat zu vollbringen.

Damit sind die Menschen auf dieser Stufe damit beschäftigt, die gesellschaftlichen, aber auch gruppenorientierten Regeln herauszufinden, die ihren Ursprung im Bedürfnis nach Anerkennung in und außerhalb der Gruppen zu bekommen. Man möchte mitspielen können, dafür braucht es mitunter das richtige Marken T-Shirt oder das neuste Handy.

Man möchte dazugehören, oft geht die Akzeptanz vorwiegend über äußere Attribute. Eindeutig wenden sich die Menschen in ihrer Entwicklung anderen Menschen zu. Die feindselige Haltung wird aufgegeben. Man möchte in einer Struktur akzeptiert werden, um für sich auch Orientierung zu finden.

Je größer das Bedürfnis ist, Akzeptanz in der Gruppe zu erhalten, eine Identität in der Gruppe zu bekommen, umso mehr wird sich das Individuum den Regeln und Normen der eigenen Gruppe unterwerfen. Das Ziel ist dann, eine eigene Identität durch die Identität der Gruppe zu erhalten. Der eigene Selbstwert wird durch die Identität aus der Gruppe substituiert. Es werden dann auch Regeln und Abgrenzungsmechanismen extremerer Art übernommen. Viele Religionen definieren sich als die „Auserwählten", die „Richtigen" und vereinen sich gegen den bösen Rest der Welt (Cook-Greuter, 2014). Auch extreme rechts- oder linksradikale Gruppen entwickeln oft radikale Theorien über die eigene Identität oder über die Absichten der anderen.

Alternativ oder ergänzend bucht das Individuum den Erfolg der eigenen Gruppe auf sich. Wenn der eigene Fußballverein oder die Nationalmannschaft gewonnen hat, haben „wir" gewonnen. Der vielleicht mangelnde eigene Erfolg wird so durch den Erfolg des eigenen Sprengels kompensiert und dient dazu, das eigene Selbstwertgefühl stellvertretend zu nähren.

Loyalität, Zugehörigkeit und Gewissenhaftigkeit
Menschen auf dieser Stufe sind die Basis einer jeglichen Demokratie. Sie akzeptieren Regeln und wollen nach diesen Regeln spielen. Diese Menschen tragen die Unternehmen auf ihren Schultern. Hohe stabile Zielkongruenz, Loyalität, Toleranz für Unzulänglichkeiten und Gewissenhaftigkeit sind die unerlässlichen Faktoren, die durch diese Menschen eingebracht werden.

Die Gruppe bietet den Schutz und den Rahmen, um auch an der Macht und Größe der Organisation teilzunehmen. Der Preis für die Zugehörigkeit ist die Loyalität und die Anpassung, auch die unbedingte Unterwerfung. Führung von oben wird erwartet und befolgt. Konformistische Menschen genießen den Schutz, den die Organisation bietet, aber auch die Macht, die von ihr abstrahlt und die auch benutzt werden kann. Die Normen werden gesetzt und mehr oder weniger ungeprüft übernommen.

Die innere Haltung der Gruppen untereinander geht von friedlicher Koexistenz, zu wettbewerbsorientierter Distanz bis zu existentieller Ablehnung der andersartigen. Ein Mitglied der Kohorte Mercedes Benz kann eine friedliche Koexistenz zur Kohorte BMW oder Porsche erleben. Man kennt sich von der technischen Disziplin, schätzt und achtet sich gegenseitig und weiß, dass in der anderen Kohorte ähnliche Gefühle und Werte herrschen als in der eigenen.

Anders verhält es sich bei Vereinen. Ein Bayern München-Fan kann nicht gleichzeitig ein Borussia Dortmund-Fan sein, es gibt zumindest eine gewisse, loyale bis hin zu emotionaler, Ablehnung der anderen, bis hin zu Hass.

Schließlich gibt es Unterschiede in den Weltanschauungen. Verschiedene Gruppen glauben, dass sie die einzige Wahrheit gefunden haben. Allen anderen deshalb überlegen sind. Die Mitglieder sollen glauben, dass sie die einzigen wenigen Auserwählten sind, die ausschließlich gerettet werden sollen. Alle die nicht dazugehören, sind dem sicheren Untergang geweiht. Es sind „Ungläubige", Menschen, die dem sicheren Untergang geweiht sind. Dabei werden Unlogiken in der Argumentation einfach missachtet. Wer das nicht glaubt, ist unwürdig und wird ausgestoßen oder man bittet den eigenen Gott, diesen Menschen die Augen zu öffnen, um das „Licht der Welt" zu erblicken.

Generell versuchen Menschen auf dieser Stufe, den Bestand der Organisation aufrecht zu erhalten, die Stabilität zu sichern.

Sie sind kooperativ nach innen, freundlich, entgegenkommend, hilfsbereit, bescheiden. Vom Feedback genügt es ihnen, wenn ihre Konformität bestätigt wird. Sie möchten keine Sonderstellung, lieber als Gleiche in der Gemeinschaft verbleiben. Sie möchten nicht kritisch Stellung beziehen und sich entsprechend äußern. Wenn das gefordert wird, halten sie sich zurück.

Sie teilen die Kritik an autoritären und herablassenden Führungspersonen in der eigenen Organisation, äußern sich aber nicht öffentlich, sondern suchen dann Schutz bei den Leitern, die die Organisation aufrechterhalten wollen.

Sie sind immer bereit, auch einen unentgeltlichen Beitrag zu leisten, ohne eine Gegenleistung dafür zu bekommen. Statusmäßig ist es ihnen wichtig, gleichgestellt zu sein, weil das das Gefühl unterstützt, dazu zu gehören.

Auf dieser Stufe werden die Menschen vieles dafür tun, dass das System optimiert und ständig verbessert wird bis hin zu Perfektionismus, Mikromanagement und hohem Kontrollzwang. Paradigmenwechsel oder radikale Kehrtwenden darf man aber auf dieser Stufe nicht erwarten. Sie werden keinen Konflikt eingehen, sondern die Harmonie aufrechterhalten und stützen, auch mit der Bereitschaft, Konflikte zu verneinen. Das würde zu sehr das System bedrohen.

Die größte Angst ist es, verlassen zu werden, nicht mehr dazu zu gehören und damit den eigenen Selbstwert, der auf dem Wert der Organisation fußt, zu verlieren. Die Angst ist also die Angst vor den „Nicht-sein" durch den Verlust der organisationalen Identität.

7.4.1 Die Subskalen der Stufe 4

Identität aus Zugehörigkeit
Es besteht ein Bedürfnis, einer sozialen Gruppe zuzugehören. Sucht Bestätigung durch Gruppenzugehörigkeit (Familie, Peers oder soziale Gruppen). Findet in der Zugehörigkeit zu einer sozialen Gruppe den eigenen Wert und die eigene Identität. Braucht Wertschätzung und Akzeptanz, vermeidet es einen negativen Eindruck zu hinterlassen. Weicht Konflikten aus. Innerlich blockiert und wenig Fähigkeit zu reflexiver Kommunikation. Hohe Bedeutung von Statussymbolen. Kümmert sich um das Wohlergehen der Gruppe. Schafft auch dadurch Akzeptanz, dass Aufgaben übernommen werden, die sonst keiner macht. Feedback wird als Kritik und Ablehnung empfunden. Eher unterwürfige und nachgebende Haltung. Möchte es den anderen recht machen.

Regeln und Normen
Die Einhaltung von Regeln und Normen stehen im Mittelpunkt. Einfaches Denken und einfache Regeln der Zugehörigkeit helfen, dazuzugehören. Die Regeln werden blind befolgt, ohne eigene innere Reflexion. Die Regeln der Gruppe werden anderen aufgedrängt.

In dieser Phase neigt das Individuum mitunter dazu, unflexibel zu reagieren oder eine Opferhaltung einzunehmen, weil der Ausstieg aus der Konformität nicht gelingt. Geht in Widerstand und wirkt rebellisch, weil keine Gleichwertigkeit erlebt wird. Beklagt sich hintenherum, weil eine adäquate Intervention nicht gelingt.

Abgrenzung zu anderen Gruppen
Durch die Idealisierung des eigenen Seins: „wir sind die Richtigen", „draußen ist die böse Welt" immunisiert sich das System. Die Einhaltung der Regeln wird

zum Kristallisationspunkt des Geschehens. Zum Sinn des gesamten Systems. Die Regeln sind nicht mehr hilfreiche Ordnungen, sondern: Sie sind das System. Abtrünnige werden geächtet, bestraft oder aus der Gruppe entfernt.

Negativdenken und depressive Haltung
Wenn Beziehungen enden, können Menschen auf dieser Stufe in eine depressive Haltung fallen. Alles wird nur noch aus einer negativen Haltung interpretiert. Ein starkes Negativdenken macht jedes Glücksgefühl unmöglich. Auch die Bemühungen, der Umwelt auch das Positive aufzuzeigen, führen nur zu dem Gefühl, nicht verstanden oder nicht ernstgenommen zu werden. Diese Verhaltenstendenzen hängen stark von der individuellen Reflexionsfähigkeit ab.

Führungsstil
Möchte als Leiter*in ein stabiles Team entwickeln. Das Zusammengehörigkeitsgefühl ist wichtiger Bestandteil des Teams. Sucht die Anerkennung der Gruppe. Gibt im Zweifel nach. Sieht andere in der stärkeren Position. Verweist eher auf Regeln, als sich durchzusetzen. Sieht die Ereignisse eher schicksalshaft. Vermeidet, es andere zu verletzen oder zu kränken. Wenn es allen gut geht, geht es dem Ganzen gut. Möchte Harmonie herstellen, vermeidet Konflikte. Konflikte werden tabuisiert.

Achtet auf die Einhaltung von Regeln. Es kann aber auch sein, dass die Regeln und die Einhaltung der Regeln mehr und mehr in das Zentrum des Geschehens kommen und zum zentralen strikten Ordnungsprinzip werden. Hier wird der Führungsstil hart und unnachgiebig, es geht ums Prinzip. Wer Regeln übertritt, wird bestraft oder muss gehen.

7.5 Stufe 5: Stufe des Selbstwertes und des Selbstbewusstseins

Die organische Entwicklung ab der Adoleszenz
Das Individuum erkennt den Wert von Wissen und Können und bildet so die Basis des Selbstwertes. Diese gegen Ende der Schul- und Ausbildungszeit entstehende Eigenverantwortung als Ablösung der Konformität ist, wenn sich Erfolge einstellen, Nahrung für das entstehende Selbstwertgefühl.

Dies ist eine Stufe der Differenzierung (Cook-Greuter, 2014). Das Individuum ist mehr und mehr in der Lage, die Perspektive der dritten Person einzunehmen und sich selbst differenziert zu betrachten. Damit wird ein entscheidender Wendepunkt überschritten, wenn eine Person versucht, sich selbst objektiv zu betrachten. Das eigene Selbst wird bewusst. Damit werden andere Personen auch mehr als eigenständige Personen wahrgenommen, die sich auch von einem selbst unterscheiden. Damit entstehen die Abgrenzung und auch der Wettbewerb. Und so entsteht das Bedürfnis, sich zu vergleichen und auch zu messen (Cook-Greuter, 2014). Die Fähigkeit, sich selbst zu reflektieren, beginnt sich rudimentär zu entwickeln, es entsteht ein Bedürfnis nach Feedback, zumindest zur Einschätzung der eigenen Leistung.

Der Wunsch, im eigenen Berufs- oder Interessengebiet erfolgreich und kompetent zu sein, steht im Mittelpunkt. Es werden konsequente Bemühungen unternommen, die berufliche Leistungsfähigkeit auszubauen und zu perfektionieren.

Wettbewerbsdenken und das Bedürfnis, sich an anderen zu messen, geben Orientierung. Das Bedürfnis, sich abzuheben und anerkannt zu werden, steht im Vordergrund. Etwas Besonderes sein, sich abzugrenzen, sich zu unterscheiden bis hin sich auch in der Familie zu positionieren und die Einzigartigkeit hervorzuheben. Die sich beginnende Konturierung der Persönlichkeit zu manifestieren und zu festigen. Die Einzigartigkeit zu fokussieren und zu leben, aus der Konformität herauszutreten.

Auf dieser Stufe kann Arroganz und Überheblichkeit entstehen, weil die Entwicklung der Persönlichkeit mit dem Erfolg nicht Schritt halten kann.

Wissensbasierte Erfolge und das Expertentum als Motivator
Mit zunehmender Erfahrung durch die Bewältigung von vielen herausfordernden Situationen stabilisiert sich das Selbstwertgefühl zunehmend. Die Menschen auf dieser Stufe sind anerkannte Fachleute und geschätzte Führungskräfte. Sie kennen sich in ihrem Fachgebiet aus und werden als Spezialisten geschätzt. Sie lernen mehr und mehr, mit Prioritäten und der Allokation von zeitlichen Ressourcen umzugehen. Sie sind zuverlässig, mutig, initiativ und eigenverantwortlich. Auf die Verlässlichkeit dieser (Führungs-)Kräfte bauen sich ganze Organisationen auf.

Kritik bedroht das System nach wie vor. Feedback wird schnell auf die eigene Person bezogen und kann noch nicht immer differenziert angenommen werden. Wobei Menschen auf dieser Ebene selbst mit Kritik nicht sparen und oft und gerne den Finger in die Wunde legen. Den Makel suchen, sich auf das Unvollkommene konzentrieren, anstatt den Vorteil des bisherigen zu sehen. Ganz vorne steht die Wertung: Was ist gut, was ist schlecht? Der Fokus geht auf das Defizit. Dieses Verhalten kann viel Energie vernichten. Viele Ideen werden vorschnell gekillt.

In dieser Phase steht für den Menschen die fachliche Entwicklung im Vordergrund. Wissen, fachliche Vertiefungen und methodische Prozesse stehen im Mittelpunkt des Interesses. Fachliche und inhaltliche Erklärungsmodelle des vorliegenden Kontextes werden vertieft, einzelne Konzepte werden gesammelt wie Briefmarken. Die Menschen wollen die Hintergründe vollständig verstehen und Experte ihrer Disziplin sein. Das gilt sowohl für den technischen, betriebswirtschaftlichen wie psychologischen Hintergrund.

Hier ist es wichtig, dass sich diese Menschen mit ihrem eigenen Komplex auseinandersetzen, weil die noch wahrgenommene eigene Inkompetenz die Basis für das überkritische wertende Verhalten ist. Es kann auch in ein Inkompetenz-Muster münden. Alles und alle sind grundsätzlich inkompetent, außer man selbst. Ganze Abteilungen und Unternehmen können von einem solchen Muster erfasst werden.

Sie neigen dazu, andere nach ihren eigenen Fähigkeiten und Kriterien zu beurteilen. Scharfe Kritik an der Leistung anderer ist eine häufige Form der intellektuellen Aggression (Cook-Greuter, 2014). In naturwissenschaftlichen Kreisen hat es sich zum wissenschaftlichen Ritual herausgebildet, dass die Leistungen anderer in wissenschaftlichen Kolloquien so lange kritisiert werden, bis kein positiver Fetzen mehr dran ist. Alles natürlich für die wissenschaftliche Wahrheit.

Der konzeptionelle Umsetzer und Gestalter von bahnbrechenden Fortschritten
In der weiteren Entwicklung in der Hauptphase der beruflichen Tätigkeit weiten die Menschen auf dieser Stufe ihr Wissen, Können und ihre Managementfähigkeiten stetig aus. Sie arbeiten mit ihren Mitarbeitenden in herausfordernden Projekten an der Realisierung von Wirkungsgrad-Fortschritten wie an Innovationen. Sie etablieren Prozesse und lösen Probleme in Krisensituationen.

Die Stabilisierung des Selbstwertes schreitet voran, die grundsätzlichen Muster können jedoch bleiben. Arroganz entwickelt sich dann in eher autoritäres Gehabe. Es ist typisch, das letzte Wort zu haben oder anderen ins Wort zu fallen. Entscheidungen werden sofort gefällt, Vorschläge von Mitarbeitenden ohne weitere Diskussion genehmigt oder abgelehnt. Es findet viel Einweg-Kommunikation statt. Alles richtet sich sternförmig auf den oder die Vorgesetzte(n) aus.

Es gibt zwar eine gewisse Bereitschaft, Feedback zu wünschen und auch offiziell anzunehmen, aber die eigene Verteidigung endet in ultrarationalen Erklärungen, warum sich alles so verhält, wie es sich verhält.

Sie genießen es, Vorreiter und Initiator zu sein, sich um die richtige Wahrheit zu streiten, brauchen die Konformisten, um ihre rechthaberischen Positionen bestätigt zu sehen. Es gibt keine(n) neben mir.

Auf der anderen Seite geht es ihnen um den Erfolg, um die Zielerreichung, die Pflichten zu erfüllen und die Dinge richtig zu machen. Sie finden neue Produktideen, Möglichkeiten für eine höhere Effektivität und Lösungen, die das Unternehmen weiterbringen. Ihre Fähigkeit zur Komplexitätsverarbeitung entwickelt sich mit den herausfordernden Projekten.

Spätestens auf diesem Level müssen gerade für die Einschätzung des Management Potenzials weitere Potenzialfaktoren einbezogen werden. Diese Faktoren sind:

1. Fähigkeit im Umgang mit Komplexität
2. Motivation aus dem Ungelösten
3. Führungsimpuls
4. Fähigkeit aus Erfahrung zu lernen

Den 4. Faktor möchten wir in Zukunft mit den 8 Stufen der vertikalen Persönlichkeitsentwicklung gleichsetzen. Insbesondere der erste Faktor Umgang mit Komplexität beginnt auf dieser Stufe, eine bedeutende notwendige Bedingung für den Erfolg zu sein. Wenn Personen auf dieser Stufe nicht bereits die Stufe 4 oder höher beim Komplexitätsfaktor erreicht haben, wird die Stufe 5 bei der vertikalen Persönlichkeitsentwicklung nicht sich wirklich entfalten können. Zumindest bei Personen, die im Managementbereich tätig sind. Diese Voraussetzung setzt sich für die folgenden Stufen 6–8 bei der vertikalen Entwicklung gleichermaßen fort.

Wir zeigen die Potenzialfaktoren und ihre Bedeutung für die Einschätzung von Talent für Management insbesondere in Kapitel, Vertikale Persönlichkeitsentwicklung, Management-Potenzial und Spin Out Faktoren, auf.

Durch die hohe Fähigkeit, mit Komplexität umzugehen, entwickeln diese Personen auf höherem Abstraktionsniveau die Fähigkeit, das Operative im Kontext zum Abstrakten zu betrachten. Sie erkennen die Logik des Erfolgs/Misserfolgs und können so hilfreiche Ableitungen schlussfolgern. Sie sehen sehr schnell den Kern eines Problems und können auf eine innere Problemlösedramaturgie zurückgreifen. Damit andere operativ denkende Menschen anleiten, wie sie für eine Problemlösung vorgehen können.

Selbstbewusste Menschen intellektualisieren, rationalisieren und erklären, was nicht zu ihren Erwartungen und festen Überzeugungen passt. Sie sind selten um eine Antwort oder eine Erklärung verlegen. Sie geben oft den Strukturen, den Methoden oder der Inkompetenz anderer die Schuld für das, was nicht funktioniert, wie es sein sollte. Sie wollen die Ursachen kennen und fragen nach dem Warum. Dies kann leicht als Kritik oder Schuldzuweisung verstanden werden. Sie geben Ratschläge und teilen ihre Meinung und Interpretationen mit, ohne die Bewusstheit, dass es auch andere Wege für den Erfolg gibt und dass der Weg nicht vielleicht für jeden funktioniert (Cook-Greuter, 2014).

Die Angst des Experten ist es, den gerade erworbenen Grad des Besonderen wieder verlieren und in die Masse der anderen zurückfallen würden. Sie befürchten auch, dass sie ihr starkes Selbstbewusstsein wieder verlieren könnten, wenn sie sich für die Ansichten anderer wieder öffnen würden. Diese Angst der Verwundbarkeit wird durch eine Fassade der Überlegenheit kaschiert.

Sie sehen ihre wahre, oft schon bereits vorhandene, Souveränität in ihren Entscheidungen noch nicht. Sie müssten sich dieser Wahrnehmung öffnen, wirklich Wertschätzung annehmen und für die Stabilisierung ihrer vorhandenen Stärke nützen. Verwundbar sein, aber anfangen, wirklich an sich zu glauben. Sie sehen ihren Wert zu sehr an ihre Leistungen gebunden, nicht an ihre Person direkt. Sie müssen funktionieren. Wenn sie nicht funktionieren, fehlt der Wert. Deshalb ist es für sie sehr hilfreich, wenn sie anfangen, das positive Feedback zu ihren Leistungen auf ihre Person umzuleiten und einen unbedingten Wert aufzubauen. Auch wenn ich nichts leiste, bin ich wertvoll.

Sie haben durchaus Abstand zu sich selbst, sind neugierig wie sie (aber auch andere) ticken, sie werden sich mehr und mehr des eigenen Karrierewegs bewusst, erforschen sich und die Ursachen des eigenen Verhaltens und das anderer.

Rückmeldungen werden akzeptiert, auch mit einer gewissen Neugier und Aufnahmebereitschaft offiziell angenommen, aber man muss nicht unbedingt zustimmen. Das Feedback ist eine Information, die richtig oder falsch sein kann, manchmal sagt sie mehr über den Sender aus als über den Empfänger.

Dabei wird dem Einzelnen immer mehr der Zeitfaktor und die Notwendigkeit eines breiten sozialen Beziehungsnetzes bewusst. Auch diese Entwicklungen stehen mit der fortschreitenden Durchdringung von komplexen Sachverhalten in Beziehung. Sie fangen an, die Welt von der Zukunft her zu betrachten, interessieren sich für die strategische Ausprägung ihres Arbeitsbereiches oder Unternehmens. Setzen klare Prioritäten und delegieren.

Im Allgemeinen beschäftigen sich die Umsetzer mit logischen Konzepten, die sie versuchen zu durchdringen. Gleich ob das strategischer oder psychologischer Natur ist. Ursachen, Wirkungen, die Wahrheit zu erkennen, um daraus Umsetzungsstrategien abzuleiten, beschäftigt sie intrinsisch. Während die Vergangenheit als wichtige Quelle der Information angesehen wird, konzentrieren sie sich mehr auf die Zukunft und das, was in der Zukunft noch erreicht werden könnte.

Gerade im psychologischen Bereich gehen viele Typologien und Modelle über menschliches Verhalten auf diese Motivation zurück. Aus dem Modell Rückschlüsse über Ursachen und Erklärungen für menschliches Verhalten zu ziehen, ist Ziel dieses Denkens.

Sie versuchen, stark nach den erkannten Prinzipien zu leben und erwarten das aber auch von anderen. Sich selbst entwickeln zu wollen ist etwas, von dem sie grundsätzlich ausgehen.

Der entscheidende Entwicklungsschritt ist die Zuwendung zu der eigenen Persönlichkeit, die Begründung des Selbstwertes nicht allein aufgrund der persönlichen Erfolge, sondern aufgrund der immer stärker werdenden Spürbarkeit des inneren Wachstums. Die Wirkung der eigenen Person auf andere, die zunehmende Überzeugungsfähigkeit aus sich heraus gibt ihnen ein Gefühl der Unabhängigkeit und Souveränität und eine gewisse Stärke im Umgang mit dem Gefühl, nicht akzeptiert oder ausgeschlossen zu sein.

7.5.1 Die Subskalen der Stufe 5

Wettbewerbshaltung/Konkurrenz
Gewinner sein um jeden Preis ist das Motto, die Motivation für unermüdliche Anstrengung und völlige Verausgabung bis zur völligen Erschöpfung. Auf diesem Level bestimmt das Wettbewerbsdenken das Geschehen. Menschen können hier eine Tendenz zur Abwertung entwickeln. Wenn ich andere kleiner mache, als ich es bin, bin ich immer noch der/die Größte. Dieses Wettbewerbsdenken kann ein sehr hoher Motivator sein. Es spornt zu einer enormen Routinebereitschaft an.

Es kann aber auch zu einem Lebensmotto führen. Insbesondere auf der Peer- oder übergeordneten Ebene werden nur Wettbewerber gesehen. Immer in der Bewährung, immer sich beweisen zu müssen führen zu einer verspannten, anstrengenden Atmosphäre. Die Interaktion versiegt, die ständige Bewertung, das Suchen des Makels führen dazu, dass andere Personen versuchen, gemeinsame Treffen zu vermeiden.

Erfolge als Nahrung für den Selbstwert
Wenn dieser Faktor mit den sich einstellenden Erfolgen zum Wachstum des Selbstwertes führt, wird auch die Reflexionsfähigkeit/-bereitschaft steigen und damit weitere Perspektiven für die Entwicklung in der Zukunft eröffnen. Je stär-

ker sich das Individuum von der Selbstabwertung löst, je stärker kann das Selbstbewusstsein wachsen und sich stabilisieren.

Eigenverantwortung und Leistungsbereitschaft
Auf dieser Stufe bildet sich das Gefühl für Eigenverantwortlichkeit heraus. Verbunden mit einem hohen inneren Antrieb braucht es keinen Impuls von außen für die Leistungserbringung. Es entsteht Initiative und Ausdauer. Der eigene Arbeitsbereich wird selbständig erweitert oder verändert. Eigene Vorstellungen und Ableitungen interpretieren den Kontext. Das Individuum lernt immer mehr, auch komplexere Entscheidungen zu treffen und dafür gerade zu stehen. Die Entwicklung der Komplexitätsverarbeitungsfähigkeit, das zunehmende Zutrauen zur eigenen Kompetenz oder Intellektualität, der Umgang mit Prioritäten und Dringlichkeit für das Wesentliche geben der Person Volumen und Wirkung. Ziele, Erwartungen, Ergebnisse stehen im Fokus. Bei den Zielen und Absichten wird die zeitliche Perspektive in die Betrachtung miteinbezogen.

Sich selbst bewusst werden
In dieser Phase beginnt der Mensch sich bewusst zu entdecken, zeigt mehr und mehr Interesse an inneren Vorgängen. Die vordringlichen Fragen sind: „Wer bin ich?" und „Was kann ich?". Die eigenen Stärken zu identifizieren, Schwächen zu erkennen, aber auch die einzelnen Facetten der eigenen Persönlichkeit kennenzulernen finden starkes Interesse. Sobald das „Wer bin ich?" von dem „Wer sollte ich sein?" losgelöst ist, ist der Weg frei, mit der Betrachtung des Selbst zu beginnen. Das Individuum erforscht die eigenen Kompetenzen, die eigenen Motive, die eigenen Emotionen, die eigenen Wertestrukturen und vergleicht sich mit den anderen.

Die selbstkritische Betrachtung seiner selbst fokussiert auf Leistungen und Ergebnissen. Ebenfalls bekommt der Wunsch nach Unabhängigkeit, auch nach Individualität eine höhere Bedeutung.

Führungsimpuls
Mit zunehmender Erfahrung und Reflexion wird der zunächst auf den unteren Ebenen rudimentär ausgebildete Führungsimpuls differenzierter und feingesteuerter. Auch Vorbilder und einschlägige Trainings helfen, die eigene Wirkung zu kanalisieren. Die Fähigkeit zu priorisieren, komplexe Sachverhalte zu verstehen und systematische ganzheitliche Prozesse zu definieren und umzusetzen entwickelt sich mit der zunehmenden Erfahrung.

Wahrnehmung von Möglichkeiten
Gleichzeitig werden neue Möglichkeiten erkannt und das Individuum steigt aus der Konformität aus. Regeln werden auf ihre Sinnhaftigkeit überprüft. Stereotypen, Moralvorschriften, Normen kommen auf den Prüfstand. Die soziale Erwünschtheit: „Wie sollte man sein"? wird relativiert „Was wäre in der Situation, Zeit, Ort passend?".

Auch im Business löst sich der Mensch von den erprobten und altbekannten Lösungen und Gewohnheiten. Das Alte wird hinterfragt, neue Lösungen sind angesagt. Die kreative Umdeutung, die kreative Rekombination zeigen unbekannte Möglichkeiten. Auch die erwachende Intuition steuert dazu bei.

Abwertung, Projektion und Ironie
Im gegenteiligen Falle chronifiziert sich die Entwicklung in ironischer Arroganz. Zynismus, negativer Humor, ständiges kritisches Bewerten von Leistungen und Zuständen sind die Folge. Eigene Misserfolge werden anderen zugeschrieben. Die nicht ausgelebten oder ausgedrückten Gefühle führen in den Zynismus, in die Ironie.

Erfolg heiligt die Mittel: Es werden Glaubenssätze entwickelt wie: Erfolgreich sein heißt auch, ein paar Leichen zu hinterlassen. Der Wunsch nach Erfolg rechtfertigt mitunter die Bereitschaft, die Toleranzgrenze zu überschreiten.

Eine Folge davon kann eine gewisse Unsensibilität sein, Emotionen werden nicht beachtet, Empathie im Arbeitskontext abgelehnt. Eine zu große emotionale Distanz erschwert die Motivation, das Commitment und Engagement.

Führungsstil
Es geht um Problemlösung, Feedback zu Leistung und Ergebnis. Hohe Orientierung auf Effizienz und Perfektionismus. Objektives Feedback zu Leistung, Stärken und Schwächen in Bezug auf Leistung werden angenommen und bei entsprechender Lernfähigkeit verarbeitet.

In dieser Phase möchte der Mensch einzigartiger Experte werden. Er fühlt sich den inneren Werten verpflichtet. Pünktlichkeit, Richtlinien und Unternehmensnormen haben einen hohen Wert. Beständig in der Weiterverfolgung von Zielen. Möchte einen starken Beitrag erbringen. Zeigt im späteren Stadium informelles Führungsverhalten oder strebt nach einer Führungsposition. Möchte einen Bereich eigenverantwortlich leiten und sucht Entfaltungsmöglichkeiten.

7.6 Stufe 6: Stufe der selbstbestimmten Gestaltung

Das Individuum beginnt, die Umwelt nach den eigenen Vorstellungen zu gestalten, anstatt nur die Zustimmung der Umwelt zu suchen. Beginnt den eigenen Arbeitsbereich oder ein Unternehmen nach der eigenen Vorstellung auszugestalten und zu prägen. Die Entwicklung geht hier vom Singulären vom Einzelnen zum Ganzen. Die Motivation ist nicht mehr allein der Erfolg, die Motivation ist es, etwas Ganzheitliches zu schaffen. Eine Gestalt.

Damit beginnt die Fähigkeit mit Komplexität umzugehen eine weitere zentrale parallele Rolle einzunehmen. Speziell für Menschen, die in Management-Bereichen tätig sind oder sein wollen. Für die erfolgreiche Bekleidung der Stufe 6 ist gleichsam die Stufe 6 bei der Komplexitätsverarbeitung Voraussetzung (Cason & Jacques, 1994). Ebenfalls sollte Stufe 6 bei der Motivation aus dem Ungelösten White et al. (1997) und bei dem Faktor Führungsimpuls bewältigt werden.

Komplexitätsbewältigung auf Stufe 6 heißt, auf strategischem, abstrakten Niveau Zusammenhänge bezüglich der Vernetzung von mehrdimensionalen Fak-

7.6 Stufe 6: Stufe der selbstbestimmten Gestaltung

toren erkennen und daraus Entscheidungen ableiten können. Es genügt nicht, die Ursache/Wirkungsvernetzungen für eine Funktion zu erkennen, sondern Beziehungen zu verknüpften Funktionen zu erkennen und steuern zu können. Konkret heißt dies, die Erfolgslogik eines Vertriebes zu durchschauen, gleichzeitig aber auch die Verknüpfungen und Abhängigkeiten zu Marketing, zum Einkauf und anderen parallelen Bereichen zu erkennen. Um Entscheidungen für die Vorgehensweise in einer Restrukturierung abzuleiten. Und den Prozess der Restrukturierung und Transformation zu planen und erfolgreich zu begleiten.

Parallel sollte die Person bezüglich der Frage der Führung einen klaren Impuls auch in der Führung nach oben zeigen und auf der oberen Ebene Einfluss nehmen und zugesprochen zu bekommen (Vossen & Wildenmann, 2006). Ein ausgeprägter Drive und innerer Antrieb sowie die Bereitschaft, die Latte stets höher zu legen und die Extrameile zu fordern, wären realisierte Erwartungen aus dem Potenzialbereich „Motivation aus dem Ungelösten".

Die Perspektive des Einzelnen ermöglicht es, außerhalb des Systems zu stehen, in dem er gewachsen ist. Und sich selbst und sein kulturelles Umfeld aus einer anderen distanzierteren Sicht betrachten. Wie sieht das Einzelne aus, wenn es umfassend und groß ist. Menschen auf dieser Stufe versuchen einen Sinn für sich selbst zu finden, der unabhängig ist von persönlichen Vorteilen. Der persönliche Profit ist unabhängig, es geht um etwas Höherwertigeres. Gleichwertigkeit und Diversität, stärkere Konzentration auf das Sein, nicht nur auf das Tun und Erreichen von bestimmten Zuständen.

Begleitet wird diese Tendenz durch eine hohe Fähigkeit, zu planen und die Absichten in die Tat zu bringen. Hohe Transferkompetenz. Auch ein großes Interesse an der Skalierung des Geschäftsbereiches.

7.6.1 Die Subskalen der Stufe 6

Strategische Gestaltung des eigenen Betätigungsbereiches
Die selbstbestimmte Gestaltung kann sich auf organisationale Strukturen, wie aber auch auf intellektuelle oder künstlerische Kontexte orientieren. Ein/e Unternehmer*in gestaltet das eigene Unternehmen, eine Führungskraft prägt den eigenen Arbeitsbereich nach den eigenen Vorstellungen, ein/e Forscher*in kreiert den Forschungsbereich, ein Komponist schreibt 9 Sinfonien, ein gestalterischer Künstler malt eine Serie von Bildern mit einer neuen Maltechnik und schafft eine ganzheitliche Komposition. Das Gemeinsame ist die Skalierung und die Schaffung einer Kollektion in qualitativer und quantitativer Hinsicht.

Es geht um die Schaffung von etwas Ganzem, einer Gestalt, die faktisch ist. Vielleicht ein Abbild seiner selbst, eine Selbstverwirklichung.

Ausgeprägte kommunikative Fähigkeiten unterstützen diesen Prozess. Personen auf dieser Stufe können die Absichten verbal überzeugend ausdrücken.

Skalierung des Betätigungsbereiches

Auf dieser Stufe sind Menschen, die vor allem Möglichkeiten sehen. Möglichkeiten, um den eigenen Betätigungsbereich auszubauen. So wie im Spiel Monopoly vergrößern sie ihren Spielraum immer weiter. Sei es, dass sie ihre Wertschöpfungskette immer weiter ausbauen, dass sie sich anderen Themen und Aktivitätsfeldern in der Breite zuwenden oder dass sie etwas ganz Neues beginnen.

Mitunter werden Unternehmen, die in der Wurzel begründet sind, durch nächste Generationen in ihrem Volumen vervielfältigt. So sagte Michael Otto in einem Stern Interview sinngemäß auf die Frage, ob er das gerecht fände, so reich geboren zu sein: Es stimmt, dass ich reich geboren wurde. Ich gebe aber nicht mein Geld für Hobbies und persönliche Belange aus, sondern habe das Vermögen meines Vaters vervielfacht.

Allen Strategien zur Skalierung gemein ist, dass sie mit Leidenschaft verfolgt werden. Die Stile der Skalierung können jedoch unterschiedlich ausgeprägt sein:

Intuitiv möglichkeitsorientierte Skalierung
Hier erfolgt die Skalierung nach dem Prinzip: Erst Möglichkeiten und Räume schaffen, dann diese Räume faktisch füllen. Das Ziel ist es, vernetzte Erweiterungsmöglichkeiten zu schaffen oder völlig neue Chancen zu nutzen, ohne jedoch die konkrete Ausgestaltung schon genau zu kennen. Intuitiv sehen diese Personen die Möglichkeiten, gefüllt werden sie erst, wenn die Räume geschaffen sind.

So kauft ein Unternehmer gelegenheitsorientiert Grundstücke und Immobilien, um sein bereits vorhandenes Areal herum. Er weiß, dass in dieser Chance eine enorme Möglichkeit der Erweiterung des bestehenden Geschäfts besteht, eine genaue Vorstellung ist noch nicht vorhanden. Aber die innere Sicherheit ist da, dass die richtige Idee schon kommen wird.

Zielorientierte geplante Skalierung
Hier ist die Vorgehensweise genau umgekehrt. Das zu erreichende Ziel ist klar konturiert und womöglich schon zeitlich konkretisiert. Die Erreichung des Ziels wird inhaltlich und zeitlich genau geplant. Die einzelnen Abschnitte sind klar vorhanden und werden mit Ausdauer und Akribie unbeirrbar verfolgt. Ein solches Ziel kann z. B. sein: In 15 Jahren werden wir 1 Mrd. Umsatz erreicht haben. Der Unterschied zum Schwärmer ist, dass auf dieser Stufe die Menschen dies erreichen. Allein an ihrem entschlossenen und durchdachten Vorgehen, geleitet durch eine ebensolche Planung, kann man schon früh die „Spreu vom Weizen" trennen.

Führen mit Strukturen und Systemen
Das Führen von Führungskräften ist die zentrale Erweiterung der Führungsspannweite auf dieser Ebene. Statt sternfähig die einzelnen Mitarbeitenden zu führen, lernen die Menschen auf dieser Stufe Strukturen einzuführen, die Verantwortungsbereiche definieren und so eine abgestimmte Delegation ermöglichen. Sie durch-

dringen die Komplexität des Kontextes und führen Systeme ein, die das Verhalten der Menschen steuern.

Schaffung von Architekturen für die Bewältigung von komplexen Change Prozessen
Eine wichtige Fähigkeit auf dieser Stufe ist es, auch komplexe Veränderungsprojekte zu beherrschen. Statt von einzelnen Aktionen zu einzelnen Aktionen zu springen, ist es hier erforderlich, die Vernetzung des komplexen Systems zu erkennen und zu beherrschen. Dazu muss die innere Logik eines Systems durchschaut werden.

Ausgehend von einem plastischen Zielbild, das die Vorstellung des zu erreichenden Zustands ermöglicht, wird mit dieser Kompetenz eine Problemlösungsdramaturgie entwickelt. Die einzelnen Maßnahmen sind in ihrer Abfolge logisch abgestimmt, sodass eine Aktion die andere Aktion vernetzt unterstützt.

7.6.2 Stufe 6a) Intellektuelle Dominanz

Entwickelt komplexe Konzepte für großangelegte Vorhaben. Erkennt in den Zusammenhängen die innere Logik. Geht als Stratege voran. Es geht um Ziele, Prozesse, Strukturen und Ergebnisse, weniger um den Menschen.

Diese Menschen haben Freude an schönen Dingen, was immer das ist. Sie können kühl und abweisend wirken. Die Menschen folgen ihnen wegen der strategischen und intellektuellen Brillanz. Sie haben oft ein reifes Gewissen und reflektierte Wertvorstellungen entwickelt.

7.6.2.1 Die Subskalen der Stufe 6a

Unterrepräsentierte Emotionalität
In aller Regel unterschätzen diese Menschen den Wert und die Bedeutung von Anerkennung und Wertschätzung. Sie zeigen zu wenig emotionale Resonanz. Ihre empathischen Fähigkeiten sind nicht oder nur wenig vorhanden und außerdem nicht ausgeprägt. Sie nützen nicht die Energie, die bei Menschen durch Verständnis und emotionale Wertschätzung entsteht. Oft können sie die eigene emotionale Wirkung auf andere nicht genügend abschätzen und haben keine valide Erkenntnis zu ihrer eigenen Wirkung. Sie merken nicht, welche Einschränkung auf andere von ihnen ausgeht. Sie sind dann hart und unnachgiebig.

Vermächtnis der Unvergänglichkeit
Die hohe Fähigkeit zur Komplexitätsverarbeitung, der intellektuelle Scharfsinnigkeit und Schnelligkeit führen mitunter zu einer gewissen Sprachlosigkeit auf den nachgelagerten Ebenen. Monologe in Management-Meetings, Rückdelegation und wenig Diskurs in der Lösung von Problemstellungen führen zu einer gewissen Vereinsamung, aber auch zu dem Eindruck, dass es niemanden für die adäquate Nachfolge gibt. Die möglichen Nachfolger verlassen oft das Feld, weil sie den Stil

nicht akzeptieren möchten. Das, was über viele Jahre aufgebaut wurde, wird zum Denkmal und verhindert eine weitere Entwicklung.

Führungsstil
Gestaltet den eigenen Arbeitsbereich als Architekt und Dramaturgie. Geht auf eine hohe Abstraktionsebene. Hinterfragt altbewährte Systeme und konzentriert sich auf das Wesentliche. Verfolgt hohe Effektivität. Längerfristige Orientierung gepaart mit hohem und breitem Wissen. Legt wenig Wert auf Status. Verlässlich und gewissenhaft. Bewusstheit für die Wirkungen auf andere und die Konsequenzen des Handelns. Schätzt Geben und Nehmen sowie eine distanzierte Partnerschaftlichkeit in den Beziehungen. Hat eine hohe psychologische Attraktivität und Überzeugungsfähigkeit. Kann andere aus sich heraus überzeugen. Ist selbstkritisch und akzeptiert Feedback. Sieht in sozialen Beziehungen den Benefit, das eigene Netzwerk zu stärken. Tieferes emotionales Verständnis und empathische Reaktionen sind nicht im Repertoire verankert.

7.6.3 Stufe 6b) Emotionale Dominanz

Ist in der Lage, durch eine hohe psychologische Empathie Menschen abzuholen, Verständnis zu zeigen und durch kreative Inspiration zu begeistern. Entwickelt komplexe Konzepte für großangelegte Vorhaben. Sieht vorrangig Möglichkeiten, die aus der Zukunft abgeleitet werden. Kann Menschen für sich begeistern, kann Charisma entwickeln. Geht Konflikten nicht aus dem Weg und strebt nach Idealen. Hat ein reifes Gewissen und reflektierte Wertvorstellungen entwickelt.

7.6.3.1 Die Subskalen der Stufe 6b

Harmoniestreben verhindert Auseinandersetzung
So wie es bei der intellektuellen Dominanz wichtig ist, die emotionale Seite zu entwickeln, entsteht hier die Notwendigkeit, die konsequente Seite der Führung stärker auszuprägen. Wir konnten in verschiedenen Forschungsarbeiten nachweisen, dass Führungskräfte, die einen sehr weichen Führungsstil praktizieren, nur unterdurchschnittliche Leistungsergebnisse hervorbrachten. Insofern ist es in diesen Fällen die konsequente und strukturierte Seite der Führung deutlich auszuprägen. Es braucht Klarheit, Orientierung und Struktur.

Beziehung dominiert Kompetenz
Ein weiteres Entwicklungsfeld ist das Abwägen, mit welchen Menschen zusammengearbeitet wird. Die hohe Beziehungsorientierung führt zu einer zu geringen Erwartung an die für den Erfolg notwendigen Kompetenzen. Die vorhandene Beziehung bekommt ein Übergewicht, es werden Kompetenzen zugewiesen, die schlichtweg nicht vorhanden sind. So kann es zu einem massiven Verlust an Erfahrung und vorhandenem Management-Potenzial kommen, was zu einem

Teufelskreis des Kompetenzverlustes führen kann. Eine Erosion an Erfahrung und Können.

Führungsstil

Gestaltet den eigenen Arbeitsbereich als Kreation und Beziehungswelt. Spricht auch oft von seiner „Welt". Geht auf eine höhere Abstraktionsebene. Hinterfragt altbewährte Systeme und konzentriert sich auf das Wesentliche. Verfolgt hohe Effektivität. Längerfristige Orientierung gepaart mit hohem und breitem Wissen. Legt wenig Wert auf Status. Hat Freude an schönen Dingen, was immer das ist. Verlässlich und gewissenhaft. Bewusstheit für die Wirkungen auf andere und die Konsequenzen des Handelns. Beginnt, eigene Annahmen zu hinterfragen. Beginnt, die Annahmen von anderen sichtbar werden zu lassen und in den Kontext zu stellen. Durchschaut die psychologische Subjektivität vieler Handlungen und kann so adäquate Interventionen ableiten. Verbindet die strategische Notwendigkeit mit den menschlichen Interessen und Bedürfnissen. Schätzt Geben und Nehmen sowie Partnerschaftlichkeit in den Beziehungen. Hat eine hohe psychologische Attraktivität und Überzeugungsfähigkeit. Zeigt Verständnis und geht empathisch auf die Menschen ein. Kann andere aus sich heraus überzeugen. Ist selbstkritisch und akzeptiert Feedback als hilfreich für die eigene Entwicklung und sieht Entwicklungsmöglichkeiten für sich und andere.

Hat mitunter zu wenig Struktur und entscheidet nicht oder zu spät. Es kann auch zu viele „lose Enden" geben, Dinge die angefangen, aber nicht zu Ende gebracht wurden, auch weil man keinem weh tun möchte. Schwierige Entscheidungen, die für viele Nachteile bringen, werden nicht durchgesetzt, mitunter nachhaltigen negativen Effekten auf das Ganze. Es fehlt oft an Klarheit, auch in den Strukturen.

7.7 Stufe 7: Stufe der Selbsthinterfragung

Den Prozess der Selbstreflexion erreicht das Individuum vollständig. Über das Verständnis der Wirkung von Annahmen hinweg sieht der Mensch mehr und mehr den eigenen verursachenden Anteil am Geschehen. Nicht um sich anzuklagen, sondern um die eigenen Möglichkeiten zu erkennen und dann im eigenen Verhalten zu realisieren. Die zunehmende Fähigkeit, auch emotionale Schwächen zu akzeptieren, Traumatisierungen früherer Zeit zu verarbeiten und offen anzugehen, verstärken die Reife und Gelassenheit dieser Menschen. Die intensive Auseinandersetzung mit dem eigenen Schatten, mit der tiefsten seelischen Blessur, ermöglicht ihnen, durch die Beseitigung der Blockade weiter zu wachsen. Feedback ist erwünscht, auch für den eigenen persönlichen Anteil und wird aktiv eingefordert.

Auf dieser Stufe sieht sich der Mensch selbst im Kontext seiner Beziehungen und erkennt den eigenen Anteil im Geschehen. Die Zusammenhänge zwischen menschlichem Verhalten und strategischen Möglichkeiten werden gesehen. Der trügerische Schein wird hinterfragt. Diese Menschen erlangen durch die Selbstreflexion ein hohes Niveau von Glaubwürdigkeit und Überzeugungskraft. Suchen Feedback und können es transferieren.

7.7.1 Die Subskalen der Stufe 7

Verständnis durch reflektierte Perspektive
Durch die anhaltende Reflexion der eigenen Persönlichkeit entsteht Akzeptanz zu sich und zu anderen. Die Tendenz, sich und/oder andere abzuwerten sinkt. Damit kann das Verständnis für sich und andere wachsen. Verständnis zu zeigen ist eine starke Möglichkeit, Menschen zu motivieren. Die Reflexion eigener Vorurteile und Stereotype führt zu einer weiteren Steigerung der individuellen Souveränität.

Akzeptanz eigener Unzulänglichkeiten
Die stetige Entwicklung und Stabilisierung des eigenen Selbstwertgefühls ermöglicht es dem Individuum, gelassener mit den eigenen Schwächen umzugehen. Kritisches Feedback führt nicht mehr zur Selbstabwertung, aber auch nicht zur Ignoranz (Ich bin halt, wie ich bin").

Das Individuum entscheidet, welche Schwächen entwickelt werden sollten, was kompensiert werden kann, aber auch, was so bleiben kann, wie es ist. Ohne die Verantwortung dafür abzugeben.

Damit sinkt auch die Tendenz, andere abzuwerten.

Klärung der eigenen Schattenseite
Jede Person hat irgendwo einen Bereich in der eigenen Persönlichkeit, der am wenigsten differenziert wurde oder der durch eine Traumatisierung bei Auslösung von Frustration aktiviert wird. Dieser Teil unserer Persönlichkeit wird inferiore Funktion oder Schattenseite der Persönlichkeit genannt. Die Reaktionen aus der inferioren Funktion sind in der Regel undifferenziert und werden unbewusst gesteuert. In ihrer Wirkung sind diese Reaktionen destruktiv.

Die Dynamik hierbei ist:

- Menschen tendieren dazu, in ihrer Persönlichkeit komplett zu kippen, wenn sie von einer Situation in ihrer psychologischen Elastizität „überstresst" sind. Kippen heißt, sich in den Persönlichkeitsdimensionen an der Mittelachse zu spiegeln. Extravertierte Menschen reagieren aus ihrer introvertierten Seite und umgekehrt, Menschen mit einen starken Fühlanteil werden plötzlich eiskalt und berechnend, etc.
- Dieser Wechsel in der Persönlichkeit ist nicht einfach zu kontrollieren. Diese Reaktion wird durch den unbewussten Teil unserer Persönlichkeit ausgelöst.
- Je mehr eine Person zentriert ist, umso mehr kann diese Person in dem bewussten Teil ihrer Persönlichkeit verbleiben. Je mehr jemand seine emotionalen Reaktionen, die eigene Wahrnehmung und die eigenen Annahmen ausdrücken kann, umso mehr kann die Schattenseite in eine bewusste Umsteuerung gebracht werden.

Solche Reaktionen können auszugsweise sein: Sich beleidigt zurückziehen, eine Person verbal angreifen, Zynismus, Ironie, Missachtung und Ablehnung, Hysterie und Hektik, Passivität.

In aller Regel erzeugen sie auf der Gegenseite ebenfalls destruktive Reaktionen. Alles abhängig von der persönlichen Fähigkeit der Zentrierung. Je höher die emotionale Zentrierungsfähigkeit einer Person, desto geringer die Neigung einer Reaktion aus der inferioren Seite.

Menschen auf dieser Stufe haben diesen Teil der Persönlichkeit, soweit es möglich ist, geklärt oder zumindest so weit reflektiert, dass sie damit weitgehend umgehen können. Dadurch entsteht Glaubwürdigkeit und Souveränität. Auch eine persönliche Wirkung auf andere Menschen und Überzeugungskraft.

Führungsstil
Die persönlichen Entwicklungen äußern sich stark im veränderten Führungsstil. Die Erfahrung führt zu einer hohen Souveränität und zu einem Augenmaß zu dem, was möglich ist – zeitlich wie inhaltlich. Die geklärte Persönlichkeit kann ein hohes Maß an Verständnis für andere aufbringen. Sie ist eine wichtige Voraussetzung für Motivation und Engagement.

7.8 Stufe 8: Stufe der Autonomie

Auf dieser Stufe bewältigt das Individuum sehr hohe Abstraktionslevel und Komplexitätsgrade auf intellektuellem, sozialem und gesellschaftlichem Niveau. Wie auch bei Stufe 7 ist hier die Koppelung der vertikalen Persönlichkeitsentwicklung mit den ebenfalls vertikalen Stufen der Komplexitätsentwicklung, der Entwicklung der Motivation aus dem Ungelösten und der Entwicklung des Führungsimpulses notwendig und Voraussetzung. Vgl. hierzu Kapitel: Vertikale Persönlichkeitsentwicklung, Management-Potenzial und Spin Out Faktoren.

Auf dieser Stufe sind die Menschen in der Lage, auch größte Projekte mit vielen Beteiligten nachhaltig zu transformieren. Sie haben eine innere Dramaturgie für die Lösung von Problemen und die langfristige Ausdauer, solche Vorhaben faktisch in die Tat umzusetzen.

Sie sind in ihren Entscheidungen autonom, also selbstgesteuert. Sie lassen sich in ihrem Verhalten nur noch schwerlich manipulieren.

Oft suchen sie neue Betätigungsfelder außerhalb des bisherigen Tätigkeitsspektrums. Auch engagieren sie sich im gesellschaftlichen Bereich.

Das Individuum abstrahiert hier auch den Sinn des Lebens, die eigene Bestimmung. Die Abstraktion geht über das Spirituelle, die Religion und Weltanschauung des Menschen im Allgemeinen hinaus und versucht das konkrete Dasein mit dem Universum zu koppeln und im Rückschluss sinnstiftende Ableitungen für unser alltägliches Dasein abzuleiten. Um darüber das Dasein verstehbar zu machen.

7.8.1 Die Subskalen der Stufe 8

Autonomie in Entscheidungen
Diese Stufe beinhaltet als Erweiterung zur vorigen Stufe die weitgehende Freiheit in der eigenen Entscheidung. Die Menschen sind auf dieser Stufe nicht mehr manipulierbar. Sie treffen ihre Entscheidungen weitgehend frei von internen Zwängen oder Vorschriften, auch sind sie von der Beeinflussung durch andere Menschen so weit frei, dass sie eigenständig und autonom entscheiden.

Neue Betätigungsfelder
Neue Betätigungsfelder werden gesucht, auch soziale gesellschaftliche Entwicklungen werden integriert. Diese Menschen beteiligen sich mit hohem Engagement an sozialen Projekten, übernehmen aber auch dort die Gestaltung der Systeme und führen die Ideen zum Erfolg. Sie möchten der Gesellschaft etwas von ihrem Erfolg zurückgeben.

Respekt und Toleranz
Respekt und Toleranz prägt den Umgang mit anderen. Gelassenheit und ein hohes Augenmaß für das Mögliche bestimmen das Handeln. Die Schaffung von Resonanz und Stimmigkeit, die Fähigkeit zur Sinnstiftung, auch die abgewogenen Prognosen für die Zukunft lassen diese Menschen zu hochgeschätzten Gesprächspartnern werden. Sie übersetzen die differenziert wahrgenommene Realität in überzeugende kreative verbale Ableitungen.

Persönliche Wirkung
Gelassener feinsinniger Humor und die dauernde Nutzung der eigenen Souveränität führen zu einer hohen überzeugenden Wirkung, auch zu Entspannung in angespannten Situationen. Wenig Tendenz, andere abzuwerten. Auf dieser Stufe kennen die Menschen ihre Schattenseite genau und können dosiert damit umgehen. Sie haben den dunklen Teil ihrer Persönlichkeit für sich geklärt und können die dafür freiwerdende Energie vorteilhaft nutzen.

Gelassenheit führt zu Beschleunigung
Diese Menschen lassen sich durch alltägliche Eruptionen nicht aus der Ruhe bringen. Sie unterlassen eine sofortige Reaktion, weil sie gelernt haben, dass sich manches von allein löst. Sie greifen dann ein, wenn das Eingreifen eine Wirkung hat. So nutzen sie die Kraft, die aus der Ungelöstheit eines Zustands kommt und stabilisieren den Zustand, wenn die Zeit dafür reif ist. Insgesamt beschleunigen sie so Prozesse. Die Kraft der Gelassenheit wird gekoppelt mit dem Schub des durchdachten Konzepts. Die Konzentration auf die innere Logik eines Prozesses ermöglicht die sensitiv angemessene Reaktion.

Charisma

Diese Menschen entwickeln Charisma. Sie haben allein durch die bewusste Anwesenheit eine Wirkung auf andere Menschen. Wenn sie den Raum betreten, verändert sich etwas. Somit entsteht eine Wirkung aus sich selbst. Dieses Charisma entsteht aus der Bewältigung von unzähligen Situationen, in welchen Menschen gewonnen werden mussten, in welchen Menschen von der eigenen Position überzeugt werden mussten.

Abgeklärtheit und hohe Fähigkeit zur Abstraktion, emotionale Durchlässigkeit und eine klare Vorstellung über das Mögliche – aber sucht die Grenzen. Geben den Menschen Energie und Kraft.

Führungsstil

Diese Menschen leiten in komplexen Feldern große Marktideen ab, schöpfen aus der Kreativität neue unbekannte Lösungen, oft mit bestechender Einfachheit. Sie ziehen die Menschen durch das Charisma mit. Menschen möchten für diese Personen arbeiten. Sie besitzen eine hohe psychologische Attraktivität und überzeugen sowohl durch ihr menschliches Volumen wie durch brillante Schlussfolgerungen.

Literatur

Cason, K., & Jacques, E. (1994). *Human capability: A study of individual potential and its application*. Cason Hall & Co Pub.

Cook-Greuter, S. (2014). *Ego development: A full-spectrum theory of vertical growth and meaning making*. Nicht veröffentlichtes Skript.

Cook-Greuter, S. R. (1999). *Postautonomous ego development: A study of its nature and measurement*. Harvard University.

Hy, L. X., & Loevinger, J. (1996). *Measuring ego development*. Lawrence Erlbaum Associates, Inc.

Loevinger, J., & Wessler, R. (1970). *Measuring ego development I. Construction and use of a sentence completion*. Jossey-Bass.

Schlegel, L. (1984). *Die transaktionale Analyse*. UTB Franke.

Schwarzinger, D. (2020). *Die Dunkle Triade der Persönlichkeit in der Personalauswahl: Narzissmus, Machiavellismus und subklinische Psychopathie am Arbeitsplatz*. Hogrefe Verlag GmbH & Company KG.

Vossen, I., & Wildenmann, B. (2006). *Unveröffentlichte Rohdaten*. Karlsruhe.

White, R. P., Hodgson, P., & Crainer, S. (1997). *Überlebensfaktor Führung: über den zukünftigen Umgang mit Risiko und Unsicherheit im Management*. Signum.

Wildenmann, B. (2015). *21 Pfade für die erfolgreiche Führung von Menschen*. Springer Fachmedien.

Zusammenfassende Darstellung der acht vertikalen Stufen

8

Nachstehende Abbildungen (Abb. 8.1) zeigen in komprimierter Darstellung die Beschreibung der 8 Stufen der vertikalen Persönlichkeitsentwicklung auf.

8 Zusammenfassende Darstellung der acht vertikalen Stufen

Stufe	Beschreibung
1. Impulsive Stufe	Handelt ohne Reflexion aus dem akuten Geschehen. Zeigt impulsive emotionale ungesteuerte Reaktionen und innerliche Mäßigung oder bewusste Steuerung. Hat wenig Kontrolle über das eigene Handeln.
2. Stufe des Selbstschutzes	Schützt sich selbst durch Verteidigung, Erklärung und Rationalisierung, wehrt Feedback ab indem die Quellen des Feedbacks als unglaubwürdig dargestellt werden. Konzentration auf den eigenen Selbstschutz und den Erhalt des geringen Selbstwertgefühls.
3. Egozentrierte Stufe	Egozentriertheit und die Berechnung des eigenen Vorteils stehen im Mittelpunkt. Es geht um persönliche Bedürfnisse und materialistische Objekte und das Bedürfnis sich zu bereichern. Kann manipulativ sein und verdächtigt andere manipulativ zu handeln. Bereitschaft andere zu täuschen.
4. Konformistische Stufe	Bedürfnis einer sozialen Gruppe zuzugehören. Findet in der Zugehörigkeit zu einer sozialen Gruppe den eigenen Wert und die eigene Identität. Die Einhaltung von Regeln und Normen stehen im Mittelpunkt. Weicht Konflikten aus. Kümmert sich um das Wohlergehen der Gruppe. Abgrenzung zu anderen Gruppen.
5. Stufe des Selbstwertes	Das Individuum erkennt den Wert von Wissen und Können und bildet so die Basis des Selbstwertes. Diese entstehende Eigenverantwortung ist, wenn sich Erfolge einstellen, Nahrung für das entstehende Selbstwertgefühl. Wettbewerbsdenken. Bedürfnis sich abzuheben und anerkannt zu werden.
6. Stufe der selbstbestimmten Gestaltung	Das Individuum beginnt die Umwelt nach den eigenen Vorstellungen zu gestalten, anstatt nur die Zustimmung der Umwelt zu suchen. Ausgeprägte kommunikative Fähigkeiten unterstützen diesen Prozess. Kann die Absichten verbal überzeugend ausdrücken.
6a. Intellektuelle Dominanz	Entwickelt komplexe Konzepte für großangelegte Vorhaben. Erkennt in den Zusammenhängen die innere Logik. Geht als Stratege voran. Es geht um Ziele Prozesse Strukturen und Ergebnisse, weniger um den Menschen. Kann kühl und abweisend wirken. Die Menschen folgen wegen der strategischen Brillanz.
6b. Emotionale Dominanz	Ist in der Lage durch eine hohe psychologische Empathie Menschen abzuholen, Verständnis zu zeigen und durch kreative Inspiration zu begeistern. Kann Menschen für sich begeistern, kann Charisma entwickeln. Geht Konflikten nicht aus dem Weg und strebt nach Idealen. Hat reflektierte Wertvorstellungen.
7. Stufe der Selbsthinterfragung	Den Prozess der Selbstreflexion erreicht das Individuum vollständig. Über das Verständnis der Wirkung von Annahmen hinweg sieht der Mensch mehr und mehr den eigenen verursachenden Anteil am Geschehen. Nicht um sich anzuklagen, sondern um die eigenen Möglichkeiten zu erkennen und dann im eigenen Verhalten zu realisieren. Die intensive Auseinandersetzung mit dem eigenen Schatten mit der tiefsten seelischen Blessur ermöglicht ihnen durch die Beseitigung der Blockade weiter zu wachsen. Feedback ist erwünscht, auch für den eigenen persönlichen Anteil und wird aktiv eingefordert.
8. Stufe der Autonomie	Auf dieser Stufe entscheidet das Individuum sehr bewusst mit hoher Autonomie und Selbstbestimmung. Neue Betätigungsfelder werden gesucht, auch soziale gesellschaftliche Entwicklungen werden integriert. Respekt und Toleranz prägt den Umgang mit anderen. Die Schaffung von Resonanz und Stimmigkeit, die Fähigkeit zur Sinnstiftung auch die abgewogenen Prognosen für die Zukunft lassen diese Menschen zu hochgeschätzten Gesprächspartnern werden.

Abb. 8.1 Vertikale Stufen der Persönlichkeitsentwicklung

Strategien für die persönliche Entwicklung auf den verschiedenen Entwicklungsstufen

9

„Manche Leute altern, andere reifen." Sean Connery

Zuerst möchten wir nochmals grundlegende Zusammenhänge aufzeigen. Jede Stufe realisiert sich in sich drei unterschiedlichen Ausprägungen.

Die erste Ausprägung ist die positive Ausprägung dieser Stufe. Diesen Teil sollten wir uns ein Leben lang verfügbar halten und ein Leben lang nützen und verwenden, wenn es angebracht ist. Das ist auch die ursprüngliche natürliche Ausprägung diese Stufe. Hier sind die ungetrübte Freude, die natürliche Lebensenergie, das ungetrübte Erleben von Gefühlen, das Genießen von Stunden der Gemeinschaft mit geliebten Menschen.

Die zweite Ausprägung ist das Verhalten, das aus der Kompensation des mangelnden Selbstwertgefühles kommt oder aus der Anpassung oder Einschränkung, die durch Dritte abverlangt wurde. Dieses Verhalten und die Ausprägung stellen grundsätzliches Entwicklungspotenzial dar. Hier ist eine Person stehengeblieben und hat sich nicht mehr auf höhere Stufen weiterentwickelt, weil es hier einen inneren Konflikt gibt, der nicht aufgelöst werden konnte. Hier versagen wir uns Möglichkeiten, weil wir Annahmen haben, die die Auflösung unmöglich machen. Solche Annahmen können z. B. sein, dass einem Menschen schwerfällt „nein" zu sagen, weil er glaubt, dass er dann von anderen Menschen abgelehnt oder verlassen wird.

Die dritte Ausprägung ist das Verhalten, das aus einer Schutzhaltung oder einer Absicherung kommt. Dieses Verhalten entsteht im Stress, wenn der einzelne in Bedrängnis geraten ist, keinen Ausweg mehr sieht oder durch die wahrgenommene Bedrohung die Zentrierung verliert und auf die eigene Schattenseite kippt. Vergleichen Sie hierzu die Ausführungen zum Thema Regression auf frühere Stufen in Phasen der persönlichen Überforderung, das wir im nächsten Kapitel behandeln. Hier fallen die Menschen auf frühere Stufen zurück und handeln in diesem Zustand eher kritisch und eingeschränkt oder destruktiv.

Grundsätzlich wird jeder Mensch im Laufe des Lebens eine individuell höchste Stufe erreichen und bewältigen. Damit wurden die tieferen Stufen durchlaufen und sind je nach Intensität der Bewältigung auch jederzeit in ihrer Ausübung verfügbar. Diese eroberten Stufen können dann flexibel je nach Erwartung der sozialen Begegnung gehändelt werden. Dieses Bewegen zwischen den Stufen hat nichts mit der Reaktion auf der Schattenseite (siehe nächstes Kapitel) zu tun, sondern ist willentlich bewusst gestaltbar.

Es wird immer wieder diskutiert, ob es nicht möglich ist, die Stufe 7 schon viel früher im Leben zu erreichen. Insbesondere Menschen, die sich z. B. in der beruflichen Ausbildung sehr stark mit der eigenen Persönlichkeit beschäftigt haben und sich intensiv auch mit der Entwicklung der eigenen Reflexionsfähigkeit auseinandersetzen, werden hier früher hohe Realisierungsstände erreichen und sicherlich weiter sein als Personen, die das nicht getan haben.

Was aber gleichwohl passiert: Erst wenn eine gewisse Abgeklärtheit und Gelassenheit, verbunden mit den Erfahrungen auf den Stufen 5 und 6 (Erfolge aus dem Tätigsein und der Gestaltung des eigenen Lebensbereiches) zusammenkommt, kann eine charismatische Wirkung entstehen, die im früheren Alter nicht möglich ist.

Das ist die wunderbare Erkenntnis, dass menschliche Entwicklung lebenslang geschieht, dass sich unser psychologischer Apparat ständig weiter öffnet, dass aber auch bestimmte Entwicklungen bevorzugt in bestimmten Altersstufen erzielen lassen.

So gibt es Lernbereiche, die bevorzugt in der Kindheit oder Jugend realisiert werden können und andere Bereiche, die erst im späteren Leben ausgefaltet werden können. Wer im Kindesalter ein Musikinstrument erlernt hat und dafür viel geübt hat (manche machen das auch mit Freude) wird erleben, dass dann irgendwann ein Konditionierungseffekt eintritt und man gewissermaßen das Hirn ausschaltet, weil das Auge die Note sieht und der Finger sofort die richtige Taste drückt, ohne den Umweg über das Gehirn. Sich das einzuhämmern, ist im späteren Alter ungleich aufwendiger.

9.1 Entwicklungsstrategien in den einzelnen Stufen und über die Stufen hinweg

Um den eigenen Entwicklungsstand zu finden, gibt es verschiedene Möglichkeiten. Einmal können Sie die Beschreibung der Stufen für sich reflektieren und sich fragen, welche Teile der Beschreibung auf Sie zutreffen, welche aber auch nicht. Die Beschreibung können Sie den vorherigen Kapiteln entnehmen, in diesem Teil möchten wir die Beschreibungen insoweit fokussieren, indem wir den Beitrag für die Entwicklung des Selbstwertes interpunktieren und die typischen Abwertungsstrategien aufzeigen. Gleichsam möchten wir Sie anregen, durch die Reflexion von spezifischen Aussagen sich Klarheit zu verschaffen, inwieweit Sie welche Stufe realisiert haben.

Es ist aber noch ein anderer Punkt wichtig. Das Erobern einer neuen Stufe geschieht in der Regel durch Impulse, nicht willentlich. Unsere Selbstabwertungstendenzen verhindern mitunter diese Sprünge. Ganz einfach, weil wir uns die neue Stufe nicht zutrauen. Dies durch eine ganz individuelle Annahme, dass ich das nicht kann oder dass mir das nicht zusteht. Da müssen Sie wach sein. Diese Mechanismen und Selbstabwertungstendenzen sind schnell, sehr schnell.

Bei allen Stufen geht es immer um die Stabilisierung des Selbstwertgefühles und um das Verhindern der Destabilisierung. Es sind unterschiedliche Themen, aber es geht immer um das Gleiche.

Werden Stufen ausgelassen, fehlen die erlernbaren Kompetenzen dieser Stufe.

Für die Lokalisierung der einen erreichten Stufe gibt auch verschiedene Befragungssysteme, die helfen, den eigenen Entwicklungsstand zu lokalisieren. Was wirklich hilft, ist nicht die weitere Entwicklung zu behindern, sondern zu befördern. Also ermittle ich, wo ich stehe und frage mich, was meine Ziele sind. Und durch welche Annahmen über mich selbst, die einschränkend sind, ich meine Zielerreichung verhindere.

Auf jeder Entwicklungsstufe ist es günstig, wenn das Individuum zunächst erfährt, wo die eigenen Stärken sind und lernt, die eigenen Stärken auch anzunehmen und wertzuschätzen.

Dann ist es wichtig zu erkennen und zu reflektieren, wie stark die Tendenz ist, sich selbst abzuwerten, sich schnell infrage gestellt zu fühlen und die eigene Kompetenz oder auch die eigenen Leistungen oder Produkte abzuwerten.

Die Impulse für die Weiterentwicklung sind in uns grundsätzlich eingebaut. Die bewältigten Stufen beinhalten die Realisierung und Bereicherung unseres Verhaltensrepertoires und die darin aufgelösten eigenen kritischen Annahmen. Sie sind gewonnene Erfahrung und Basis für die weitere Ausgestaltung unseres Lebensweges. Aber der Weg ist hier noch nicht zu Ende.

Das, was in den vorangegangenen Stufen an Haltung und Kompetenz erworben wurde und im besten Falle in günstiges und ungünstiges Verhalten differenziert wurde, bleibt auch auf den höheren Stufen erhalten und ist immer verfügbar. Trotzdem ist es ein natürlicher Impuls, sich stets weiterentwickeln zu wollen, um auf eine höhere Stufe zu gelangen.

9.2 Annahmen und Konditionierung

Für die Entwicklungshinweise möchten wir hier noch zwei bedeutende Inhalte darstellen:

- das Konzept der individuellen Annahmen über sich und über andere
- das Konzept der Konditionierung.

Wir Menschen machen Annahmen über alle Phänomene dieser Welt. Immer, wenn es weiße Flecken gibt, also Bereiche, für die uns Informationen fehlen und die andererseits eine gewisse Bedeutung für uns haben, füllen wir die weißen Flecken mit Annahmen. Die Annahmen ergänzen das unvollkommene Bild in aller Regel vollkommen logisch. So können wir es verstehen, so macht es Sinn. So erklären wir uns die großen und kleinen Dinge der Welt.

Wir haben in unseren Projekten immer wieder erlebt, dass unvollständige Informationen des Managements stets von den Mitarbeitenden durch Annahmen so ergänzt wurden, dass eine Logik entstand.

Diese Annahmen machen wir allerdings auch über uns selbst. Die Annahmen können positiv oder einschränkend sein. Hier beschäftigen wir uns eher mit den einschränkenden Annahmen. Diese Annahmen werden verbal und nonverbal übermittelt. In der Transaktionsanalyse werden die Annahmen Einschärfungen genannt (Schlegel, 1984). So, als ob das instruktiv geschähe. Aber eigentlich bekommen viele Menschen diese negativen Botschaften übermittelt, manche nehmen sie an, andere nicht. Es ist also immer die Entscheidung des Individuums, eine solche Annahme anzunehmen oder nicht. Annahmen haben die fatale Konsequenz, dass sie irgendwann zur Wahrheit werden.

Der nachstehende Part orientiert sich an den Erkenntnissen aus der Transaktionsanalyse (Schlegel, 1984).

Diese Annahmen zum Selbstwert können sein:

- Ich bin nichts wert
- Ich bin nicht liebenswert
- Ich genüge nicht
- Ich gehöre nicht dazu
- Ich bin dumm
- Ich bin schuld
- Ich bin nicht wichtig
- Ich bekomme nichts hin etc.

Botschaften für das Lebensskript können sein:

- Es wird irgendwann schiefgehen
- Mit dir wird es ein schlimmes Ende nehmen
- Die Welt da draußen ist schlecht, wir sind die besseren
- Wir gehören nicht dazu
- Das Leben ist hart und unbarmherzig
- Es wird einem nichts geschenkt etc.

Botschaften, die die Annahmen auflösen sollen (sogenannte Antreiber), diese aber in Wirklichkeit nur noch verschärfen:

- Du musst immer perfekt sein
- Du darfst dir nichts gönnen
- Du musst dich anstrengen
- Du darfst keine Schwäche zeigen
- Du musst dich immer beeilen

9.2 Annahmen und Konditionierung

- Du musst dich anpassen und unterwerfen
- Du darfst keinen eigenen Willen haben
- Du musst es anderen recht machen etc.

Die Dynamik zwischen diesen einzelnen Elementen ist, dass die erste Einschränkung durch die Annahmen zum Selbstwert kommt. Diese Annahmen können in ihrer Wirkung massiv sein und den Menschen mehr oder weniger ständig begleiten. Sie wirken unbewusst und können nur durch Bewusstheit und Gegenkonditionierung aufgelöst werden. Dazu später mehr.

Die Skriptbotschaften sind dunkle Botschaften für die Lebenszukunft. Sie sind auch un- oder vorbewusst und haben eine verdeckte schicksalhafte Wirkung. Das Individuum verhält sich so, dass die negative Botschaft genau eintritt. Jemand, der oder die glaubt, dass es einmal schiefgehen wird, geht, um ganz nach oben zu kommen, große Risiken ein mit der Gefahr, daran zu scheitern, was dann wiederum die ursprüngliche Botschaft bestätigt.

Die Antreiberbotschaften sollen die negativen Annahmen auflösen. In Wirklichkeit verschärfen sie das Problem. Wenn eine Person perfektionistisch ist und alles 180-%ig erledigen möchte, wird Stress entstehen. Die Person verliert sowohl die Zeit wie auch die Prioritäten aus dem Fokus und wird womöglich gerade deshalb nicht erfolgreich sein, was die ursprüngliche Annahme bestätigt.

Diese Annahmen sind in der Kindheit und Jugend entstanden. Durch mehrmaliges Erleben entsteht durch die Konditionierung irgendwann die Annahme als Fixum. Es ist nicht nur eine flüchtige Wahrnehmung, sondern eine eingeätzte Wahrheit. Sie kann ein Leben lang bestehen und wirken.

Die Auflösung geht genau umgekehrt.

1. Zunächst ist es wichtig, sich die Annahme bewusst zu machen.
2. Dann ist es wichtig, die Annahme zu reflektieren und auf ihren Realitätsgehalt zu überprüfen. Meist stimmt sie nämlich nicht.
3. Wir müssen uns jetzt Situationen vergegenwärtigen, in welchen wir genau das Gegenteil gezeigt haben.
4. Deshalb ist es so wichtig, sich die eigenen Erfolge immer wieder bewusst zu machen, sodass ich sie in solchen Momenten verfügbar habe.
5. Dann können wir jetzt die Annahme auflösen.
6. Wenn wir das 10 mal geschafft haben, dann bildet sich eine Hornhaut.
7. Diese Hornhaut gibt mir beim nächsten ähnlichen Anlass die Zeit, um in die Bewusstheit zu gelangen und nicht in Stress und Minderwertigkeit zu fallen.
8. Ich kann mich dann emotional distanzieren und genau und differenziert nachschauen, was mein Anteil und der Anteil des anderen an der Situation ist.

Wichtig ist in diesem Zusammenhang das Phänomen der Konditionierung.

Bei der Konditionierung wird ein neutraler Reiz mit einem bekannten Stimulus verknüpft, sodass nach einiger Zeit der neutrale Reiz ausreicht, um die gleiche Reaktion auszulösen. Das berühmte Beispiel ist der „Pavlov'sche Hund," der schon durch das Ertönen einer Glocke Speichelfluss bekam (Pavlov, 1927), nachdem er diese Glocke mehrfach bei der Nahrungspräsentation gehört hatte. Das funktioniert auch bei uns Menschen. Wenn wir mehrfach in einer bestimmten Situation mit einem Reiz (also einer Botschaft) konfrontiert werden, reicht irgendwann der Raum aus, in dem das passierte, um die Botschaft und das damit verbundene Gefühl zu spüren. Wer also immer im gleichen Raum vom eigenen Vorgesetzten kritisiert wurde, muss irgendwann nur in den Raum gehen, um ein schlechtes Gefühl und Minderwertigkeit zu erleben.

So werden die Annahmen in uns eingeätzt. Und jetzt die gute Nachricht: So können sie auch wieder ausgelöscht werden. Wir müssen es nur schaffen, diesen Bewusstseinsprozess immer wieder hinzubekommen und dürfen nicht zu früh aufhören, daran zu glauben, dass es geht. Es braucht Zeit. Manchmal Jahre. Aber es ist eine der lohnendsten Entwicklung in unserer Persönlichkeit. Persönlichkeitsentwicklung geht lebenslang. Und es ist die segensreiche Wirkung der Konditionierung. Irgendwann geht es von allein.

So wie der fleißig übende Pianospieler irgendwann erlebt, dass er nur auf die Note schauen muss und die Finger der Hand von allein die richtige Taste drücken. Das Gehirn wird by-gepasst. Das Gehirn muss nicht mehr herausfinden um welche Note in welcher Tonart und Zeit es sich handelt. Alles passiert automatisch. Aber nichts kommt von nichts.

Auf Basis dieser Erkenntnisse möchten wir jetzt die Entwicklungsfelder für die einzelnen Stufen darstellen. Wir werden immer wieder auf die Annahmen der einzelnen Stufen zurückkommen.

9.3 Entwicklungsfelder auf Stufe 1: Impulsive Stufe

Zunächst ist es wichtig, sich klarzuwerden, wie die einzelnen Bereiche und Stufen ausgeprägt sind.

Wie kann ich ungetrübt glücklich sein, meine positiven Emotionen uneingeschränkt erleben? Wie oft bin ich glücklich in meinem Leben? Wie halte ich mich davon ab, glücklich zu sein? Wie hoch ist meine Lebensenergie? Wie energievoll erlebe ich mich? Was nimmt mir meine Energie? Was oder wer gibt mir die Energie?

In diesem Teil der Persönlichkeit ist die Lebensfreude. Also die Fähigkeit, Glück zu erleben. Auch das ist eine Selbstverantwortung. Nicht andere sind für unser Glück verantwortlich, sondern jeder von uns selbst. Auch hier sind es die inneren Annahmen, die es mitunter nicht erlauben, glücklich zu sein. Annahmen, wie „es wird eh nicht gut gehen" „Das Leben ist eine Mühsal, schau doch in die Welt, wie es da zugeht", „du darfst dir nichts gönnen" verhindern, dass wir uns es erlauben, das Leben oder den Moment zu genießen.

Ich kann mich auch fragen, ob ich verlässlich bin, wo ich andere enttäusche, weil ich nicht rechtzeitig liefere oder das nicht einhalte, was ich versprochen habe. Oder laufend zu spät komme. Und die Enttäuschung fällt auf mich zurück.

Kann ich mich an den schönen Dingen der Welt erfreuen, Kunst, Kultur, Architektur, Ästhetik und kann ich mich an den kleinen Dingen erfreuen, eine Tasse Tee frühmorgens im Auto, ein gutes Essen nach getaner Arbeit, ein Lächeln eines anderen Menschen?

Gerade mit zunehmendem Alter ist es eine es eine besondere Aufgabe, die Momente im Leben noch zu genießen, schon durch die zunehmende körperliche Einschränkung. Wie sagte der Schauspieler und Entertainer Joachim „Blacky" Fuchsberger: „Altern ist nichts für Feiglinge."

Dann ist es von den inneren Vorschriften nicht erlaubt, glücklich zu sein. Jeder erlebt Stunden, in denen Enttäuschung oder Frustration vorherrscht. Die Frage ist, wie wir damit umgehen. Depressiv leiden oder einfach etwas dagegen tun. Das ist das Einfachste: Sich fragen, was kann ich jetzt gerade tun, um wieder in eine bessere Stimmung zu kommen. Eine E-Mail schreiben, anrufen, den Rechtsanwalt konsultieren. Die lösungszentrierte Aktion bringt aus der Depression. Voraussetzung für das alles ist die Bereitschaft, für sich Verantwortung zu übernehmen und seine inneren Annahmen zu hinterfragen.

Die Annahme auf dieser Stufe ist: Es muss alles herausragend sein, damit es eine Berechtigung hat, zu sein. Dieses Gefühl der Minderwertigkeit kann ein enormer Motivator für große Leistungen sein, aber irgendwann sollte sich auch der Glaube an die Wertigkeit der eigenen Leistung festigen, damit die Viskosität der Selbstabwertung geringer wird.

Anderes Thema für diese Stufe: Eine kritische Tendenz auf dieser Ebene ist, dass hier in der Überkompensation eine Scheinwelt entsteht, die realitätsfremd ist. Überzogene Erwartungen an andere, die überzogene Bezogenheit auf sich selbst als Kompensation der wahrgenommenen eigenen Minderwertigkeit führt dazu, dass eigentlich die erbrachten Leistungen keinen inneren Wert haben, sondern nur hochgepusht werden, um das eigene Ego hervorzuheben.

Begleitet wird diese Tendenz der Überhebung oft durch Arroganz. Überheblichkeit, eine Tendenz herablassend zu sein, alles eher herabzuwürdigen, nur um sich selbst aufzuwerten.

Hilfreich für die Entwicklung kann ebenfalls die Bewusstmachung der Tendenz zur Grandiosität sein. Wenn das Individuum erkennt, welche Funktion das überzogene eigene mögliche Sein hat, mit ggf. welchen Folgen, kann es sich vielleicht erlauben, auch „normal" sein zu dürfen und trotzdem einen Wert zu haben. Hierzu ein Zitat von Erich Fromm: „Der Mensch möchte Übermensch werden, bevor er Mensch geworden ist".

Je mehr das Individuum sich selbst zuspricht, „normal" sein zu dürfen und auch kleine Erfolge auf sich verbucht, umso mehr wird das echte und reflektierte Selbstbewusstsein wachsen und sich stabilisieren. Dann kann auch die Kraft entwickelt werden, kleine Dinge bedeutsam zu machen. In der Entwicklung wird es zunächst schwierig sein, dieses Verhalten bei sich wahrzunehmen und zu akzeptieren. Schließlich ist es ein Schutz. Man muss lernen, sich das zuzugestehen. Und das eigene Gefühl der Minderwertigkeit akzeptieren. Untersuchen, woher es kommt. Die Annahmen über sich selbst sind der Schlüssel. Solche Annahmen hier können sein:

Ich bekomme nichts hin,
ich bin nichts wert,
Ich genüge nicht,
Mich mag keiner, etc.

Das ist die Antipode zu der Grandiosität und Arroganz. Das ist die eigentliche Ursache. Wenn mich jemand kritisiert und ich beziehe die Kritik sofort emotional auf mich und werte meine Leistungen ab und halte nichts mehr von dem, was ich mache, dann werde ich auf dieser Stufe eben arrogant und werte die anderen einfach ab. Aber das löst nicht mein Problem. Erst wenn ich anfange, mir meine Erfolge selbst authentisch zuzuschreiben, kann ich das nötige Selbstvertrauen aufbauen, um das Feedback differenziert anzusehen und meinen Anteil von dem der anderen zu trennen. Die Lösung für viele Probleme, die wir haben, ist die Auflösung der negativen Annahmen über sich selbst.

Das braucht Zeit und Ausdauer und Geduld. Aber es wird heilen. Die Annahmen werden uns über die ganzen Stufen begleiten, sie kommen nur in anderen Einfärbungen.

Die dritte Facette ist die Schattenreaktion auf dieser Stufe. Wenn wir auf dieser Stufe in unserer psychischen Elastizität überfordert sind und nicht mehr adäquat reagieren können, äußert sich das meist in unangemessenen, ungesteuerten emotionalen Reaktionen oder Handlungen. Die Wut, der Ärger, die Enttäuschung werden ungehemmt und nicht kontrolliert ausgelebt. Jegliche Feinsteuerung fehlt. Ansatzpunkte für den Umgang mit dieser Seite der Persönlichkeit finden sich in dem Abschnitt: Wie können wir lernen mit der Schattenseite besser umzugehen.

Zur Bewusstmachung dieser Stufe mit den unterschiedlichen Facetten können folgende Aussagen helfen. Reflektieren Sie diese Aussagen, inwieweit sie auf Sie zutreffen oder erfragen Sie ein entsprechendes Feedback:

- Ich kann mich überschwänglich freuen.
- Wenn mir etwas gegen den Strich geht, kann ich sehr deutlich werden.
- Es schmeichelt mir, dass ich einen großen Einfluss auf Menschen habe.
- Ich glaube schon, dass ich etwas Besonderes bin.

9.4 Entwicklungsfelder auf Stufe 2: Selbstschutz

Die positive natürliche Entwicklung aus dieser Stufe ist die Fähigkeit zur Anpassung, das Bedürfnis für Ausgleich. Auf dieser Ebene geht es um Verträglichkeit. Wertschätzung bekommt man, wenn man sich anpasst und unterordnet, die eigenen Bedürfnisse und Wünsche hintenanstellt. Anderen alles Recht zu machen ist die Strategie, um Wertschätzung zu bekommen. Menschen auf dieser Ebene sind grundsätzlich pflegeleicht. Sie haben keine großen Ansprüche.

Die Grundangst ist es, abgelehnt oder verlassen zu werden. Manchmal wird diese Grundangst auch dadurch kompensiert, dass alles perfekt sein muss. Das hat nichts damit zu tun, eine qualitativ hochwertige Arbeit abzuliefern, sondern

9.4 Entwicklungsfelder auf Stufe 2: Selbstschutz

es geht darum, durch Überanstrengung etwas Übermenschliches zu schaffen, um damit die Berechtigung zu bekommen, für sich einen Wert zu spüren.

Nur: Das alles ist mit ziemlichem Stress verbunden, das Zeitgefühl geht verloren, die Prioritäten für das Wichtige verwischen sich. Alles ist wichtig, alles muss in höchster Perfektion erstellt werden. Im schlimmsten Fall kommt nichts heraus, was dann aber leider die negative Annahme über sich selbst bestätigt: „Ich bin nichts wert", „ich kann nichts".

Menschen, die andere Menschen führen, neigen dann oft dazu, anderen denselben Druck zu machen, den sie selbst verspüren und erzeugen so ein Klima der Angst und der Überforderung. Gleichsam möchten sie sich immer 100 %ig absichern. Es darf kein Fehler auftreten, wenn doch wird er vertuscht oder anderen zugeschoben oder andere verantwortlich gemacht. Gerade Arbeitsgebiete, die nicht aus sich heraus einen generierten Wert darstellen können, wie beispielsweise Personalentwicklung, Kommunikation, Marketing, etc., neigen oft zu dieser inneren Überforderung. Die Annahme ist: „Wenn wir nur viel arbeiten, wird es schon genügend sein".

Auch hier gilt es, sich diese Annahmen bewusst zu machen und sie aufzulösen, die eigenen Erfolge sichtbar zu machen und immer wieder zu verstärken.

Ein anderes Phänomen, das mit dieser Stufe einher geht, ist die Tendenz, in eine Opferhaltung zu fallen. Aus der Transaktionsanalyse wissen wir, dass es bei psychologischen Spielen drei Rollen gibt: Verfolger, Retter und Opfer (vgl. Abb. 9.1).

In dieser Abbildung ist die Dynamik der verschiedenen Rollen in psychologischen Spielen dargestellt (Schlegel, 1984). Der Verfolger sieht im Opfer das Defizit („Du genügst mir nicht") und greift die Person in der Opferrolle an. Das Opfer („Ich Armes werde immer beschuldigt") leidet und unterwirft sich zunächst. Dann kommt

Abb. 9.1 Rollen in psychologischen Spielen

der Retter ins Spiel („Ich helfe euch"). Die Dynamik ist, dass sich sehr schnell die Rollen wechseln. Der Retter wird zum Opfer („Du hast es auch nicht hinbekommen") das Opfer wird zum Verfolger („Sieh, was du mir angetan hast, jetzt bin ich krank") und der Verfolger wird zum Opfer („Es hat doch alles keinen Zweck").

In diesen Spielen wählen Menschen auf dieser Stufe bevorzugt die Rolle des Opfers. Sie fühlen sich schnell wehrlos, sie beklagen sich gerne mit anderen Opfern über die schlechte Behandlung und klagen ohne Ende. Sie fühlen sich benachteiligt, leiden unter den schlechten Umständen und Menschen. Und sie tun nichts, um die Umstände zu ändern. Dann könnte man sich nicht mehr beklagen. Das kann sich zu einer Lebenshaltung entwickeln.

Auf dieser Stufe unterdrücken Menschen ihre Gefühle, Erwartungen und Wünsche. Sie können auch schwer die gefühlte Zurücksetzung argumentieren oder gar emotional ausdrücken. Sie schlucken den Ärger runter und reagieren eher mit Trauer und Depression. Sie verlieren dann ihre gesamte Energie und werden mutlos und passiv.

Auf der Schattenseite bekommt der Selbstschutz einen Selbstzweck. Verteidigung, aber auch Widerstand, eine innere nicht geäußerte Aggression führen zu einer Feindeshaltung und ständiger Verweigerung und Tendenz sich zurückzuziehen. Eine kommunikative Auseinandersetzung mit dem Ziel einer Klärung ist oft nicht mehr möglich. Es wird dann mit „Taten" kommuniziert: Beleidigt sein, Liebesentzug, Vorwurfe, Kontaktentzug sind die Reaktionen auf dieser Ebene.

Was hilft? Lernen, wertfreies Feedback direkt zu geben. Lernen, die internen Storys, die ständig ablaufen, auszudrücken. Die eigenen Annahmen über sich und andere zu hinterfragen. Diese Spiele funktionieren nur, weil die Beteiligten ihre wahren Interessen und Wahrnehmungen nicht adäquat ausdrücken (können).

Im eigenen Bereich kann es hilfreich sein, sich selbst zu fragen, wie sehr die ständige Absicherung auch dadurch motiviert ist, dass die erbrachte Leistung nicht ausreichend ist. Weil vielleicht die Erfolgslogik nicht genügend durchschaut wird oder vor lauter Angst und Rückzug zu wenig Erfolge da sind. In diesem Falle ist es das Beste, sich Hilfe zu holen oder das Thema offen anzusprechen.

Zur Bewusstmachung dieser Stufe mit den unterschiedlichen Facetten können folgende Aussagen helfen. Reflektieren Sie diese Aussagen, inwieweit sie auf Sie zutreffen oder erfragen Sie ein entsprechendes Feedback:

- Ich habe Mühe, Fehler zuzugestehen.
- Ich kritisiere oft die Menschen, die um mich herum sind.
- Mitunter habe ich das Gefühl, alles falsch zu machen.
- Ich neige dazu, meine Leistungen zu unterschätzen.

9.5 Entwicklungsfelder auf der 3. Stufe: Egozentrierte Stufe

Die positive Würdigung dieser Stufe ist, dass wir hier anfangen, uns auch auf den eigenen Vorteil zu konzentrieren und versuchen, die eigenen Interessen stärker durchzusetzen. Das ist völlig legitim, solange die Grenzen der anderen nicht zu sehr verletzt werden.

9.5 Entwicklungsfelder auf der 3. Stufe: Egozentrierte Stufe

Es wird dann kritisch, wenn sich eine Person nur noch auf die eigenen Vorteile orientiert und selbstsüchtig wird. Dann ist es auch nicht mehr weit zur Manipulation und Täuschung. Insbesondere, wenn die Neigung besteht, sofort mit Aggression zu reagieren, wenn die eigenen Vorteile in Gefahr sind, nicht erfüllt zu werden. Solche Menschen werden dann gemieden, weil alle wissen, dass dieser Mensch nur in eigener Sache unterwegs ist. Oft isolieren diese Menschen sich auf ihren Mikrokosmos, in jedem Falle bekommen sie keine Unterstützung mehr.

Führungskräfte, die in solchen egozentrischen Stufen hängen geblieben sind, können ihre Mitarbeitenden auch für ihr eigenes Vorankommen in der Karriere ausnutzen. Das kann schon eine gute Zeit lang funktionieren, bis es beendet wird. Oft ist aber dann schon eine Menge Schaden angerichtet.

Wenn wir diese Tendenz, nur an sich zu denken, übertreiben, können wir das nur durch Feedback erkennen, weil die betreffende Person durch einen erlebten Mangel zu dieser Haltung kam und nicht merkt, dass die Grenze zu den anderen schon lange überschritten ist.

Das Motiv ist zunächst der Mangel. „Ich bin zu kurz gekommen", „Andere haben mir alles weggenommen", „Ich kann keinem vertrauen", „Ich wurde benachteiligt", „Für mich war nichts mehr übrig". Wie in vielen Fällen kommt die schädigende Handlung meist auch aus einem wahrgenommenen Defizit, nicht aus einer Schädigungsabsicht.

Darin liegt auch die Lösung. In dieser Phase müssen wir lernen, dass diese Annahmen heute vielleicht falsch sind, dass mich dieses Verhalten am Ende genau da hinbringt, wo ich nicht hinwollte. Wenn mich niemand mehr unterstützt, werde ich schwerlich erfolgreich sein, und am Ende nicht das erreicht haben, was ich eigentlich wollte. Und ich muss mich fragen, was es bräuchte, um die nächste Stufe der persönlichen Entwicklung zu erreichen.

Die wirklich kritische Wirkung in dieser Position ist, wenn wir auf die Schattenseite gehen. Dann kann ein Mensch manipulativ werden, andere bewusst täuschen, bis hin zur Ergreifung von kriminellen Handlungen. Solche Personen können große Genugtuung empfinden, wenn sie andere Menschen erfolgreich getäuscht oder gar geschädigt oder beseitigt haben.

Zur Bewusstmachung dieser Stufe mit den unterschiedlichen Facetten können folgende Aussagen helfen. Reflektieren Sie diese Aussagen, inwieweit sie auf Sie zutreffen oder erfragen Sie ein entsprechendes Feedback:

- Ich unterstütze andere, wenn ich einen Vorteil davon habe.
- Unterm Strich möchte ich meinen Vorteil sehen.
- Ich zeige meine Interessen nicht offen.
- Wer zu weich ist, wird es nie zu etwas bringen.

9.6 Entwicklungsfelder auf der 4. Stufe: konformistische Stufe

In dieser Phase entdecken wir unser Bedürfnis nach intensiven sozialen Kontakten und nach Zugehörigkeit zu einer sozialen Gruppe. Die Zugehörigkeit gibt Identität. Die Identität stützt das Selbstwertgefühl.

Jetzt kommen die „Retter". Wir bieten anderen unsere Hilfe an. Durch die unentgeltliche Aufopferung, die vielen guten Taten fühlen sich die betreffenden Menschen aufgewertet und nützlich. Ganze Institutionen leben von Menschen auf dieser Stufe. Vereine, Krankenhäuser, Sozialorganisationen, Religionsgemeinschaften brauchen Menschen, die vieles unentgeltlich machen, keinen Lohn für ihre Bemühungen wollen. Insofern ist diese Stufe von großer Bedeutung für unser Gemeinwesen.

Ein weiteres Phänomen in diesem Zusammenhang ist, dass es nicht mehr nur um Zugehörigkeit geht, sondern um das Ausleihen einer Identität, z. B. eines großen bedeutenden Unternehmens, als Substitut für das eigene noch wenig entwickelte Wertgefühl. Die Stärkung des Wertgefühls geht also auf dieser Stufe über einen bedeutenden anderen, also beispielsweise die Zugehörigkeit zu einer Organisation.

Menschen können auf dieser Stufe ein Leben lang glücklich sein. Andere nehmen diese Stufe in ihr Verhaltensrepertoire und streben die nächste Stufe der Entwicklung an. Das tun sie dann, wenn sie mit der stellvertretenden Übernahme des Selbstwertes einer Organisation auf den eigenen Wert nicht mehr zufrieden sind. Sie wollen dann ihre individuelle Leistungsfähigkeit unter Beweis stellen, zeigen, was sie können.

Was sind die Bedürfnisse auf dieser Stufe? Menschen suchen Beziehungen zu anderen Menschen, möchten Gemeinschaft, möchten in der Herde aufgenommen sein und den eigenen Platz erleben. Sie finden Schutz in der Gemeinschaft und gegenseitige Achtung. Sie lernen, aufeinander zu achten, zu geben und zu nehmen. So wie die Familie ist die Gemeinschaft die Basis eines gesunden Staates und einer gesunden Gesellschaft.

In jeder sozialen Organisation gibt es Ziele, Regeln, Voraussetzung für die Zugehörigkeit, psychologische Spiele und Machtstrategien. Es ist die Frage, wie stimmig diese Faktoren zusammenpassen und wie stark die Kongruenz der Mitglieder zu diesen Faktoren ist. Je geringer die Kongruenz ist, umso mehr werden sich Mitglieder auflehnen und Widerstand zeigen. Auf der Stufe 4 wird tendenziell die Regeleinhaltung stark priorisiert, weniger das Ziel. Das ist dann auch die Entwicklung zur Stufe 5: Nicht nur die Regeln priorisieren, sondern die Ziele. Um damit auch manche Regeln auf ihren Sinngehalt zu hinterfragen: Warum tun wir das, was soll das bringen? Was ist unser Ziel und was ist der Beitrag dieser Vorschrift für die Zielerreichung? Manchmal nur eine Beruhigung des Gewissens, dass wenigstens etwas beschlossen wurde.

Hier lernen die Menschen den Umgang mit der Macht. In sozialen Organisationen findet Führung statt, es geht um Kontrolle, um Vertrauen, um die Entwicklung einer sozialen Kompetenz. Ein wichtiges Lernfeld ist die Fähigkeit zur Kooperation.

Je mehr sich eine soziale Organisation in ihren Zielen und Prinzipien in bizarre Welten begibt, je rigider die Regeln sind, umso kritischer ist es, wenn die Mitglieder ihre Identität über die Gruppenzugehörigkeit suchen, abhängig von einer Organisation sind und nur schwer herausfinden.

Zur Bewusstmachung dieser Stufe mit den unterschiedlichen Facetten können folgende Aussagen helfen. Reflektieren Sie diese Aussagen, inwieweit sie auf Sie zutreffen oder erfragen Sie ein entsprechendes Feedback:

- Alle sollten sich an die Regeln halten.
- Harmonie und Gemeinschaft sind wichtig.
- Ausgeschlossen zu werden, kann ich nur schwer aushalten
- Rückschläge kosten mich viel Energie.

9.7 Entwicklungsfelder auf der 5. Stufe: Stufe des Selbstwertes

Das Ziel auf der 4. Stufe ist es, sich aus dem Zustand des ausgeliehenen Selbstwertes herauszuentwickeln und einen stabilen eigenen Selbstwert aufzubauen. Dafür hilft das auf dieser Ebene dominante Streben nach Erfolg. Die Basis für ein gesundes Selbstwertgefühl sind Erfolge, die das Individuum sich selbst zuschreibt. So wächst das Wertgefühl wie Humus auf dem Waldboden.

Auf dieser Ebene steht Leistung ganz vorne und treibt die Menschen an. Konkurrenzgefühle, sich an anderen messen, sind natürliche Treiber, die jedes Unternehmen braucht. Die Menschen auf dieser Eben wissen, was sie wollen, sie haben einen starken Willen und geben alles. Sie sind selbstbeherrscht und diszipliniert. Sie wollen vorankommen, Karriere machen, Führungskraft werden.

Annahmen auf dieser Ebene sind:

- Ich genüge nicht.
- Ich kann nicht vertrauen.
- Ich kann keinen neben mir haben.
- Ich muss alles im Griff haben.
- Ich muss aufpassen, was passiert.
- Ich muss alles entscheiden.

Durch dies Annahmen erscheinen wir zu konkurrenzorientiert, keiner kann es uns recht machen. Wir schaffen Systeme, die alles kontrollieren. Die Menschen gehen entweder in die Anpassung, in den Widerstand oder tauchen ab. Es entsteht kein richtiges Vertrauen. Es gibt Grabenkriege, ganze Abteilungen arbeiten gegeneinander.

Durch die Auflösung dieser Annahmen gewinnen die Menschen Souveränität und Authentizität. Es entsteht Nähe und Vertrauen. Die Menschen werden mutiger, trauen sich etwas zu. Hierarchien werden abgebaut, Gräben zugeschüttet, damit Kooperation möglich wird.

Jetzt können die Kulturen aufgebaut werden, die heute angesagt sind:

- Abbau von Hierarchien
- Eindeutige Verantwortungsbereiche
- Entscheidungen möglichst delegieren
- Verantwortung delegieren
- Alles auf den Kunden zentrieren
- Immer Nutzen bieten
- Kunden begeistern

Ganz oft zeigt sich auf dieser Ebene das „Inkompetenz-Muster" (Wildenmann, 2015). Niemand genügt eigentlich den Erwartungen. Jeder ist irgendwo inkompetent, keiner kann genügen. Es wird viel gelästert, negativ über andere gesprochen. Die Menschen klagen über zu wenig Wertschätzung, über zu viel unausgesprochene Kritik. Alle leben in einem gewissen Wertschätzungsdefizit.

Auf dieser Stufe ist es wichtig, eine professionelle Geduld zu entwickeln. Von „Das ist doch wieder nicht ausreichend" zu „Jetzt haben wir eine neue Stufe erreicht". Dann können wir ab sofort die nächste Stufe angehen.

Ein Beispiel: In einem Workshop zur Vertriebsentwicklung präsentierte ein Teamleiter ein Projekt, wie er aus dem Innendienst zum ersten Mal eine Kundenaktion geplant und umgesetzt hatte. Zum ersten Mal gingen sie raus zum Kunden und präsentierten dort die von ihnen entwickelten Produkte. Die Resonanz war gut, einige wenige Kunden bestellten, andere nahmen es zur Kenntnis. Die Reaktion der Leitung (typisch Stufe 5) war: Das sind nur Maßnahmen, aber keine Ergebnisse und kostete überdies einen Haufen Geld. Anstatt: Sehr gut, dass ihr diese Aktion gefahren habt, das ist ein schöner Anfang. Jetzt lasst uns gemeinsam überlegen, was wir als nächstes tun. Wir sollten uns jetzt mit dem Vertrieb zusammensetzen und planen, wie wir diese Aktion weiterführen und zu Verkaufsergebnissen bringen.

Also die Mitarbeiter Stufe für Stufe dorthin führen, wo sie sein sollten.

Ein nächstes Entwicklungsfeld ist das Thema Kontrolle. Auf der Stufe 4 findet Kontrolle bezüglich der Einhaltung von Regeln statt. Es geht nicht so sehr um das Erreichen von Ergebnissen, sondern um das Befolgen von Normen und Vorschriften. Also, man hat in der Woche 15 Kundentermine nachzuweisen. Egal, was dabei herausgekommen ist. Es geht eher um Gehorsam. Das zu tun, was ein anderer Mensch möchte und deshalb zur Regel erklärt hat. Auf der Stufe 5 geht Kontrolle eher auf Leistungsergebnisse. Ziele werden festgelegt und in ihrer Einhaltung kontrolliert.

In diesem Zusammenhang möchten wir speziell das Thema Kontrolle thematisieren. Wenn man unterverantwortliche Mitarbeiter hat, die nur dann etwas tun, wenn es kontrolliert wird, also zu wenig eigenverantwortliches Handeln vorhanden ist, ist Kontrolle unumgänglich. Kontrolle hat aber andererseits einen fatalen Effekt. Sie nimmt dem Menschen sofort Energie. Viele möchten kontrollieren, keiner will kontrolliert werden.

Deshalb ist es auf dieser Stufe ein wichtiges Entwicklungsfeld, zu lernen, Menschen aus der Unterverantwortung durch Delegation und Coaching herauszuentwickeln, um dadurch mehr und mehr Kontrolle durch eine entstehende neue innere Haltung zu ersetzen.

Zur Bewusstmachung dieser Stufe mit den unterschiedlichen Facetten können folgende Aussagen helfen. Reflektieren Sie diese Aussagen, inwieweit sie auf Sie zutreffen oder erfragen Sie ein entsprechendes Feedback:

- Sich mit anderen messen zu können, spornt mich an.
- Für mich zählt nur der Erfolg.
- Ich sehe schnell die Schwachstellen bei anderen.
- Ich nehme gerne Feedback an, um mich zu entwickeln.

9.8 Entwicklungsfelder auf der 6. Stufe: Stufe der selbstbestimmten Gestaltung

Die Entwicklung zu Stufe 6 beinhaltet einen gewissen Perspektivwechsel. Wir kommen vom Bestreben nach Erfolg zum Bedürfnis nach der Schaffung einer Gestalt. Es geht jetzt um die Schaffung von etwas Ganzem. Oft hat die Entwicklung mit Skalierung zu tun.

Aus einer Apotheke wurde ein Pharmakonzern, aus einer Gärtnerei entstand ein Gartencenter-Universum, aus einem Tante-Emma-Laden entwickelte sich eine international vertretene Lebensmitteleinkaufskette, aus einer innovativen Beratungsmanufaktur entstand ein internationales Beratungsunternehmen.

Viele Unternehmen haben diesen Sprung auch durch den Übergang vom Begründer und Pionier einer Idee auf eine neue Leitung erlebt, die diesen bedeutsamen Wandel vollzog. Es ist nicht nur eine Modifikation, es ist ein Paradigmenwechsel. Oft wird in dieser Phase auch die Branche gewechselt oder eine neue Branche erschlossen.

Für den persönlichen Vollzug dieser Stufe ist es neben dem Impuls und den notwendigen Kompetenzen dafür oftmals notwendig, einen Rollenwechsel zu vollziehen. Ohne die entsprechende Fähigkeit zur Verarbeitung von komplexen Situationen wird dieser Quantensprung nicht möglich sein.

Wenn bislang die Rolle der Leitung war, Innovationen und neue Produktentwicklungen zu generieren, so wird es in Zukunft das Design einer Skalierung des bisherigen sein, eine Skalierung in ungeahnte Dimensionen. Aus einem Einzelnen wird ein Universum. Unabdingbar dafür ist die Fähigkeit diese neue Größe nicht nur sich vorzustellen, sondern zu realisieren - auf einmal oder in verdaubaren Größen.

Wenn diese Voraussetzungen nicht vorliegen, kann diese Entwicklung ein großes Risiko beinhalten. Dann war es vielleicht nur Schwärmerei und endete im Chaos.

Bezüglich der beiden Unterdimensionen dieser Stufe hat die Forschung gezeigt, dass es am hilfreichsten ist, wenn man sich ins Gegenteil entwickelt (Wildenmann, 2015). Menschen mit hoher intellektueller Kompetenz fangen an, ihre emotionale Kompetenz zu entwickeln, Menschen mit hoher emotionaler Tendenz konzentrieren sich auf die intellektuellen Bereiche. Am besten performen die Führungskräfte, die beide Aspekte in höchster Ausprägung verfügbar haben.

Die psychologische Seite dieser Medaille ist: Wenn diese Skalierung zur Ganzheitlichkeit nicht zu der inneren persönlichen Vorstellung passt, wenn sich also das Individuum diese Ausweitung nicht zutraut, wird ein möglicher Impuls dafür individuell nicht beachtet werden.

Der Wechsel auf die Stufe 6 ist impulsgesteuert. Es ist ein Impuls vorhanden, der das Bedürfnis zum Ganzen auslöst. Sollte dieser Impuls nicht vorhanden sein, wird auch nichts passieren. Aber der Impuls kann auch unterdrückt werden.

Man kann klein bleiben und zufrieden sein, man kann dem Impuls für solche Entwicklungen folgen und es realisieren. Man kann aber auch den Impuls haben und sich das Neue nicht zutrauen. Dann wird auch nichts passieren.

Die Unterdrückung beruht wieder auf den Annahmen. Solche Annahmen können sein:

So etwas steht unser einem nicht zu.
Ich genüge dafür nicht.
Schuster bleibe bei deinen Leisten.
Andere sind besser als ich.
Werde jetzt nur nicht übermütig, etc.

Also ist es auch hier wichtig, sich die eigenen Annahmen bewusst zu machen und diese Annahmen stets zu überprüfen und aufzulösen.

Zur Bewusstmachung dieser Stufe mit den unterschiedlichen Facetten können folgende Aussagen helfen. Reflektieren Sie diese Aussagen, inwieweit sie auf Sie zutreffen oder erfragen Sie ein entsprechendes Feedback:

- Ich möchte lernen, große Vorhaben zu managen.
- Ich strebe an, etwas Ganzes zu schaffen.
- Ich verwirkliche mich in meinem Tun.
- Ich inspiriere und begeistere Menschen.

9.9 Entwicklungsfelder auf der 7. Stufe: Stufe des Selbsthinterfragung

„Everyone you meet is fighting a battle you know nothing about. Be kind. Always"
Robin Williams

In dieser Phase bekommt die Selbstreflexion nochmals eine entscheidende Bedeutung. Wir haben das vorher schon erwähnt. Es könnte sein, dass es Menschen gibt, die diese Stufe schon früher realisieren. Vielleicht auch durch die intensive berufliche Ausbildung.

Die uns bekannten vertikalen Entwicklungstheorien gehen von einem Entwicklungsschub in den späteren Lebensjahren aus. C.G. Jung beschreibt die Entwicklung der inferioren (am schwächsten ausgebildete) Seite für die spätere Lebensmitte. Auch Loevinger (1996) sieht die Phase der vollständigen Abrundung der Persönlichkeit im späteren Lebensablauf.

Also haben wir uns geeinigt, diese Entwicklung auf die Stufe 7 zu nehmen. Im Verlauf des Lebens sind zu diesem Zeitpunkt hoffentlich viele Erfahrungen gesammelt und reflektiert. Das Selbstwertgefühl ist so weit entwickelt, dass negative Erfahrungen zwar reflektiert werden, nicht aber zu Selbstabwertungen führen. Die Menschen können auf dieser Stufe die eigenen Schwächen auch hinnehmen.

Und sie kommen so unweigerlich zu dem Punkt, wo sie bereit sind, an die Stelle zu gehen, wo die größte Einschränkung ist. Vielleicht auch die größte Traumatisierung. In der Reflektion fragen sie sich, woher das kommt, was die Ursache dafür ist und wie es durch das eigene Verhalten immer wieder ausgelöst wird.

Die vorhandenen Annahmen werden jetzt entscheidend priorisiert. In dieser Reduktion kommt dann ggf. Die Erkenntnis, dass die entscheidende Annahme heißt:

Mich mag niemand.

Ich kann es nicht.

Ich genüge nicht. etc.

Natürlich haben wir uns schon früher mit diesen Gedanken beschäftigt. Die Zeit war noch nicht reif, das Thema wurde reflektiert oder aber auch ignoriert oder verdrängt.

Jetzt aber drängt sich dieses Thema in den Mittelpunkt. Und wir sind bereit, uns damit in der Tiefe auseinander zu setzen. Dahinter steckt die Erkenntnis, dass sowieso nur wenige unserer Annahmen den Großteil unseres Verhaltens erzeugen.

An diesem Punkt entsteht die Frage: Welche meiner Annahmen konnte ich bereits auflösen, sodass mich diese Dinge nicht mehr interessieren? Ich gehe in die Situationen, in welchen ich eine Kritik oder einen Angriff durchaus wegstecken kann, ohne entsprechend einschränkend zu reagieren. Es merkt vielleicht sogar von außen niemand, dass mich die Situation verletzt hat. Ich selbst merke, dass es mich berührt und dass es mich erwischt hat. Ich reagierte im Inneren eingeschränkt und brauchte meine ganze kommunikative Kompetenz und Distanzierungsfähigkeit, um nicht selbst destruktiv zu reagieren.

Gut ist, wenn man an diesem Punkt eine Person des Vertrauens hat, mit der man an diesem Punkt in die Klärung gehen kann. Die Dramaturgie dafür ist:

1. Was ist meine Annahme?
2. Wie bin ich in meinem Leben mit dieser Annahme umgegangen?
3. Was habe ich getan, um die Annahme zu bestätigen?

4. Was habe ich getan, um sie aufzulösen?
5. Wo habe ich Trübungen und Fehlannahmen?
6. Was müsste ich jetzt entscheiden?

Die Entwicklungen auf der Stufe 7 führen unweigerlich zur Stufe 8, die Stufe der Autonomie. Hier handeln Menschen weitgehend selbstbestimmt und sind nicht mehr manipulierbar. Die Handlungen sind verantwortungsvoll und wohlüberlegt.

Zur Bewusstmachung dieser Stufe mit den unterschiedlichen Facetten können folgende Aussagen helfen. Reflektieren Sie diese Aussagen, inwieweit sie auf Sie zutreffen oder erfragen Sie ein entsprechendes Feedback:

- Durch Reflexion kenne ich auch meine Verletzlichkeit.
- Ich habe eine große Gelassenheit und Besonnenheit.
- Ich habe einen natürlichen Einfluss auf Menschen.
- Menschen vertrauen mir.

Literatur

Hy, L. X., & Loevinger, J. (1996). *Measuring ego development.* Lawrence Erlbaum Associates, Inc.
Pavlov, I. P. (1927). *Conditioned reflexes; an investigation of the physiological activity of the cerebral cortex.* Humphrey.
Schlegel, L. (1984). *Die transaktionale Analyse.* UTB Franke Verlag.
Wildenmann, B. (2015). *21 Pfade für die erfolgreiche Führung von Menschen.* Springer Fachmedien.

Regression auf frühere Stufen in Phasen der persönlichen Überforderung

10

Ein sehr wichtiges Konzept in diesem Modell ist die Tendenz des Menschen, bei Übersteuerung der persönlichen psychologischen Elastizität auf eine frühere Stufe zurückzufallen und von dort aus in aller Regel destruktiv zu agieren. Das heißt, wir werden in diesen Fällen an dem eigenen wunden Punkt berührt und regieren aus dieser traumatisierten Stelle in aller Regel unangemessen und mit wenig Feinsteuerung.

In dem hier vorgestellten Modell kann dieses Phänomen an folgendem Beispiel erläutert werden. Ein Unternehmer, heute auf Stufe 6 (Selbstbestimmende Gestaltung) hat über viele Jahre hinweg ein vielschichtiges Unternehmen aufgebaut. Er führt sein Unternehmen mit hoher Gelassenheit und großem Weitblick. Parallel ist er in verschiedenen Aufsichtsgremien tätig. Als er in einem dieser Aufsichtsgremien vergessen wurde, zu einem zentralen Meeting eingeladen zu werden, reagierte er völlig überraschend für die anderen sehr pikiert und drohte damit, seine Funktion in diesem Gremium nicht mehr auszuüben und zurückzutreten. Er fühlte sich übergangen. Dieses Gefühl des Übergangenwerdens löste in ihm die Reaktion aus, dass er die Stufe 6 verließ und auf ein regrediertes Verhalten der Stufe 2 fiel und von dort aus in eher unangemessener Weise reagierte. Diese Reaktionen sind im Allgemeinen mit starken emotionalen Reaktionen verbunden.

Sie passieren uns in Konflikten oder wenn Stress entsteht, meistens in den unpassendsten Momenten. Sie sind zeitlich begrenzt, d. h. nach einer gewissen Zeit kehren wir wieder in die alte Position zurück. Dieses Phänomen ist gerade in Management- und Führungssituationen sehr oft zu beobachten und in aller Regel von eingeschränkten Reaktionen begleitet, also für viele ein lohnendes Feld der Entwicklung.

Dieses Phänomen ist in den einschlägigen Beschreibungen des Modells der vertikalen Persönlichkeitsentwicklung nicht vertiefend theoretisch dargestellt.

Aber es ist eine zentrale Erkenntnis, die für viele Menschen Erkenntnisse zu Entwicklungsfeldern beinhalten kann und eine zentrale Bedeutung für die Erkennung von Beweggründen für das menschliche Verhalten beinhaltet. Deshalb möchten wir hier etwas ausholen und durch Hinzunahme von anderen Theorien zur Erklärung dieses Phänomens versuchen, dieses zu erläutern (Abrahams und Zweig, 1991).

Eine sehr tiefgehende Darstellung dieses Phänomens menschlichen Verhaltens wurde von Carl Gustav Jung (1980) im Rahmen seiner Typologie aufgezeigt. Nachstehend möchten wir in einem Exkurs diese Begründung darstellen, um im Weiteren dann für das vorliegende Modell weitere Ableitungen aufzuzeigen.

Diese Ausführungen sind verkürzt und entnommen aus Wildenmann: *Die Persönlichkeit des Managers*, 1999.

10.1 Exkurs: Inferiore Funktion und Schattenseite nach Carl Gustav Jung

Dieser Abschnitt ist für die Leser, die sich ausgiebig mit den Hintergründen der Reaktion des Menschen bei subjektiver Überforderung auseinandersetzen wollen. Alle anderen können diesen Abschnitt überspringen und sofort zu den praktischen Ausführungen zu dieser Thematik gehen. In dem angeführten Buch ist überdies der gesamte theoretische Unterbau des Persönlichkeitsmodells nach C. G. Jung dargestellt.

Hier zunächst einige grundsätzliche Anmerkungen zur Entstehungsweise, Dynamik und Beziehung der Typen:

Die Jung'sche Typologie unterscheidet gemäß der zeitlichen Entwicklung zwei Einstellungstypen, den Extravertierten und den Introvertierten, und vier Funktionstypen, den Denktypus, den Fühltypus, den intuitiven Typus und den Empfindungstypus. Siehe hierfür auch Abb. 4.2.

Die Grundlage für die Typenausbildung bildet ein Zitat von Jung: „Der Typus ist eine Einseitigkeit der Entwicklung." (zitiert nach Schlegel, 1984). Die erste „Typisierung" wird schon in der frühesten Kindheit erkennbar, nämlich die Neigung zu einer extravertierten oder introvertierten Einstellung. Die Einseitigkeit der Entwicklung als Grundlage für eine Typisierung verdeutlicht Schlegel anhand dieser Einstellungsweisen. „Der Extravertierte entwickelt nur seine Beziehungen nach außen und vernachlässigt sein Inneres. Seine gute Eingliederung in die Beziehungswelt erkauft er durch eine Unbewusstheit über sein Subjekt bzw. durch Illusionen über sich selber" (Jung, 1958, S. 125). Der Introvertierte hingegen „entwickelt sich nur nach innen und bleibt äußerlich stehen" (Jung, 1960, S. 560). Im Umgang mit anderen kann er, ohne es zu merken, die gröbsten Fehler und Ungeschicklichkeiten begehen (vgl. Schlegel, 1973, S. 29).

Obwohl dem Menschen anlagemäßig beide Einstellungen und alle vier Funktionen (Empfindung, Intuition, Denken, Fühlen) zur Orientierung im Gegenwärtigen zur Verfügung stehen und obwohl der Mensch mit dem Potenzial geboren wird, jede dieser Ausprägungen bis zu einem gewissen Grad zu entwickeln, wird schon sehr früh im Leben deutlich, dass eine präferierte Einstellung vorhanden ist und dass es eine Funktion gibt, zu der wir eine besondere Neigung zeigen. Jung nennt diese Funktion Superior Function oder Hauptfunktion. Bei einigermaßen differenzierten Persönlichkeiten, gleichgültig ob sie extravertiert oder introvertiert eingestellt sind, steht also immer eine der vier Funktionen im Vordergrund, die durch Übung entwickelt wurde und tagtäglich bewusst angewandt wird. Nach Jung wird der Funktionstypus eines Menschen durch diese Hauptfunktion bestimmt.

Es gibt verschiedene Bedingungen, die Einfluss darauf haben, ob sich eine extravertierte oder introvertierte Einstellung, ob sich diese oder jene Funktion besonders entwickelt. Jung sagt, „dass jedem Menschen ein bestimmter Typus von Natur aus gemäß sei" (Schlegel, 1973, S. 29). Es beruht dies einerseits auf Vererbung, andererseits auch auf der Geschlechtszugehörigkeit, da sich Gefühl und Intuition eher – keineswegs aber ausschließlich - mit weiblicher Geschlechtlichkeit verbindet (vgl. Schlegel, 1973). Jacobi fügt hinzu, dass der Einstellungstypus von Geburt an viel eindeutiger bestimmt ist als unser Funktionstypus (vgl. Jacobi, 1971, S. 28). Bei den Funktionen kann diejenige Funktion immer Vordergrund stehen, die z. B. am ehesten zum sozialen Erfolg führt. Durch Anpassung an den Zeitgeist oder durch Nachahmung kann ein unechter Typus entstehen. Extrem eingestellte Erziehungspersonen können einem Kind einen bestimmten Typus aufzwingen, der dann auch die Orientierung des Erwachsenen bestimme (Schlegel, 1973, S. 29/30).

10.2 Die Hauptfunktion

Zur Verdeutlichung: Funktionen im Jung'schen Modell sind,

- Empfindung: Orientierung auf das Praktische, das Konkrete, das Faktische mit dem Ziel der Anwendbarkeit.
- Intuition: Orientierung auf das Abstrakte, das Ganzheitliche, das Konzeptionelle mit dem Ziel der Ausschöpfung von Möglichkeiten.
- Denken: Orientierung auf das Rationale, das Wahre, das Logische mit dem Ziel, das richtige zu entscheiden.
- Fühlen: Orientierung auf die Emotion, das Verständnis mit dem Ziel einer wertorientierten Entscheidung.

Die Funktionen zeigen sich nicht so früh wie die Einstellungen (Introversion und Extraversion). Aus diesen Funktionen entwickeln sich dann die Hauptfunktionen. Schon im Kindergartenalter kann man normalerweise die Entwicklung der Hauptfunktion anhand der Vorlieben für gewisse Beschäftigungen oder anhand des Verhaltens des Kindes anderen gegenüber beobachten.

Kinder wie Erwachsene neigen dazu, häufiger das zu tun, was sie gut können und dasjenige zu vermeiden, was sie nicht können. Unsere Tendenz ist es, die Dinge, die wir nicht so gut können bzw. nicht tun wollen, aufzuschieben oder auf andere zu übertragen. Aber durch dieses natürliche Verhalten verstärkt sich diese Einseitigkeit in der Entwicklung mehr und mehr. Teilweise werden solche sichtbar werdenden Neigungen von der Umwelt erkannt und verstärkt. Ein Kind, das Talent für Musik entwickelt, wird in seiner Begabung unterstützt. Oft hemmen allerdings gesellschaftliche und kulturelle Engpässe oder Vorstellungen die letztendlich konsequente Entwicklung – von Musik kann man nicht leben – es sei denn, der Betreffende hat auch so viel Energie, dass er „seinen Weg macht". Oft kommt noch die Familieneinstellung hinzu: Das Kind „muss später studieren", „soll Arzt werden" oder muss einen praktischen Beruf wählen. Daraus ergibt sich eine Zunahme der Entwicklung der Hauptfunktion und ein langsames Zurückbleiben der anderen Seiten der Persönlichkeit.

Nach Jung ist es erfahrungsgemäß keinem möglich, alle seine psychologischen Funktionen gleichermaßen zur Entwicklung zu bringen. „Schon die sozialen Anforderungen bringen es mit sich, dass der Mensch zunächst jene Funktion am stärksten differenziert, zu welcher er entweder von Natur aus am besten fähig ist oder welche ihm zu seinem sozialen Erfolg das wirksamste Mittel verleiht. Sehr häufig identifiziert man sich auch mehr oder weniger vollständig mit der meist begünstigten und daher am meisten entwickelten Funktion. Daraus entstehen die psychologischen Typen" (Jung, 1973, S. 152).

Die Hauptfunktion ist in erster Linie eine Funktion, mit der wir die Realität erfassen, uns orientieren, anpassen oder verändern. Sie wird durch Übung entwickelt und tagtäglich bewusst angewandt. Sie entwickelt und differenziert sich am stärksten; „sie wird zur dominierenden Anpassungsfunktion, sie gibt der bewussten Einstellung Richtung und Qualität" (vgl. Jacobi, 1971, S. 23 zitiert nach Jacobi, 1971, S. 23) und steht dem bewussten Willen stets zur Verfügung. Sie ist nach Jung „an ihrer Stärke, Unerschütterlichkeit, Konsequenz, Verlässlichkeit und Angepasstheit" zu erkennen und untersteht bewusster Absicht und Kontrolle. Die Hauptfunktion ist die Funktion „mit der größten bewussten Motivkraft" (Jung, 1960, S. 441 ff., zitiert nach Schlegel, 1973, S. 30). Sie ist „Ausdruck der bewussten Persönlichkeit, ihre Absicht, ihr Wille und ihre Leistung" (vgl. Jung, 1960, S. 369, zitiert nach Schlegel, 1973, S. 30). Sie verkörpert unser Ich und unsere Persönlichkeit, denn wir identifizieren uns im Allgemeinen mit der meistbegünstigten und daher am weitesten entwickelten Funktion.

Der psychologische Typus bezeichnet also einen generellen Habitus (eine ständig unveränderte und gewohnheitsmäßige Verhaltensweise), der selbstverständlich innerhalb des Typischen in allen Variationen des Individuellen – je nach sozialem, geistigem oder kulturellem Niveau – erscheinen kann. Sie bildet sozusagen das geistige Gerüst für unseren Verhaltens- und Verarbeitungsmodus, mit dem wir an die jeweiligen Erlebnisinhalte herangehen (vgl. Jacobi, 1971, S. 23).

Trotzdem ist es nicht so, dass die Hauptfunktion ohne weiteres eindeutig zu erkennen ist. Vielmehr müssen die Eltern die Entwicklung eines Kindes genau beobachten und möglichst breite Entwicklungsmöglichkeiten bieten, um das Kind, durch Erziehungsfehler oder was auch immer, nicht in eine falsche Richtung zu locken oder gar zu zwingen.

Wenn also ein mit dominanten Fähigkeiten ausgestatteter Vater seinen eher gefühlsbetonten Sohn als zu „weich" einstuft und ihn „hart" machen möchte, so ist dies ein Erziehungsfehler. Der Druck der Umgebung wird die ursprünglichen Anlagen des Jungen zum Fühltypus behindern. In solch einem Fall wird er nicht gerade zum Denktypus werden, aber er wird möglicherweise die Empfindung oder die Intuition, also eine der Hilfsfunktionen, entwickeln, um so wenigstens relativ besser an seine Umgebung angepasst zu sein. Der Nachteil solch „abgewandelter Typen" ist, dass sie nicht von Anfang an ihre Hauptfunktion richtig entwickeln können; sie bleiben darum immer etwas unter dem Niveau, das sie erreicht hätten, wenn sie nicht von der Umgebung in eine falsche Richtung gezwungen worden wären. Für solche Typen ist es wichtig, zu ihrem ursprünglichen Typus zurückzufinden, gleich einem Fisch, der glücklich in sein Element zurückkehren kann (vgl. v. Franz 1980, S. 11). Die Verfälschung des eigentlichen Typus kann letztendlich dazu führen, dass die betroffene Person neurotisch wird.

10.3 Die Hilfsfunktionen

Zusätzlich zur Hauptfunktion sind wir in der Lage, noch andere Funktionen bis zu einem gewissen Grad zur Ausbildung und Anwendung zu bringen. Diese anderen Seiten der Persönlichkeit werden mehr oder weniger nicht so stark beachtet und gefördert, sodass sie sich weniger stark entwickeln oder gar zurückbleiben. Mit der Zeit finden wir aber heraus, dass wir neben der Hauptfunktion noch Fähigkeiten in zwei anderen Funktionen haben. Diese beiden Funktionen werden ebenfalls, wenn auch begrenzt, entwickelt. Jung nannte diese beiden Funktionen Hilfsfunktionen.

Praktisch bedeutet dies, dass wir neben der Hauptfunktion relativ unproblematisch die Hilfsfunktionen gut entwickeln können, sofern wir nicht durch elterliche Einschärfungen oder durch Erfahrungen daran gehindert werden. Dabei gibt es unter den beiden Hilfsfunktionen auch eine mehr und eine weniger favorisierte Funktion. Die zweite Funktion (also die favorisierte Hilfsfunktion, sie wird auch als Auxiliärfunktion oder sekundäre Funktion bezeichnet) wird von uns neben unserer Hauptfunktion (1. Funktion) am häufigsten benutzt. Sie ist im Gegensatz zur Hauptfunktion nur relativ differenziert und gerichtet. Ist die Hauptfunktion rational, wie in der Abbildung das Denken, dann kann ihr nur eine irrationale Funktion, die Empfindung oder die Intuition, als Hilfsfunktion zur Seite treten. „So kann sich z. B. dem Denken als Hauptfunktion die Empfindung als Hilfsfunktion (Auxiliärfunktion) beigesellen. Daraus ergibt sich ein praktischer Intellekt. Ist das Denken jedoch mit Intuition ‚durchsetzt', dann haben wir es mit einem spekulativen Intellekt zu tun" (Schlegel, 1973, S. 37).

Es ist entscheidend, welche Funktion beim Individuum die zweite Funktion bzw. die favorisierte Hilfsfunktion ist. Sie gibt, wie oben beispielhaft erwähnt, der Hauptfunktion die entsprechende Färbung, während die dritte Funktion dem Durchschnittsmenschen seltener zur Verfügung steht und dementsprechend auch weniger ausgebildet und genutzt werden kann. Die vierte oder inferiore Funktion steht im Gegensatz zu den beiden Hilfsfunktionen unserem bewussten Willen zumeist überhaupt nicht zur Verfügung. Welche Wirkung und Dynamik sie auf unser Verhalten hat und haben kann, wird weiter unten erläutert.

Während die vierte Funktion nie unserer bewussten Absicht unterstellt werden kann, ist es möglich, die dritte Funktion ins Bewusstsein zu heben, da der Gegensatz zwischen den Hilfsfunktionen lange nicht so groß ist wie derjenige zwischen Hauptfunktion und minderwertiger Funktion. „Sie wird aber etwas von ihrer Kontamination mit der minderwertigen Funktion mit sich nehmen und auf diese Art eine gewisse Vermittlung zum Unbewussten bilden. Die vierte Funktion, die völlig mit dem Unbewussten vermischt ist, zieht, sobald die Umstände sie ans Licht des Bewusstseins heben, die Inhalte des Unbewussten ganz mit sich, sie ‚bricht' gleichsam mit ihren undifferenzierten Inhalten ins Bewusstseins Feld ein und führt dadurch zu einer Begegnung und Auseinandersetzung mit diesen und insofern auch zur Möglichkeit einer Synthese zwischen bewussten und unbewussten Inhalten." (Jacobi, 1971, S. 25). Eine Entwicklung oder ein Vertrautmachen mit der inferioren Funktion kann also erst erfolgen, wenn auch die beiden Hilfsfunktionen entwickelt und bewusst sind. Von der Hauptfunktion direkt an die inferiore Funktion gehen zu wollen, wird ein ziemlich sinnloses Unterfangen werden. Dass aber trotz der Annäherung an die inferiore Funktion nie alle vier Funktionen gleich entwickelt und differenziert sein können, bestätigt die folgende Aussage von Jacobi:

„Wenn alle vier Funktionen ins Bewusstsein gehoben werden könnten, dann stünde der ganze Kreis im Licht und wir könnten dann von einem ‚runden', d. h., vollkommenen Menschen sprechen. Dies ist rein theoretisch möglich, aber wegen der in der Praxis auftretenden gegenseitigen Ausschließung der Funktionen kann der Mensch nicht mehrere Grundhaltungen gleichzeitig einnehmen, aber er vermag trotzdem auf dem Wege der Bewusstwerdung sie nacheinander bis zu einem gewissen Grade zu differenzieren und sich dem ‚Rund sein' zumindest anzunähern. Hat man nämlich einmal die Hauptfunktion völlig, sowie auch die Nebenfunktionen in hohem Maße zur Verfügung, und von der vierten, der minderwertigen Funktion, weiß man zumindest, welcher Art sie ist und wann und wie sie sich in den Vordergrund zu drängen vermag, dann kann man z. B. einen Gegenstand zuerst erkennend erfassen, ihn dann mit der Intuition auf seine inneren verborgenen Möglichkeiten 'erspüren', dann mit der Empfindung gleichsam zu umtasten und ihn schließlich noch – wenn das Fühlen die minderwertige Funktion ist – so weit als möglich auf sein Angenehm – oder Unangenehm sein hin bewerten." (Jacobi, 1971, S. 25/26).

Nach Jung ist die vierte Funktion immer „mit dem Mutterboden des Unbewussten verbunden" (Jacobi, 1971, S. 23, zitiert nach Schlegel, 1973, S. 37) und somit ein bewusstes Urteil nicht möglich ist. Dies kann und muss auch nicht Zweck der Entwicklung der vierten Funktion sein. In den meisten Fällen reicht es aus, zu wissen, wo die inferiore Funktion sitzt und wie sie sich äußert. Dadurch kann jeder, der sich selbst entwickeln will und sich nicht hinter den „handelsüblichen" Floskeln – „so bin ich nun mal" oder „das mache ich mein ganzes Leben lang so" – versteckt, erkennen, wann die inferiore Funktion durchbricht und entsprechend reagieren. Dies wird schon schwierig genug sein, weil bei einer Entwicklung zuerst die eigenen persönlichen Schwächen zugegeben werden müssen.

In der Dynamik der Funktionen stellt Jung der Gruppierung Hauptfunktion und erste Hilfsfunktion eine „unbewusste Funktionsgruppierung" gegenüber. Dabei verbindet sich im Unbewussten die der Hauptfunktion entgegengesetzte minderwertige, also vierte Funktion mit einer weiteren, „weniger gehemmten" Funktion (dritte Funktion). Bei einem Denktypus, dem die Empfindung als Hilfsfunktion dient, würde sich im Unbewussten eine Gegenposition durch das inferiore Fühlen und die Intuition als dritte Funktion bilden, wobei das Fühlen „von einer relativ stärkeren Hemmung betroffen wäre als die Intuition" (Jung, 1960, S. 440, zitiert nach Schlegel, 1973, S. 38).

Auch diese Anschauung erschwert das Ziel, eine möglichst ‚runde' Persönlichkeit zu werden, denn es ist von der Voraussetzung her sicherlich einfacher, nur von der inferioren Funktion als gänzlich unbewusst auszugehen, nicht aber auch noch von der dritten Funktion. Die Entwicklung soll ja dahingehen, die drei Funktionen nach Möglichkeit auszubilden und bewusst zu machen und von der Existenz der vierten im mindesten zu wissen. Die unbewusste Funktionsgruppierung ist aber sicherlich dann zutreffend, wenn eine Beschränkung auf das Alter festgelegt wird. Es hat sich herausgestellt, dass die Hauptfunktion bis zur Volljährigkeit gefestigt und etabliert sein sollte. d. h., erst wenn dieser Abschnitt abgeschlossen ist, kann mit der bewussten Entwicklung zuerst der ersten und später der zweiten Hilfsfunktion begonnen werden. Bis dahin ist es sicherlich richtig, die zweite Hilfsfunktion eher dem unbewussten Teil unserer Persönlichkeit zuzurechnen.

In Wirklichkeit ist es nun so, dass die vier Funktionstypen mit der Vorherrschaft der jeweiligen Hauptfunktion nie in dieser theoretisch reinen Form vorkommen. Sie sind im Leben mehr oder weniger als Mischtypen anzutreffen, da sich im Laufe des Lebens auch die Hilfsfunktionen entwickeln, und dadurch eine Vermischung mit der Hauptfunktion stattfindet.

10.4 Die minderwertige Funktion

Ich habe schon die Problematik der unbewussten inferioren Funktion gestreift und die Möglichkeit einer Entwicklung dieser Funktion angedeutet. Um eine Entwicklung angehen zu können, möchte ich meinen bisherigen Ausführungen eine Charakterisierung der inferioren Funktion in ihrem allgemeinen Verhalten und ihrer Wirkungsweise anschließen. Schlegel hat in seinem Grundriss der Tiefenpsychologie die Aspekte der inferioren Funktion, wie sie verstreut in Jungs Werken auftauchen, zusammengefasst und darauf werde ich mich im Folgenden beziehen.

Die inferiore Funktion ist nach Jung undifferenziert. Mit diesem Begriff verbinden sich Eigenschaften wie primitiv oder gleichbedeutend, archaisch, denn die Undifferenziertheit zeichnet die Mentalität des Primitiven oder Wilden aus. Aus demselben Grund wird sie von Jung auch als infantil, unentwickelt oder rückständig bezeichnet (vgl. Schlegel, 1973, S. 32). Sie kann für sich allein nicht auftreten und sie kann für sich allein nicht bestehen, da sie mit anderen Funktionen verschmolzen ist.

Ein anderer Aspekt der inferioren Funktion, der mit ihrer Unangepasstheit und Primitivität verbunden werden kann, ist ihre Empfindlichkeit und Tyrannei. Die meisten Menschen werden, wenn ihre minderwertige Funktion angesprochen wird, außerordentlich kindisch. Sie können die kleinste Kritik nicht ertragen, fühlen sich immer angegriffen und reagieren unangemessen. Sie tyrannisieren ihre Umgebung förmlich mit ihrer Empfindlichkeit, weil ja jede Empfindlichkeit eine geheime Form der Tyrannei ist. Der Grund hierfür liegt darin, weil die minderwertige Funktion nicht entwickelt wurde und so auf dem infantilen Stadium stehenblieb (vgl. v. Franz 1980, S. 17/18).

Die inferiore Funktion und der wunde Punkt eines Menschen sind also genau dasselbe. Und jeder Mensch hat diese Funktion unterschiedlich in Ausprägung und Dynamik. Darum werden wir oft von Handlungen ganz launischer, primitiver und triebhafter Art auch bei Menschen überrascht, die sonst ganz anders und ausgeglichen sind, und zu deren uns bekannten Wesen diese gar nicht zu passen scheinen (Jacobi, 1971, S. 26). Nach Jung bildet die minderwertige Funktion „die Achillesferse auch des heroischsten Bewusstseins. Irgendwo ist der Starke schwach, der Gescheite dumm, der Gute schlecht" (Jacobi, 1971, S. 23, zitiert nach Schlegel, 1973, S. 33).

Die inferiore Funktion ist auch spontan und autonom. Sie „passiert einem" (Jung, 1960, S. 369), denn sie richtet sich nicht nach bewussten, sondern nach unbewussten Zielen. Mit Jungs Worten: „Nicht man hat es in der Hand, sondern es hat einen." Sie wirkt autonom aus dem Unbewussten (Jacobi, 1971, S. 26) und ist somit, im Gegensatz zur Hauptfunktion, in weit geringerem Maße der bewussten Kontrolle zugänglich. Sie ist launenhaft-empfindlich, unzuverlässig im Gebrauch, unberechenbar im Auftreten und Verschwinden. Deshalb gehört zum allgemeinen Bild der inferioren Funktion die Tatsache, dass die Reaktion langsam, oft zeitverzogen ist, im Gegensatz zur superioren Funktion, deren Reaktionen viel schneller und besser angepasst kommen (vgl. v. Franz, 1980, S. 16). Sie kann sich allenfalls den Absichten des Bewusstseins entgegenstellen, sich umgekehrt aber auch, und zwar dann, wenn ihr Erscheinen erwünscht wäre, hartnäckig verbergen.

Die inferiore Funktion ist mangelhaft angepasst. Sie kann Anlass sein, dass eine bestimmte Lebenssituation verkannt wird, was unangemessenes Verhalten zur Folge hat, dass zudem oft schematisch und angelernt, mangelhaft individualisiert und nuanciert anmutet (vgl. Schlegel, 1973, S. 31 f.).

Viele Menschen haben indessen keine Vorstellung, wo ihre minderwertige Funktion wirklich ist. Oft haben z. B. Denktypen keine Ahnung, ob sie Gefühle haben und welcher Art sie sind. Wenn beispielsweise ein Intuitiver einen Bauernschrank zimmern will, wird dies ein ziemlich mühseliges Unterfangen. Man kann auch die inferiore Funktion nicht erziehen oder wegtrainieren. Erst die (zeit-)intensive Beschäftigung mit dieser Funktion gibt die Möglichkeit, sie kennenzulernen. Auch die Überbetonung der einen Funktion hat negative Folgen. So wird beispielsweise bei einem Menschen, der nur seinen Intellekt benutzt, das Fühlen, je mehr es verdrängt wird, nicht verschwinden, sondern von allein zum Ausgleich drängen und dann natürlich in seiner minderwertigsten Form in Erscheinung treten.

Ausgelöst wird die minderwertige Funktion auf mannigfaltige Weise. Sei es, dass der Bereich des individuellen Komplexes berührt wird (sich nicht genügend beachtet fühlen, sich übergangen fühlen, nicht sein zu dürfen usw.) oder, dass eine körperliche oder geistige Ermüdung vorliegt. Auch durch Alkoholgenuss kann eine solche Reaktion hervorgerufen werden, da dann die eingrenzenden Schranken aufgelöst sind. Die Angst vor Überlastung oder Stress kann ebenfalls zur Auslösung der minderwertigen Funktion führen.

Ein Beispiel von von Franz schildert den oben genannten Sachverhalt, im Besonderen die auslösenden Ursachen für die minderwertige Funktion: „Ich war einmal mit einem Mann, einem intuitiven Typus, im Auto unterwegs. Wir wollten spät abends nach Hause fahren und er vergaß, die Zündung anzustellen. Er versuchte immer und immer wieder den Wagen anzukurbeln, aber es ging einfach nicht. Ich wagte höflich zu fragen, ob er die Zündung angestellt habe. „Natürlich" antwortete er, aber in einem so affektgeladenen Ton, dass ich nicht wagte, mehr zu sagen. Seine inferiore Empfindung war getroffen. So saßen wir eine halbe Stunde und ich war sicher, dass die ganzen Schwierigkeiten nur daher stammten, dass ich nicht wusste, wie ich es ihm sagen sollte und wie ich um den wunden Punkt herumkommen konnte. Es war eine Frage seines Prestiges. Ich muss anfügen, dass viel Alkohol zu diesem Abaissement [Herabsetzung, Erniedrigung] beitrug, dass die Affekte hoch explosiv machte" (v. Franz 1980, S. 20).

Diese Charakterisierung zeigt, dass die inferiore Funktion den Teil unserer Persönlichkeit darstellt, mit dem wir eigentlich nichts zu tun haben wollen. Sie repräsentiert den verachteten Teil, aber auch den Teil, der die Verbindung zum Unbewussten aufbaut. Die inferiore Funktion zu erkennen und an ihr zu arbeiten, ist darum eine wesentliche Möglichkeit, sich selbst zu entwickeln, denn aus ihr kommen, wie oben aufgezeigt, sämtliche unkontrollierten destruktiven Reaktionen. Dies macht die Entwicklung gerade so schwierig. Die Langsamkeit der inferioren Funktion ist z. B. einer der Gründe, warum die Menschen nicht gerne anfangen, an ihrer minderwertigen Seite zu arbeiten. Der Entwicklungsprozess kann nur in sehr begrenztem Ausmaß beschleunigt werden, was aber seinen guten Grund hat. Wenn man an den Wendepunkt des Lebens, an die Probleme des Alterns und der inneren Wandlung denkt, dann ist dieses Verlangsamen des Lebensprozesses durch das Hereinbringen der inferioren Funktion genau das, was man braucht. Darum sollte die Langsamkeit nicht mit Ungeduld und dem Versuch, die inferiore Funktion zu erziehen, behandelt werden; man sollte eher die Tatsache akzeptieren, dass man auf diesem Gebiet Zeit investieren muss. Nur so kann das Unbewusste sichtbar gemacht werden.

Versucht man jedoch dieses Stadium zu überspringen, bedeutet dies, dass man die vierte Funktion verdrängt und sie durch eine Art künstlichen Mechanismus ersetzt. Im Leben zählen die Schwächen des einzelnen und seine Inferiorität nicht, was zur Folge hat, dass Menschen Überdeckungsreaktionen bilden. Weil diese nicht ihre wirklichen Reaktionen sind, entleihen sie sie einfach vom Kollektiv. Ein Fühltypus, der denken soll, liebt es, nichtssagende Redensarten, Phrasen oder Gedanken, die nicht seine eigenen sind, zu verwenden. Er muss im Moment denken, aber seine eigenen Gedanken sind nicht auf dem Niveau, auf dem sie ausgedrückt werden können. Darum machen Fühltypen ein paar allgemeingültige Aussagen, oder benutzen Material, das sie auswendig gelernt haben. Das gleiche gilt für

Denktypen, die die Gewohnheit annehmen, liebenswürdige, aber konventionelle Gefühle hervorzubringen. Sie schicken beispielsweise Blumen, bringen Schokolade mit oder machen ein paar sehr konventionelle Gefühlsbemerkungen. Denktypen sind nicht in der Lage, ihre Gefühle adäquat zum Ausdruck zu bringen. So kann es beispielsweise geschehen, dass er weint, wenn er vernimmt, der Ehemann einer Freundin sei gestorben. Wenn er aber die Witwe trifft, wird nicht ein echtes Wort des Beileides aus ihm herauskommen. Denktypen verhalten sich nicht nur kühl, sie fühlen wirklich nichts! Sie hatten zwar alle Gefühle vorher zu Hause, aber jetzt im geeigneten Augenblick können sie nichts aus sich herauskriegen (vgl. v. Franz, 1980).

Dem Denktypus wird deshalb fälschlicherweise unterstellt, er habe keine Gefühle. Er hat zwar Gefühle, doch vermag er nicht, diese situationsadäquat zum Ausdruck zu bringen.

Ebenso ist es ein Trugschluss zu glauben, Fühltypen könnten nicht denken. Ihr Problem besteht darin, diese Fähigkeit situationsadäquat einzusetzen. Man denke beispielsweise an eine Examenssituation, bei der plötzlich das Denkvermögen wie blockiert erscheint.

Man darf sich nicht von solchen angepassten Reaktionen täuschen lassen, wenn man versucht, mit anderen Menschen Kontakt zu bekommen. Diese Verhüllungsreaktion lässt sich immer an der Tatsache erkennen, dass sie unpersönlich, banal und sehr kollektiv wirken. Sie haben keine persönlich überzeugenden Eigenschaften an sich.

Die Gegensätzlichkeit von Hauptfunktion und inferiorer Funktion verdichtet sich in der Regel erst in der zweiten Lebenshälfte zum Konflikt und kündigt damit eine Veränderung in diesem Lebensabschnitt an. Oft sind es dann gerade die nach außen orientierten Menschen, die, wenn sie die Vierzig überschritten haben, sich nach dem Sinn des Lebens fragen und sehr kritisch bilanzieren, was sie bisher erreicht haben. Plötzlich sehen sie, dass sie zwar beruflich viel erreicht haben, dass aber die Ehe oder die Beziehung zu den Kindern zerstört ist. Sie verändern ihre Wertstruktur (vgl. Jacobi, 1971, S. 30).

Ein Grund hierfür besteht darin, dass die Hauptfunktion degeneriert wie ein altes Auto, das verbraucht und abgenutzt ist, und dass sich das Ich langweilt, da ja alles, was man gut kann, langweilig wird. Wird diese Erscheinung richtig verstanden, so muss sie als Anzeichen und Mahnruf dafür aufgefasst werden, dass die minderwertige Funktion nun auch ihr Recht fordert und eine Auseinandersetzung mit ihr notwendig wird. Das Problem dabei wird sein, dass die inferiore Funktion nicht isoliert auftritt, sondern versucht, in den Bereich der superioren einzudringen und ihr dadurch einen unangepassten neurotischen Dreh zu geben. Eine solche Verfälschung ist z. B. bei einem Empfindungstypus daran zu erkennen, dass durch die starke Einwirkung der inferioren Intuition die betreffende Person nur die negativen und dunklen Möglichkeiten der Zukunft ins Auge fasst.

von Franz (1980) zeigt dies an folgendem Beispiel: Empfindungstypen, ob introvertiert oder extravertiert, haben im Allgemeinen eine recht gute Beziehung zum Geld, d. h., sie sind nicht verschwenderisch. V. Franz berichtet nun von einem sehr bodenständigen, realistischen, introvertierten Empfindungstypus, der seine

10.4 Die minderwertige Funktion

Hauptfunktion, also seine Empfindung dermaßen überanstrengt hat, dass er unheimlich geizig wurde und sich im Leben überhaupt nicht mehr zurechtfand. Er sah in seinem Leben nur noch dunkle Möglichkeiten, die eintreten könnten und für die er dann sein Geld brauchen würde. Diese negative inferiore Intuition verstärkte die Empfindung in die falsche Richtung und machte ihn geizig. Das Leben konnte nicht länger fließen, da alles verfälscht wurde durch den Einfluss der inferioren Funktion.

Um diesen zu vermeiden, ist es wichtig, seinen eigenen Typus die Regungen des Unterbewusstseins richtig einzuschätzen. Probleme, den eigenen Typus zu bestimmen, kann es dann geben, wenn das Individuum schon das Stadium erreicht hat, in dem es von seiner Hauptfunktion gelangweilt ist. Diese Personen versichern dann mit absoluter Ernsthaftigkeit, dass sie zum Gegensatztypus gehören. Dies resultiert aus der Tatsache, dass die minderwertige Funktion subjektiver und darum als die wirklichere, wichtigere und echtere Einstellung empfunden wird. Im Bereich der inferioren Funktion ist man überwältigt, ist man überglücklich, hat man sein größtes Problem, ist man dauernd beeindruckt von Sachen, sodass die Lebensintensität dort viel größer ist, insbesondere wenn die Hauptfunktion schon degeneriert ist.

Dies zeigt sich auch darin, dass mit den Prozessen der inferioren Funktion eine ungeheure emotionelle Energie verbunden ist. Positiv daran ist, dass hier eine große Lebenskonzentration besteht, denn sobald die Hauptfunktion ausgelaugt ist, kann es dem Individuum gelingen, sich seiner minderwertigen Funktion zuzuwenden und sie als ein neues Lebenspotential zu entdecken. Es entsteht eine enorme Spannung, und die Welt wird durch die inferiore Funktion neu entdeckt. Aber nach wie vor wird ihr großer Nachteil sein, dass sie diesen unangepassten Aspekt hat. Die inferiore Funktion bringt deshalb nur dann eine Erneuerung des Lebens, wenn man ihr erlaubt, in ihrem eigenen Bereich heraufzukommen. Hier kann jetzt genau der gegenteilige Mechanismus erkennbar werden, dass nämlich die Hauptfunktion immer versuchen wird, die minderwertige Funktion zu überdecken oder zu beeinflussen. Ein Beispiel soll diesen Zusammenhang klarmachen: ein intuitiver Typus kommt in eine Situation, in der er seine minderwertige Empfindung nutzen sollte. Er hat die Idee, Steine zu schneiden oder mit Ton zu arbeiten. Wie v. Franz (1980) schreibt, kann diese Art der Beschäftigung häufig der minderwertigen Empfindung des Intuitiven helfen, herauszukommen, da dadurch eine Beziehung zu Konkretem bzw. zur Materie hergestellt werden kann. Der Intuitive wird vielleicht etwas in Ton modellieren und in sich einen Fortschritt erleben, aber sofort wird die Intuition kommen und sagen: „Das ist es, was man in allen Schulen einführen sollte…". Und schon sieht der Intuitive in allen Möglichkeiten des Tonmodellierens, was man damit in der Erziehung der Menschheit tun könnte. Er ist wieder in seinem Element, indem er die ganze Welt miteinbringt. Aber das Einzige, was er nicht bedenkt, ist, dass er eine weitere Figur modellieren könnte. Die Hauptfunktion brilliert wieder. Nachdem er seine erfrischende Berührung mit der Erde hatte, verschwindet er wieder in die Lüfte. Das gleiche passiert mit dem Fühltypus, der, wenn er in die Ecke getrieben wird, manchmal ein paar Gedanken hervorbringt. Er macht eine Reihe von Bewertungen, erfasst aber das Denken nicht als Prozess und versucht auch nicht mit diesem Prozess fortzufahren. Auf diese Weise versucht die Hauptfunktion die minderwertige in den Griff zu bekommen und sie zu „organisieren".

Die Frage stellt sich nun, wie die inferiore Funktion assimiliert werden kann, also wie sie in geeigneter Weise an die bewusste Struktur angepasst und angeglichen werden kann. Eine Möglichkeit mit der minderwertigen Funktion umzugehen ist, sie zu leben, d. h., diesen Teil nicht zu verdrängen, wenn er sich meldet, sich auszudrücken und sich zu fragen: was bräuchte ich jetzt, was fehlt mir? Grundsätzlich aber ist es ein Fehler zu denken, die inferiore Funktion könnte auf das Niveau der anderen angehoben werden. „Es ist völlig unmöglich, die inferiore Funktion heraufzuziehen, und alle Versuche, sie zum Beispiel zu beschleunigen oder sie dazu zu erziehen, im richtigen Moment heraufzukommen, müssen scheitern." (v. Franz 1980, S. 29). Die Lösung des Problems liegt darin, sich mit den anderen Funktionen der inferioren anzunähern, auf ein niedrigeres Niveau zu gehen, wodurch eine völlig verschiedene Einstellung zum Leben entsteht, in der alle Funktionen benutzt werden und keine die ganze Zeit über dominiert. Dies scheint dann genau die Lösung zu sein, wenn die Hauptfunktion langweilt und man das bisherige Leben kritisch betrachtet und nach neuen Visionen und Aussichten sucht.

Da die minderwertige Funktion quasi den Gegensatz zur Hauptfunktion darstellt, schließen sie sich gegenseitig aus. Bei der Entwicklung der Persönlichkeit ist es daher sinnvoll, sich erst der Hilfsfunktionen zuzuwenden und an ihnen zu arbeiten und erst dann zur inferioren Funktion überzugehen. Bei der Analyse eines Denktypus kann man nicht direkt auf die Fühlfunktion zugehen. Es ist wichtig, dass die anderen Funktionen zuerst bis zu einem gewissen Grad assimiliert sind. Ein Fehler dagegen wäre es, dieses Übergangsstadium zu vergessen. Wenn ein Denktypus eine Entscheidung zu treffen hat, die seine Gefühlsseite betrifft, so ist es von Vorteil, wenn er schon die Empfindung entwickelt hat, die einen gewissen Realitätssinn impliziert, und die Intuition miteinbezieht, die die Fähigkeit hat, „den Braten zu riechen".

V. Franz vergleicht die minderwertige Funktion mit einem dressierbaren Pferd. Man kann sie nie regieren und dazu bringen, zu handeln, wie man es wünscht. Aber wenn man klug genug ist und bereit, in vielem nachzugeben, kann man sich vielleicht mit ihr arrangieren, sodass sie einen nicht abwirft. Sie wird uns manchmal abwerfen, aber nicht im falschen Moment (vgl. v. Franz 1980, S. 15–32).

10.5 Der Schatten oder die Schattenseite unserer Persönlichkeit

Das kompensatorische Verhältnis zwischen bewusster und unbewusster Seite (Gegentypus) fasst Jung als Konflikt zwischen Tugend und Untugend auf. Dabei beruht seiner Ansicht nach die eigentliche Existenz der sicherlich von der Kultur abhängigen Tugenden auf „einem Sieg über das Gegenteil, nämlich über das entsprechende Laster. Ohne das entsprechende Gegenstück wäre die Tugend blass,

10.5 Der Schatten oder die Schattenseite unserer Persönlichkeit

unwirksam und unwirklich" (Jung 1968, S. 270). Die Tugend ist also nur darum vorhanden, weil sich im Unbewussten die Gegenstücke unserer bewussten Tugenden ansammeln und einen Vergleich zulassen.

Da sich kein Mensch die Untugend oder das Laster gerne eingesteht, werden diese „ungeliebten" Seiten aus dem Bewusstsein verdrängt und isoliert. Bei den verdrängten Untugenden handelt es sich um das, was weniger gut und anders ist, als wir selbst uns zu sein einbilden oder das, was wir gerne sein wollen, uns aber aus irgendwelchen Gründen nicht zugestehen möchten. Es sind versteckte und unvorteilhafte Eigenschaften, deren Existenz peinlich und bedauerlich ist, um minderwertige und verwerfliche Schwächen, um dunkle Charakterzüge, um den negativen Teil der Persönlichkeit, der aber letztlich auch zur Persönlichkeit gehört.

Jung bezeichnet die Gegenstücke unserer bewussten Tugenden, die im Unbewussten sind, gesamthaft als **Schatten.** Der Schatten stellt somit eine negative oder inferiore Persönlichkeit dar, er verkörpert den „primitiven und inferioren Mensch" (Jung, 1963, S. 83) in uns, er ist der „unheimliche, schreckliche" Bruder und er ist unser „Gegenstück, das alles enthält, was wir allzu gerne unter den Tisch verschwinden lassen" (Jung, 1973, S. 55). Das Minderwertige und selbst das Verwerfliche gehört nun aber auch zum Menschen und gibt ihm Wesenheit, wie der Schatten der körperlichen Gestalt Wesenheit verleiht. Ohne Schatten wäre ja der Mensch nicht dreidimensional, sondern flach und wesenlos. „Jedermann ist gefolgt von seinem Schatten"(Jung, 1963, S. 83), sowohl körperlich wie psychologisch. Das heißt, jeder Mensch hat einen Schatten und derjenige, der glaubt, keinen zu haben, der hat erst recht einen!

Um den Schatten genauer zu charakterisieren, spricht Jung von den „Gesetzen und Regeln des bewussten Lebens" (Jung, 1963, S. 215), von denen sich die Ich-Persönlichkeit bestimmen lässt, und setzt diese weitgehend den überlieferten Kulturforderungen gleich (Jung, 1963, S. 85). Diesen Forderungen gerecht zu werden und zu entsprechen, bedeutet in der Gesellschaft zweckmäßige Anpassung und bringt Vorteile, selbst dann, wenn ein Verstoß dagegen zu einer Belebung und Verschönerung der menschlichen Existenz führen könnte. Der Schatten dagegen repräsentiert nun genau die Gesichtspunkte, die diesen Kulturforderungen oder gesellschaftlichen Ansprüchen nicht entsprechen, nämlich nach allgemeinster Umschreibung alle jene Wesensseiten, Tendenzen, Impulse, Reaktionen, Wünsche und Wahrnehmungen, die den Gesetzen und Regeln des bewussten Lebens zuwiderlaufen. Dazu gehört alles, was allgemein als unmoralisch verurteilt wird, was unästhetisch anmutet und vor allem auch das, was als antisozial und verbrecherisch gilt. Zum Schatten zählen weiterhin primitive Begehrlichkeit und Triebhaftigkeit.

Der Schatten ist, wie beschrieben, „in der Regel etwas Niedriges, Primitives, Unangepasstes und Missliches, trotzdem dürfe er aber nicht nur als böse beurteilt werden. Das Böse könne nämlich auf einer gewissen Stufe der Erfahrung und Erkenntnis als Verdrehung, Verkrüppelung, Missdeutung und missbräuchliche Verwendung an sich natürlicher Tatsachen aufgefasst werden. Es könne sogar als die Quelle des Besten erscheinen" (Jung, 1963, S. 261). Auch kindische Eigenschaften, gesunde und normale Instinkte, zweckmäßige Reaktionen, wirklichkeitsgetreue Wahrnehmungen, schöpferische Impulse und anderes mehr können schließlich nach Jung zum Schatten gehören.

Wie bei der inferioren Funktion wird der Schatten, dessen sich der Mensch nicht bewusst ist, auf andere projiziert. Eine solche Projektion findet dann statt, wenn wir denken, „dass gewisse Leute alle jenen schlechten Eigenschaften haben, die wir in uns selbst nicht finden, oder dass sie all jene Laster haben, die natürlich niemals unsere eigenen sein könnten. Wir müssen immer noch äußerst vorsichtig sein, um nicht unseren Schatten allzu schamlos zu projizieren und sind immer noch überschwemmt von projizierten Illusionen" (Jung, 1963, S. 91). Die Projektion ist auch hier die unbewusste Identifikation eines eigenen unerkannten Persönlichkeitsanteiles mit einem anderen Menschen. Der Schatten ist dann eine verdrängte eigene Wesensseite, die in einem anderen verkörpert (projiziert) erlebt werden kann und als unmoralisch und verwerflich beurteilt wird.

10.6 Die Konfrontation mit dem Schatten und seine Realisierung

„Der Schatten kommt in Träumen als gleichgeschlechtlich personifiziert zur Erscheinung" (Schlegel, 1973, S. 76). Wenn jemand seinen Schatten in seinen Träumen verkörpert sieht, so zeigt sich dieser als eine unbekannte Person, die das gleiche Geschlecht trägt wie der Träumende selbst, aber Eigenschaften besitzt, die in völligem Gegensatz zu dem stehen, was der Träumende in seinem Bewusstsein für sich in Anspruch nimmt und als Wert schätzt. Der Schatten macht sich also im Traum bemerkbar und offenbart die einseitige und zu positive Ansicht, die die betreffende Person von sich selbst hat, damit es im Bewusstsein zu einer gesünderen Balance kommt. Jung nennt dazu zwei Traumbeispiele: „Der eine träumte von einem betrunkenen Vagabunden, der im Straßengraben lag, der andere von einer betrunkenen Prostituierten, die sich in der Gosse wälzte. Ersterer war ein Theologe, letzterer eine distinguierte Dame der großen Gesellschaft, beide empört und entsetzt und durchaus nicht gewillt zuzugeben, dass man von und aus sich selber träumte. Der andere, von dem wir träumen, ist nicht unser Freund und Nachbar, sondern der andere in uns, von dem wir vorzugsweise sagen: ‚Herr, ich danke dir, dass ich nicht bin wie dieser da'" (Jung, 1973, S. 60).

Diese Beispiele zeigen, dass der Schatten mit zur Persönlichkeit des Individuums gehört und die Konfrontation mit dem Schatten deshalb unvermeidlich ist. Es ist nicht damit getan, die schlechten Seiten immer nur unseren Mitmenschen zuzuschreiben bzw. auf diese zu projizieren, weil sich eine solche Haltung auf Dauer nicht durchhalten lässt und die Verdrängung des Schattens oft nur zeitweise gelingt. In einem Augenblick der Unachtsamkeit bricht die Schattenseite dann unvermittelt hervor und eine unbegreifliche Reiberei mit einem nahestehenden Menschen beispielsweise, kann uns mit dem Problem des Schattens konfrontieren. Diese Konfrontation zwingt schließlich zur Realisierung, Integration oder Bewusstwerdung des Schattens. Schlegel schreibt, dass dies gleichbedeutend ist mit der Aufhebung des persönlichen Unbewussten und damit der Erweiterung der Persönlichkeit. Gemeint ist damit wahrscheinlich nicht, dass die Inhalte des persönlichen Unbewussten auf einen Schlag verschwunden sind, sondern dass

10.6 Die Konfrontation mit dem Schatten und seine Realisierung

diese Inhalte bewusster angenommen und akzeptiert werden und somit nicht mehr als versteckte und unbekannte Inhalte aus dem Unbewussten unvermittelt und völlig überraschend hervorbrechen können. Das Individuum ist durch die Annahme dieser Inhalte besser auf Situationen vorbereitet, in denen die minderwertige Seite angesprochen wird und kann dementsprechend angemessener reagieren. Die Erweiterung der Persönlichkeit erfolgt dabei logischerweise dadurch, dass jetzt auch Inhalte des Unbewussten zur Verfügung stehen, die vorher nicht akzeptiert und verbannt wurden. „Bei der Realisierung des Schattens handelt es sich [also] darum, ihn zu sehen und das Wissen seiner Existenz bewusst zu ertragen, sowie ihn als lebendigen Teil der Persönlichkeit mit Leben zu lassen" (Schlegel, 1973, S. 77). Entspricht der Schatten der Triebhaftigkeit, dann bedeutet seine Realisierung ein Ja zum Trieb und seiner Dynamik.

Trotzdem muss bei der tatsächlichen Realisierung ein Widerstand überwunden werden, der aus Eitelkeit, Einbildung und Ressentiment besteht. Die Konfrontation mit dem Schatten kann erschütternd sein. „Die Begegnung mit sich selbst gehört zu den unangenehmeren Dingen, denen man entgeht, solange man alles Negative auf die Umgebung projizieren kann" (Jung, 1963, S. 27). „Der Schatten ist ein moralisches Problem, handelt es sich bei dieser Realisierung doch darum, die dunklen Aspekte der Persönlichkeit als wirklich vorhanden anzuerkennen" (Jung, 1963, S. 22 f.). Unechtheit, Unehrlichkeit, Nicht-sehen-wollen dagegen, verhindert die wirkliche Konfrontation mit dem Schatten. „Dabei wäre es doch so, dass im Maße der Bewusstwerdung auch das Gute und Positive ans Licht treten würde" (Jung, 1963, S. 680).

Der Konflikt, der durch die Realisierung des Schattens entsteht, muss aber bewusst ausgehalten werden. Denn wer seinen Schatten realisiert „ist sich selbst eine ernste Aufgabe geworden, da er jetzt nicht mehr sagen kann, dass die anderen dies oder jenes tun, und dass man gegen sie ankämpfen muss". Er muss seine Projektionen zurückziehen, was insofern über die Beziehung zu einem Gegenüber geht. Er weiß, „dass, was immer in der Welt verkehrt ist, auch in ihm selber ist, und wenn er nur lernt, mit seinem eigenen Schatten fertig zu werden, dann hat er etwas Wirkliches für die Welt getan" (Jung, 1963, S. 91). „Nur wer die Schattenseite seiner eigenen Natur akzeptiert und sie bewusst annimmt, wird sein Schattenproblem lösen können und lernen, seine Mitmenschen zu verstehen und zu lieben" (Jung, 1973, S. 290).

Wird die andere Wesensseite und die Dringlichkeit des Schattenproblems nicht gesehen, so kommt es zu neurotischen Symptomen. Das neurotische Symptom ist nämlich ein indirekter Ausdruck für nicht anerkannte Wünsche, die, wenn sie bewusst werden, in heftigen Widerstreit zu den moralischen Anschauungen geraten würden. Je weniger der Schatten im bewussten Leben verkörpert wird, umso schwärzer und dichter ist er. „Wenn es zu einer Neurose (Abspaltung eines Komplexes) kommt, haben wir es immer mit einem erheblich verstärkten Schatten zu tun" (Jung, 1963, S. 83).

„Der Schatten ist ein lebendiger Teil der Persönlichkeit und will darum miterleben. Man kann ihn nicht wegbeweisen oder in Harmlosigkeit umvernünfteln" (Jung, 1963, S. 27 ff.). Seine Integration kann „nur erfolgen und zu einem nützlichen Ende durchgeführt werden, wenn man die damit verbundenen Tendenzen in gewissem Sinn und Maß und mit der nötigen Kritik anerkennt und deren Verwirklichung ermöglicht" (Jung, 1963, S. 215 f.). Bewusste Persönlichkeit und Schatten müssen schließlich zusammenleben; was bedeutet, dass die Gegensätze zwischen moralischem Selbst und Schatten zu versöhnen sind.

Literatur

Abrahams, J., & Zweig, C. (1991). *Meeting the shadow*. Penguin Putnam Inc.
Franz von, M.-L., & Hillmann, J. (1980). *Zur Typologie C. G. Jungs, Schriftenreihe des C. G. Jung-Institut, Die inferiore und die Fühlfunktion*. Adolf Bonz Verlag GmbH.
Jacobi, J. (1971). *Die Psychologie von C. G. Jung, eine Einführung in das Gesamtwerk, mit einem Begleitwort von C.G. Jung*. Walter.
Jung, C. G. (1958). *Praxis der Psychotherapie*. Rascher.
Jung, C. G. (1960). *Psychologische Typen*. Rascher.
Jung, C. G. (1963). *Zur Psychologie westlicher und östlicher Religion*. Rascher.
Jung, C. G., von Franz, M.-L., von Henderson, J. L., Jacobi, J., & Jaffe, A. (1968). *Der Mensch und seine Symbole*. Walter Verlag AG.
Jung, C. G. (1973). Über die Psychologie des Unbewußten, 1942. In L. Schlegel (Hrsg), *Leonhard: Grundriß der Tiefenpsychologie*. A. Franke Verlag GmbH.
Jung, C. G. (1980). *Typologie* (4. Aufl.). Walter-Verlag AG.
Schlegel, L. (1973). *Grundrisse der Tiefenpsychologie*. UTB Franke.
Schlegel, L. (1984). *Die transaktionale Analyse*. UTB Franke.
Wildenmann, B. (1999). *Die Persönlichkeit des Managers*. Hogrefe.

Die Dynamik der inferioren Funktion im Kontext der vertikalen Persönlichkeit

11

Wenn wir uns die 8 Stufen der Entwicklung nochmals verdeutlichen, verknüpft mit der Tendenz, zeitlich unter bestimmten Bedingungen auf eine tiefere Stufe zurückzufallen, zeigt sich folgendes Bild (Abb. 11.1).

Wie im vorherigen Kapitel dargestellt, neigen wir Menschen dazu, wenn wir einer Situation nicht mehr adäquat entsprechen können, in unserer Persönlichkeit zu kippen oder aus einer differenzierten bewussten Position auf eine eher undifferenzierte Position zu fallen.

So kann es sein, dass eine Person sich über weite Zeiten ihres Daseins auf der Stufe 5 aufhält, in bestimmten Situationen aber auf die Stufe 2 zurückfällt. Dieses Kippen wird durch interne Abwertungsprozesse ausgelöst, die Person zweifelt an sich, insbesondere, ob sie die Anforderungen der Stufe 5 erfüllen kann. Dies ist kein bewusster Prozess, sondern eine nicht reflektierte Entscheidung. Das heißt, diese Entscheidung wird nicht willentlich gefällt, sondern geschieht durch einen instinktiven Impuls. Gewissermaßen wird ein Gefühl der Minderwertigkeit auf einer tieferen, letztlich nicht vollständig bewältigten Stufe aktiviert, welches dieses Kippen erzeugt.

Wenn eine Führungskraft dazu aufgefordert wird, ein strategisches Konzept zu dem eigenen Bereich vorzulegen und die betreffende Person sich von dieser Aufgabe überfordert fühlt, kann es sein, dass dann dieses Kippen passiert. Die betreffende Führungskraft wird womöglich jetzt anführen, dass sie bislang so viele andere Aufgaben zur Erledigung bekommen hat, dass das angefragte Thema von ihr noch nicht bearbeitet werden konnte. Aber eigentlich ist es die Angst, dieses strategische Thema nicht bewältigen zu können, die sie in Bedrängnis bringt.

Nach einer Latenzzeit von unterschiedlicher Dauer kehrt die Person wieder auf den aktuell erreichten Stand zurück, erholt sich wieder. Um bei der nächsten auslösenden Situation wieder zu kippen.

Auslöser für dieses Verhalten sind Aussagen oder Gesten von anderen Personen. Solche Auslöser können sein:

1. **Impulsive Stufe**
2. **Stufe des Selbstschutzes**
3. **Egozentrierte Stufe**
4. **Konformistische Stufe**
5. **Stufe des Selbstwertes**
6. **Stufe der selbstbestimmten Gestaltung**
   - 6a. **Intellektuelle Dominanz**
   - 6b. **Emotionale Dominanz**
7. **Stufe der Selbsthinterfragung**
8. **Stufe der Autonomie**

Temporäre inferiore Reaktion: In Situationen der Überforderung fällt das Individuum auf nicht bewältigte tiefere Stufen zurück.

Abb. 11.1 Stufen und temporäre inferiore Reaktion

Abb. 11.2 Reaktionen in der Schattenseite

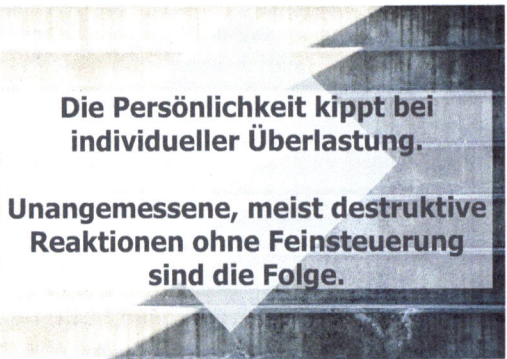

Die Persönlichkeit kippt bei individueller Überlastung.

Unangemessene, meist destruktive Reaktionen ohne Feinsteuerung sind die Folge.

- eine kritische Bemerkung zu einer Leistung,
- eine Bemerkung oder Geste bei einem Vortrag,
- den Blick abwenden,
- ein unterschwelliger Vorwurf, etc.

Diese Auslöser führen dann in einem unbewussten, willentlich nicht steuerbaren Prozess dazu, dass Menschen ihre prominente Position verlassen und eher destruktiv aus einer tieferen, früheren Stufe agieren. Dies führt oft zu einer Eskalation, d. h. auch die beteiligte Person verlässt ihre angestammte Position und geht in die Destruktion oder persönliche Einschränkung.

Wir reagieren dann in diesen Situationen mit unseren Lieblingsgefühlen und mit unserer oftmals gut eingeübten Schattenreaktion (siehe Abb. 11.2). Die alten, längst vergessen geglaubten inneren Botschaften werden blitzschnell wieder reaktiviert und führen zu meist nicht angemessenen Reaktionen. Es geht, wie immer bei uns Menschen, um den eigenen Wert. Es geht um einschränkendes Verhalten oder um nach außen aggressives Verhalten, begleitet durch massive Gefühle.

Wie im oben bereits aufgezeigten Exkurs, kippt dabei die Persönlichkeit förmlich an der Mittelachse (siehe Abb. 11.3). Der sonst laute Mensch wird leise, der sonst leise Mensch wird laut, sonst coole werden emotional, faktenbasierte Menschen haben dunkle, schlimme Vorahnungen, einfühlsame Menschen werden berechnend. Diese Tendenz im menschlichen Verhalten ist vom Bewusstsein schwer zu kontrollieren, schon gar nicht die Emotionen. Aber die Reaktion ist in der Regel destruktiv.

Mit dem Wissen um die Reaktionen aus unserer Schattenseite lernen wir den unbewussten Teil unserer Persönlichkeit kennen, welcher oft einen kritischen Einfluss auf unsere Gesamtwirkung hat.

Eine moderierende Variable in diesem Prozess ist die Frage der Zentrierbarkeit der Persönlichkeit. Je stabiler eine Person ist, je mehr sich jemand „im Griff" hat, umso weniger passiert das Kippen. Auch: Je stärker das Selbstwertgefühl ausgeprägt ist, desto höher ist die Wahrscheinlichkeit, dass jemand auch bei hoher Belastung gelassen bleibt.

Die Dynamik des Verlustes der Souveränität in subjektiv überlastenden Situationen scheint in der Regel nach folgendem Schema abzulaufen: Generell handeln wir in solchen Situationen aus dem Teil unserer Persönlichkeit, der in der Primärphase nicht leben durfte, aber emotional stark vorhanden war. Kindliche Bedürfnisse oder starke emotionale Reaktionen wurden unterdrückt oder als nicht statthaft behandelt.

So stauten sich diese Bedürfnisse auf und entwickelten sich zu einem Komplex. Immer, wenn das Thema des Komplexes berührt wird, besteht die Gefahr, dass die Schattenreaktion ausgelöst wird. Dann kippt das Individuum auf diese Ebene zurück, verliert die Souveränität und handelt meist emotional unangepasst aus dieser Verletztheit heraus. Die Reaktion des Gegenübers ist aufgrund der Heftigkeit nicht

Die Dynamik:

▸ Menschen tendieren dazu in ihrer Persönlichkeit komplett zu kippen, wenn sie von einer Situation in ihrer psychologischen Elastizität überstresst sind. Kippen heißt, sich in den Persönlichkeitsdimensionen an der Mittelachse zu spiegeln.

▸ Dieser Wechsel in der Persönlichkeit ist nicht einfach zu kontrollieren. Diese Reaktion wird durch den unbewussten Teil unserer Persönlichkeit ausgelöst.

▸ Je mehr eine Person zentriert ist, umso mehr kann diese Person in dem bewussten Teil ihrer Persönlichkeit verbleiben. Je mehr jemand seine emotionalen Reaktionen, die eigene Wahrnehmung und die eigenen Annahmen ausdrücken kann, umso mehr kann die Schattenseite in eine bewusste Umsteuerung gebracht werden.

Abb. 11.3 Dynamik der Schattenseite

Verständnis, sondern Gegeneskalation. Oft löst eine Schattenseite die Schattenseite des Gegenübers aus. Und so schaukelt sich der Konflikt hoch.

In jeder Konflikteskalation ist oft ein emotionaler Genuss („Ich wollte es nie sagen, aber jetzt sage ich es"), es werden Alles-oder-nichts Aussagen getroffen („nie hörst du mir zu", „alles weißt du besser", „nie kann man es Ihnen recht machen"), es entsteht ein Tunnelblick, es kann scheint es kann keine andere Lösung geben. Etwas ganz Fatales dabei ist, dass wir das Gefühl für mögliche empfindliche Konsequenzen verlieren. Der Humor wird schwarz und verletzend und trifft oft genau die verletzbare Stelle des anderen. (Abb. 11.4)

Die Menschen wechseln dann von der im bisherigen Leben erreichten Stufe auf eine niedrigere Stufe. Genau dorthin, wo das nicht bewältigte Lebensthema ist. Aus dieser Stufe wird dann gehandelt, mit einer gewissen Wahrscheinlichkeit, dass der Konfliktpartner dann auch die Stufe wechselt und auf die Stufe seines Lebensthemas geht. So schaukelt sich dann der Konflikt hoch.

Die Bandbreite der Gefühle auf der inferioren Seite zeigt Abb. 11.5. Dabei ist für die Lokation der Schattenseite eindeutig die Bedingung, dass das Individuum die Stufe der bewussten Handlung verlassen hat. Die Reaktion geschieht unbewusst und ist mit einem gewissen. Und es ist mit einem gewissen Lustgewinn verbunden. Damit geht einher, dass die Bereitschaft der Eskalation im Konflikt steigt, was natürlich die Viskosität im Konflikt erhöht.

Allein das Gefühl der Ärgerlichkeit („Das regt mich langsam auf") ist noch keine Reaktion aus der Schattenseite.

Wie aus Abb. 11.5 hervorgeht, inkludiert die Spannweite der Reaktionen:

- Beleidigt sein, allerdings auf einem Niveau, auf dem wir Menschen nicht mehr handeln können. Das Individuum ist auf dem Niveau der Schattenseite akut nicht in der Lage, adäquat zu reagieren. Es geht nicht mehr um das Wollen, es geht um das Können.

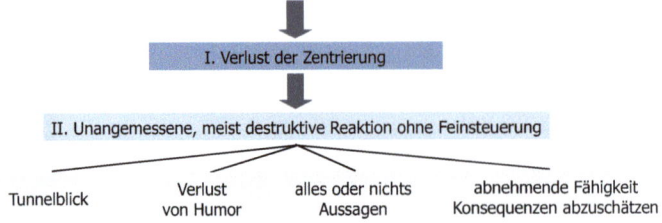

Abb. 11.4 Dynamik der inferioren Funktion

Abb. 11.5 Ausprägungen Schattenseite

- Ärger empfinden, aber so stark, dass eine adäquate Handlung nicht mehr möglich ist. Die emotionale Empfindung ist so stark, dass zunächst jede Reaktion zu einer weiteren Eskalation führt.
- Zynismus und Ironie sind die Reaktionen derer, die ihre Gefühle nur mit Mühe ausdrücken können. Aber auch hier gilt das Gesetz der akuten individuellen Nicht- Steuerbarkeit der eigenen Handlung.
- Die Passivität ist bereits ein Zustand der Schattenseite, eine Folge aus dem Konflikt: Neben der oft erlebten starken Emotionalität folgt oft ein Zustand der absoluten Energielosigkeit oder auch psychosomatischen Reaktion. Das sind die Kosten der Schattenseite: Nach der energievollen Reaktion in der Dynamik der Auseinandersetzung folgt die Energielosigkeit, die Passivität, die Depression.
- Fatalismus entsteht, wenn das Individuum die Aussichtslosigkeit einer Situation erkennt, gleichzeitig aber keine konstruktive Lösung mehr sieht. Dann geht es gemeinsam in den Abgrund. Mit Genuss. Ohne jegliche Konsequenzen zu beachten.
- Eine andere Art der Schattenseite ist die Verweigerung. Beziehung abzulehnen. Die Angst, gegen den eigenen Willen beeinflusst oder majorisiert zu werden.
- Es sind unterschiedliche Grade der Zurückweisung von Menschen. In ihrer Konsequenz natürlich bedeutsam. Verachtung kann das Ergebnis von persönlichem Erleben mit direkten oder indirekten Beziehungspersonen sein, es kann aber auch aus Mustern entspringen. Ein Muster kann sein, dass ein Individuum sowohl in der eigenen Geschichte wie aber auch in parallelen Beziehungen jeweils durch Partner abgelehnt wurde.

- Merkwürdiges oder linkisches Verhalten sind Reaktionen eines Menschen, der einer Situation oder Herausforderung nicht entsprechen kann. Es werden dann Überschussreaktionen gezeigt, die oft unangemessen oder albern wirken. Hektik und Hysterie gehen in die Richtung des Verlustes von Struktur, im Stress verliert das Individuum die Struktur und gerät in einen Strudel der Hilflosigkeit. Überschussreaktionen sollen helfen, wobei sie das Chaos nur noch vergrößern.
- Die beiden letzten Facetten hängen mit einer zu großen Abhängigkeit zusammen. Die Abhängigkeit führt zu Eifersucht oder Überanpassung, bis hin zur Selbstaufgabe.

11.1 Wie können wir lernen, mit der Schattenseite besser umzugehen?

Wie wird die Schattenseite ausgelöst (siehe Abb. 11.6)? In der Regel durch individuell wahrgenommene Zurücksetzungen oder Abwertungen. Es fehlt die Beachtung, die Wertschätzung oder es existiert eine bewusste Abwertung durch eine andere Person. Dazu kommt: eine Person ist in gewisser Weise verletzbar durch eine solche Art von Abwertung. Jeder von uns hat Knöpfe, die, wenn sie gedrückt werden, enorme Reaktionen hervorrufen. Das sind die Bereiche unserer Persönlichkeit, die gekränkt wurden, die immer noch verletzt sind.

Jeder Mensch sollte für sich herausfinden welche innere Annahme bei dieser Verletzlichkeit anspringt. Das sind die inneren Annahmen oder Einschärfungen, die wir bereits in diesem Buch dargestellt haben. Diese Annahmen werden, solange sie quasi aktiv gestellt sind, die Verletzlichkeit erhalten und den wahren Aufbau einer Autonomie verhindern. Also ist die wichtigste psychologische Arbeit für

Abb. 11.6 Analysefragen Schattenseite

jeden Menschen, diese Annahmen immer besser zu erkennen und sie aufzulösen. Hier hilft, wie bereits dargestellt, die Entkonditionierung. So wie die Annahme durch mehrfaches emotionales Erleben entstand, kann sie auch durch mehrfaches positives emotionales Erleben und den Aufbau einer ungetrübten Wahrnehmung wieder aufgelöst werden.

Das Entscheidende ist, wie schnell bei einer Schattenreaktion das Individuum in eine Entscheidungshaltung zurückfinden kann, also Bewusstheit erlangen kann für das, was passiert. Menschen, die in die Schattenseite fallen, sind oft an einer Beziehung mehr interessiert als die, die unabhängig erscheinen.

Wichtig ist, wenn man an diesen Reaktionen arbeiten möchte, die eigenen Bewusstheit im Auge zu behalten oder darauf zu achten, die Bewusstheit wieder zu erlangen. Wichtig ist auch, wenn es Eskalationen gab, nicht sofort die Schuld bei sich zu suchen, sondern abzuwägen: wie sieht die Situation aus der Perspektive meines Kontrahenten aus, was waren meine Beweggründe für mein Verhalten?

Wenn es möglich ist, sollten genau diese Sichtweisen und Annahmen kommunikativ ausgetauscht werden, wenn es geht ohne Vorwurf. Wenn es (noch) nicht geht, ist es immer besser, zeitnah, wenn die Emotion wieder beherrschbar ist, eine Klärung herbeizuführen.

Wenn eine direkte Klärung nicht möglich ist, hilft ein Gespräch mit einer vertrauten Person, die Verständnis hat, aber nicht zu parteiisch ist. Sonst bestätigen sich nur die bereits vorhandenen Annahmen.

Je mehr eine Person sich kennt und weiß, in welchen Situationen empfindliche persönliche Reaktionen passieren, umso mehr kann man sich darauf einstellen. Mehr und mehr bekommt man die eigene Reaktion in die Bewusstheit. Dann ist es auch möglich, schneller aus der selbst-einschränkenden Haltung herauszukommen.

Auch ganz hilfreich ist es, möglichst schnell nach einer gewissen Regeneration zu einer Handlung zu kommen. Die Depression ist deshalb oft langwierig, weil die betreffende Person nichts tut und passiv bleibt. Was hilft ist, sich zu fragen:

- Was könnte ich jetzt tun, um Linderung zu schaffen?
- Welche Aktion könnte helfen, um wieder Struktur, Fassung und Selbstvertrauen zu bekommen?

Weitere Modelle der horizontalen Entwicklung des Menschen

12

In diesem Kapitel möchten wir die bereits angeführten Befragungssysteme zur horizontalen Entwicklung weiter vertiefend darstellen. NEO-PI-R (Angleitner & Ostendorf, 2004) und Reflector Big Five (Schakel et al., 2007). Aus diesen Darstellungen lassen sich dann die Verknüpfungen zwischen den horizontalen und vertikalen Verfahren verständlich aufzeigen.

12.1 Der NEO-PI-R im Überblick

Der Persönlichkeitsfragebogen NEO-PI-R (Angleitner & Ostendorf, 2004) ist einer der validiertesten, präzisesten und weltweit akzeptiertesten Instrumente auf dem Markt. Dieser misst folgende fünf Globalskalen:

- Extraversion – das Ausmaß an Energie, das auf die Umwelt gerichtet wird und das Bedürfnis nach externer Stimulation.
- Emotionale Stabilität – wie viel Stress wahrgenommen wird sowie das Level emotionaler Stabilität oder Reaktivität.
- Offenheit – wie offen das Bedürfnis nach Erfahrung verschiedenster Art ist.
- Verträglichkeit – die Rolle, die in einer Beziehung eingenommen wird und wie empfänglich jemand für die Sichtweisen anderer Personen ist.
- Gewissenhaftigkeit – die Zielstrebigkeit und der Drang, ein Ziel zu erreichen.

12.2 Neurotizismus (Neuroticism)

Die Neurotizismus-Dimension erfasst Unterschiede zwischen Personen hinsichtlich ihrer gefühlsmäßigen Robustheit einerseits und ihrer emotionalen Empfindsamkeit andererseits.

Personen, die eine hohe Merkmalsausprägung dieses Faktors haben, neigen dazu, nervös, ängstlich, traurig, unsicher und verlegen zu sein und sich Sorgen um ihre Gesundheit zu machen. Auch entwickeln sie eher unangepasste Formen der Problembewältigung. Sie können zu unrealistischen Ideen neigen und sind weniger in der Lage, ihre Bedürfnisse zu kontrollieren.

Personen mit niedriger Ausprägung in diesem Faktor beschreiben sich als emotional stabil. Sie neigen zu einer inneren Robustheit. Ihre Ausgeglichenheit steht im Vordergrund und sie sind nicht so leicht aus der Fassung zu bringen. Sie erleben Gefühlszustände nicht sehr stark und können deshalb als unsensibel wahrgenommen werden.

12.2.1 Die N-Facetten des NEO-PI-R im Überblick

N1: Ängstlichkeit (Anxiety)
Personen mit einer hohen Ausprägung dieser Facette sind besorgt und furchtsam. Sie tendieren dazu, sich Sorgen zu machen. Personen mit einer niedrigen Ausprägung sind besonnen, ruhig und entspannt.

N2: Reizbarkeit (Angry Hostility)
In dieser Facette erleben die Personen mit einer hohen Ausprägung die Emotion Ärger und Frustration. Sie können auch die Stimmungslage Verbitterung erleben. Im Gegenpol dieser Facette tendieren Personen mit niedrigen Punktwerten in Reizbarkeit zur Gelassenheit und lassen sich nicht leicht ärgern.

N3: Depression (Depression)
In dieser Facette wird die Neigung, depressive Gefühlszustände zu erleben, gemessen. Personen, die eine hohe Ausprägung in dieser Facette haben, tendieren zu Gefühlen von Schuld, Traurigkeit, Hoffnungslosigkeit und Einsamkeit. Diese Personen sind leicht zu entmutigen und können oft deprimiert sein. Personen mit niedrigen Punktwerten erleben nur selten solche Gefühlszustände.

N4: Soziale Befangenheit (Self-Consciousness)
Personen mit hohen Punktwerten dieser Facette fühlen sich in Gegenwart anderer unwohl und neigen zu Gefühlen von Unterlegenheit. Sozial unbefangene Personen werden weniger durch soziale Situationen verunsichert.

N5: Impulsivität (Impulsivity)
Personen mit einer hohen Ausprägung dieser Subdimension haben Probleme, ihre Begierden und ihr Verlangen zu kontrollieren. Im Nachhinein können sie ihr Verhalten später bereuen. Diesen Versuchungen zu widerstehen, fällt Personen mit einer niedrigen Ausprägung leicht, sie besitzen eine hohe Frustrationstoleranz.

N6: Verletzlichkeit (Vulnerability)
In dieser Facette fühlen sich Personen mit hohen Punktwerten nicht fähig, mit Stress umzugehen. Sie geraten schnell in Abhängigkeit, Hoffnungslosigkeit oder Panik, wenn sie kritischen Situationen ausgesetzt sind. Personen mit niedrigen Punktwerten können gut mit stressigen Situationen zurechtkommen.

12.3 Extraversion (Extraversion)

Personen mit hoher Merkmalsausprägung in Extraversion sind gesellig, aktiv, gesprächig, personenorientiert, herzlich, optimistisch und heiter. Sie mögen Anregungen und Aufregungen. Introvertierte Personen sind zurückhaltend, ruhig und ausgeglichen. Sie bevorzugen es, allein zu sein und ziehen Unabhängigkeit vor. Introvertierte erreichen eine schnellere sensorische Befriedigung als extravertierte Personen.

12.3.1 Die E-Facetten des NEO-PI-R im Überblick

E1: Herzlichkeit (Warmth)
In der hohen Ausprägung dieser Facette sind Personen warmherzig und freundlich. Sie sind schnell dazu bereit, enge Bindungen mit anderen Personen einzugehen. Personen mit niedrigen Punktwerten verhalten sich wesentlich formeller, reservierter und distanzierter als Personen mit hohen Werten.

E2: Geselligkeit (Gregariousness)
Personen mit hohen Werten dieser Facette genießen die Gegenwart anderer Menschen. Im Gegensatz dazu sind Personen mit niedrigen Werten eher Einzelgänger, die nicht nach sozialen Kontakten suchen und diese sogar aktiv meiden.

E3: Durchsetzungsfähigkeit (Assertiveness)
Durchsetzungsstarke Personen sind dominant, energisch und sozial überlegen. Durchsetzungsschwache Personen hingegen bleiben lieber im Hintergrund und überlassen anderen das Reden. Sie nehmen eher weniger eine Führungsposition in Gruppen ein.

E4: Aktivität (Activity)
Aktivitätsfreudige Personen besitzen ein hohes Maß an Energie und führen eher ein hektischeres Leben als Personen mit einer niedrigen Ausprägung in dieser Facette. Personen mit einer niedrigen Ausprägung haben ein geruhsames und entspanntes Lebenstempo.

E5: Erlebnishunger (Excitement-Seeking)
Erlebnishungrige Menschen sehnen sich nach Stimulation von außen. Leuchtende Farben und eine laute Umgebung sind für diese Personengruppen willkommen.

Personen mit einer niedrigen Ausprägung dieser Facette bevorzugen ein ruhiges Leben ohne viel Nervenkitzel.

E6: Frohsinn (Positive Emotions)
Personen mit einer hohen Ausprägung der Facette Frohsinn sind fröhlich und optimistisch und lachen leicht und oft.
Personen mit einer niedrigen Ausprägung dieser Facette sind weniger überschwänglich und lebhaft.

12.4　Offenheit für Erfahrung (Openness to Experience)

Bezeichnend für hohe Offenheitswerte ist, dass diese Personen eine hohe Wertschätzung für neue Erfahrung haben. Sie bevorzugen Abwechslung, sind wissbegierig, kreativ, fantasievoll und unabhängig in ihrem Urteil. Sie besitzen vielfältige kulturelle Interessen und interessieren sich für Ereignisse. Sie sind interessiert an der Außenwelt, aber auch an ihrer Innenwelt.
Personen mit niedrigen Werten dieses Faktors sind traditionell eingestellt. Sie bevorzugen die Einfachheit und die Praktikabilität. Sie sind eher konventionell und konservativ eingestellt.

12.4.1　Die O-Facetten des NEO-PI-R im Überblick

O1: Offenheit für Fantasie (Openness to Fantasy)
Personen mit einer hohen Offenheit für Fantasie haben ein lebhaftes Vorstellungsvermögen und Fantasieleben. Sie sind der Meinung, dass Fantasien zu einem erfüllten und kreativen Leben beitragen. Personen mit einer geringen Ausprägung können als nüchtern eingestuft werden.

O2: Offenheit für Ästhetik (Openness to Aesthetics)
Personen, die hohe Punktwerte in dieser Facette innehaben, sind von Kunst und Schönheit tief beeindruckt. Dabei müssen sie nicht einmal selbst ein künstlerisches Talent besitzen. Im Gegensatz dazu haben Personen mit einer niedrigen Ausprägung kaum ein Interesse an Kunst und Schönheit.

O3: Offenheit für Gefühle (Openness to Feelings)
Personen mit hohen Punktwerten haben eine hohe Empfänglichkeit für die eigenen inneren Gefühle. Sie bewerten Gefühle als wichtigen Teil ihres Lebens. Personen mit niedrigen Punktwerten glauben nicht, dass Gefühlszustände besonders wichtig sind.

O4: Offenheit für Handlungen (Openness to Actions)
Eine hohe Offenheit für Handlungen äußert sich darin, dass auf der Verhaltensebene verschiedene Aktivitäten ausprobiert werden, neue Plätze aufgesucht wer-

den oder ungewöhnliche Speisen gegessen werden. Mit einer niedrigen Ausprägung fällt es den Personen schwer, mit Veränderungen umzugehen. Sie ziehen das Altbewährte vor.

O5: Offenheit für Ideen (Openness to Ideas)
Personen mit einer hohen Ausprägung dieser Facette haben eine intellektuelle Wissbegier. Sie sind aufgeschlossen gegenüber neuen Ideen und erfreuen sich über philosophische Diskussionen. Personen mit niedrigeren Punktwerten konzentrieren sich eher auf begrenzte Themenbereiche.

O6: Offenheit des Normen- und Wertesystems (Openness to Values)
Offene Personen hinterfragen soziale, politische und religiöse Werte kritisch. Nicht-offene Personen hingegen neigen dazu, Autoritäten zu akzeptieren und Traditionen zu respektieren.

12.5 Verträglichkeit (Agreeableness)

Personen mit hohen Werten dieser Skala sind altruistisch, mitfühlend, verständnisvoll und wohlwollend. Sie besitzen ein sehr hohes zwischenmenschliches Vertrauen, bis das Gegenteil bewiesen wurde. Desweiteren neigen sie zur Kooperation, zur Nachgiebigkeit und haben ein sehr starkes Harmoniebedürfnis. Personen mit niedrigen Werten wetteifern gerne, scheuen sich nicht vor Konflikten und besitzen geringe Vertrauenswerte.

12.5.1 Die A-Facetten des NEO-PI-R im Überblick

A1: Vertrauen (Trust)
Vertrauensvolle Personen haben die Grundüberzeugung, dass andere ehrlich sind und gute Absichten haben. Im Gegensatz dazu neigen Personen mit niedrigen Punktwerten dazu, zynisch und skeptisch zu sein.

A2: Freimütigkeit (Straightforwardness)
Personen mit einer hohen Ausprägung sind geradeheraus, offenherzig, aufrichtig und unbefangen. Im Gegensatz dazu sind Personen mit einer niedrigeren Ausprägung eher bereit, andere durch Schmeichelei, List oder Täuschung zu beeinflussen.

A3: Altruismus (Altruism)
Altruistische Personen haben eine aktive Besorgnis um das Wohlergehen anderer. Sie sind großzügig und hilfsbereit. Nicht-altruistische Personen sind auf das eigene Wohlbefinden bedacht und involvieren sich ungern in die Probleme anderer.

A4: Entgegenkommen (Compliance)
Der entgegenkommende Typus neigt dazu, anderen gegenüber nachzugeben und Aggressionen zu unterdrücken. Sie sind sanft und nachgiebig. Personen mit hohen Punktwerten sind aggressiv und bevorzugen den Wettbewerb.

A5: Bescheidenheit (Modesty)
Auch mit hohem Selbstbewusstsein sind bescheidene Personen eher zurückhaltend und anspruchslos. Personen mit einer niedrigen Ausprägung empfinden sich als anderen überlegen. Sie werden von anderen Personen als eingebildet oder arrogant wahrgenommen.

A6: Gutherzigkeit (Tender-Mindedness)
Gutherzige Menschen bemühen sich um das Wohlergehen von anderen. Personen mit niedrigen Punktwerten sehen sich eher selbst als Realisten und treffen rationale Entscheidungen auf der Grundlage von Logik.

12.6 Gewissenhaftigkeit (Conscientiousness)

Die Skala Gewissenhaftigkeit unterscheidet ordentliche, zuverlässige, disziplinierte, pünktliche und ehrgeizige von nachlässigen und gleichgültigen Personen. Ein weiterer Punkt von Personen mit einer niedrigen Ausprägung der Gewissenhaftigkeit ist, dass es diesen nicht an moralischen Grundsätzen mangelt, sie wenden diese nur weniger streng an und verfolgen Zielsetzungen mit geringerem Engagement im Vergleich zu Personen mit hoher Ausprägung.

12.6.1 Die C-Facetten des NEO-PI-R im Überblick

C1: Kompetenz (Competence)
Kompetente Personen haben die Ansicht, fähig und vernünftig zu handeln. Sie fühlen sich für das Leben gut gerüstet. Personen mit niedrigen Punktwerten schätzen ihre Befähigungen schlechter ein und geben zu, dass sie oft unvorbereitet und ungeschickt sind.

C2: Ordnungsliebe (Order)
Ordnungsliebende Personen sind sehr systematisch. Sie bewahren Dinge jeweils am richtigen Ort auf. Personen mit niedrigen Werten sind nicht imstande. sich die Arbeit einzuteilen und beschreiben sich selbst als wenig planvoll in ihrer Lebens- und Arbeitsweise.

C3: Pflichtbewusstsein (Dutifulness)
Pflichtbewusste Personen halten sich strikt an ihre ethischen Prinzipien und erfüllen ihre moralischen Pflichten. Im Gegensatz dazu können Personen mit einer niedrigen Ausprägung etwas unzuverlässig sein.

C4: Leistungsstreben (Achievement Striving)
Leistungsstrebende Personen arbeiten hart, um ihre Ziele zu erreichen. Sie können als fleißig und zielstrebig eingestuft werden. Personen mit niedrigen Punktwerten fehlt es an Ehrgeiz und Antrieb. Sie sind zufrieden mit einem niedrigen Anspruchsniveau.

C5: Selbstdisziplin (Self-Discipline)
Selbstdisziplinierte Personen können sich selbst motivieren, eine Arbeit auszuführen. Personen mit einer niedrigen Selbstdisziplin zögern den Beginn mühsamer Arbeit hinaus, können sich leicht entmutigen lassen und sind eher bestrebt, aufzugeben, als Personen mit hohen Punktwerten in dieser Facette.

C6: Besonnenheit (Deliberation)
Besonnene Personen neigen dazu, zuerst gründlich zu überlegen, bevor sie handeln. Sie sind vorsichtig und umsichtig. Personen mit einer niedrigen Ausprägung handeln oftmals spontan und sprechen und agieren zu schnell, ohne sich über die Wirkungen im Klaren zu sein.

Literatur

Angleitner, A., & Ostendorf, F. (2004). *NEO-Persönlichkeitsinventar nach Costa und McCrae.* Hogrefe-Verlag GmbH & Company KG.
Schakel, L., Smid, N., & Jaganjac, A. (2007). *Reflector big five: Professional manual.* PiCompany.

Der Reflector Big Five im Überblick 13

Der Reflector Big Five Personality-Bericht (Schakel et al., 2007) weist Informationen zu den sogenannten „Big Five" – Persönlichkeitsfaktoren und den zugrundeliegenden Facetten auf. Das Big-Five-Modell beschreibt die Unterschiede zwischen Personen effizient und umfassend. Der Reflector Big Five wurde speziell für den wirtschaftlichen Bereich entwickelt, die einzelnen Faktoren und Facetten sind dementsprechend angepasst.

Es behandelt die folgenden Big-Five-Persönlichkeitsfaktoren:

- Bedürfnis nach Stabilität: Inwieweit reagieren wir auf Rückschläge emotional?
- Extraversion: Inwieweit pflegen wir Kontakte aktiv?
- Offenheit: Inwieweit suchen wir nach neuen Ideen und Erfahrungen?
- Umgänglichkeit: Inwieweit stellen wir die Interessen anderer über die eigenen?
- Gewissenhaftigkeit: Inwieweit sind wir organisiert und zielgerichtet?

Nachstehend werden die fünf Faktoren sowie die einzelnen Facetten des Reflector Big Five vorgestellt.

13.1 Die Basisdefinition des N-Faktors: Bedürfnis nach Stabilität

Belastbar (N-)
Personen mit niedriger Ausprägung des Faktors Bedürfnis nach Stabilität reagieren im Normalfall eher ruhig, wohlüberlegt und selbstbewusst, wenn Angelegenheiten schief gehen. Normalerweise sind diese Personen nicht gestresst, frei von Schuldgefühlen und zeigen sich unbeeindruckt von Drängen. Sie erholen sich nach einem Rückschlag oder nach Kritik anderer Personen schnell. Für gewöhnlich meistern diese Personen sehr stressige Situationen ohne größere Probleme und

bleiben voll handlungsfähig. Die Personen arbeiten lösungs- und nicht problemorientiert. Sie besitzen Vertrauen in ihre Fähigkeit, Probleme zu lösen und sind im Allgemeinen gut gelaunt und entspannt. Auf der anderen Seite können sie als zu locker, zu gefühllos, zu lethargisch oder zu unsensibel wahrgenommen werden.

Reagierend (N=)
Personen mit einer mittleren Ausprägung reagieren bei normalen Arbeitsbedingungen gewöhnlich ruhig, souverän und vernünftig. Sie können auf plötzlichen Druck, stressige Situationen oder Kritik anderer Personen emotional reagieren oder entmutigt werden. Dennoch erholen sie sich davon schnell und arbeiten dann wieder lösungs- und nicht problemorientiert. Im Allgemeinen haben sie ein moderates Level, ab dem sie Stress am Arbeitsplatz empfinden.

Reaktiv (N+)
Personen mit einer hohen Ausprägung dieser Skala reagieren auf Rückfälle normalerweise emotional und machen sich eventuell über einen langen Zeitraum hinweg Sorgen, beziehungsweise Gedanken. Reaktive Personen tendieren dazu, in vielen Situationen sensibel, besorgt, wachsam, nervös oder leicht reizbar zu reagieren. Unter Stress können sie als ängstlich, angespannt, mutlos, launisch oder besorgt wahrgenommen werden. In der Regel sind diese Personen für Stress am Arbeitsplatz empfänglicher als die meisten anderen. Diese Personen arbeiten eher problem- und nicht lösungsorientiert. In dieser hohen Ausprägung kann die Person Kritik anderer Personen persönlich nehmen und darauf verärgert reagieren. Reaktive Personen zweifeln bei Rückfällen schnell an ihren Fähig- bzw. Fertigkeiten und benötigen gewisse Zeit, um sich wieder unter Kontrolle zu bekommen.

Folgend werden die einzelnen Facetten des Faktors Bedürfnis nach Stabilität aufgelistet und erklärt.

N1 Empfindsamkeit
Mit dieser Facette wird das Maß an Sorge gemessen, das eine Person aufweisen kann. Empfindsame Personen sind eher besorgt, ängstlich, unruhig, nervös, angespannt und tendieren dazu, zu sinnieren, insbesondere wenn der Ausgang einer Sache ungewiss bzw. nicht greifbar ist. Sie machen sich Sorgen über schlechte Nachrichten und darüber, ob andere sie richtig verstanden haben und neigen dazu, Kritik persönlich zu nehmen. Personen mit niedrigen Werten sind gelassen, entspannt, ruhig und sorglos, selbst wenn sie sich in einer Notlage befinden. Sie denken nicht permanent nach, ob etwas schief gehen könnte.

N2 Reizbarkeit
Mit dieser Facette wird gemessen, ob eine Person sich häufig und schnell ärgert bzw. länger braucht, um Ärger wahrzunehmen. Reizbare Personen sind schnell erregt, wenn sie sich inmitten eines Konflikts befinden, Diskussionen austragen oder sich schlecht behandelt fühlen. Personen mit einer niedrigen Ausprägung gelten als unerschütterlich und in sich ruhend, selbst bei heftigen Konflikten bzw. Kon-

frontationen. Sie bleiben selbst bei persönlichen Angriffen handlungsfähig und souverän.

N3 Interpretation
Diese Facette stellt das Maß dar, inwieweit wir in Lösungen denken bzw. an Problemen behaftet sind. Lösungsorientierte Personen glauben an das Gelingen einer Sache. Personen mit einer hohen Ausprägung sehen eher Probleme und empfinden daher schnell Bedenken. Höhere Werte hängen mit Pessimismus, niedrige Werte mit Optimismus und mittlere Werte mit Realismus zusammen. Personen mit hohen Werten fühlen sich eher schuldig, wenn sie selbst oder jemand anderes Fehler gemacht haben. Sie sind schneller entmutigt, niedergeschlagen oder haben Selbstzweifel. Personen mit niedrigen Werten dieser Facette erfahren solche Gefühle selten. Sie lassen sich nicht so schnell entmutigen.

N4 Erholungszeit
Diese Facette zeigt auf, inwiefern wir mit Rückschlägen bzw. mit Krisen umgehen. Benötigen Personen viel oder wenig Erholungszeit nach Rückschlägen? Personen, die eine hohe Ausprägung haben, brauchen mehr Zeit, um sich nach Krisen, Notfällen oder Enttäuschungen zu erholen. Im Gegensatz dazu können sich Personen mit niedrigen Werten schneller regenerieren und sind damit sehr schnell handlungsfähig.

N5 Zurückhaltung
Diese Facette misst, welchen Effekt Gruppen auf Personen haben. Personen mit einer hohen Ausprägung fühlen sich eher unwohl vor einer Gruppe. Sie neigen zu Zurückhaltung und können sich schnell minderwertig fühlen gegenüber einer Gruppe. Gegensätzlich fühlen sich Personen mit hohen Punktwerten wohl vor Publikum bzw. in öffentlichen Momenten und genießen es, „sichtbar" zu sein.

13.2 Die Basisdefinition des E-Faktors: Extraversion

Introvertiert (E-)
Introvertierte Personen sind lieber allein und tendieren dazu, ernst, ruhig und reserviert zu sein. Beziehungen möchten sie lieber auf einer geschäftlichen Ebene belassen. Sie wagen sich nicht weit auf die persönliche Ebene vor. Führungsrollen möchten sie eher nicht innehaben und überlassen anderen Personen den Vortritt in Diskussionen. Ihre Meinung äußern sie nur selten. Sie bevorzugen eine schriftliche Kommunikation, statt einer mündlichen.

Introvertierte Personen können weniger sensorische Stimulation (Lärm, helles Licht, Farben, Gerüche und Berührungen) aufnehmen, bevor ihr Energievorrat aufgebraucht ist und sie wieder Ruhe und Zurückgezogenheit benötigen.

Ambivertiert (E=)
Ambivertierte Personen halten die Balance zwischen Alleinarbeit und der gemeinsamen Arbeit mit anderen Personen. Sie sind in der Lage, Arbeitsbeziehungen in einer geschäftlichen und persönlichen Art und Weise zu kombinieren. Sie müssen sich nicht in den Vordergrund drängen, übernehmen aber gerne Verantwortung. Diese Personen müssen nicht ständig ihre Meinung äußern, können diese aber selbstbewusst vertreten, wenn dies nötig ist.

Extravertiert (E+)
Extravertierte Personen suchen innerhalb und außerhalb der Arbeit den persönlichen Kontakt zu anderen Personen. Dabei sind sie warmherzig und enthusiastisch. Sie arbeiten entscheidungsfreudig und haben ein dynamisches Tempo, das sie an den Tag legen. Extravertierte verfügen über einen hohen Führungsimpuls und äußern ohne Umschweife direkt ihre Meinung. Sie fühlen sich durch sensorische Stimulation (Lärm, helles Licht, Farben, Gerüche und Berührungen) wohl.
Im Folgenden werden die einzelnen Facetten des Faktors Extraversion aufgelistet und erklärt.

E1 Enthusiasmus
In dieser Facette steht die Ausdrucksweise von Gefühlen im Mittelpunkt. Personen mit hohen Punktwerten begegnen anderen Personen herzlich und freundlich. Sie können positive Emotionen nach außen kehren und Wertschätzung bzw. Anerkennung ehrlich aussprechen.

Personen mit niedrigen Punktwerten verhalten sich eher reserviert und formell gegenüber anderen. Die Distanz gegenüber anderen Personen wird gewahrt, zudem sind sie weniger gesprächig.

E2 Kontaktfähigkeit
Diese Facette misst das Kontinuum von Alleinarbeit und der Zusammenarbeit im Team. Kontaktfähige Personen empfinden Teamarbeit als angenehm. Im Gegensatz dazu tendieren Personen mit niedrigen Punktwerten dazu, lieber zurückgezogen und allein zu arbeiten.

E3 Aktivität
Diese Facette misst die physische Aktivität einer Person. Aktive Personen haben den Drang, in Bewegung zu bleiben. Ihr Energielevel ist sehr hoch, dass sie über Bewegung und schnellem Tempo abbauen. Personen mit niedrigem Bewegungsdrang sind ruhig, gelassen und entspannt, jedoch nicht langsam oder träge. Beide Typen sind in der Lage, ausdauernd zu arbeiten, unterscheiden sich jedoch im Stil.

E4 Führungsimpuls
Diese Facette misst das Kontinuum, inwiefern eine Person die Führung anderen überlässt bzw. übernimmt. Personen mit einem hohen Führungsimpuls möchten andere Personen anleiten, kontrollieren, sowie Aufgaben delegieren. Personen mit

einem niedrigen Führungsimpuls bevorzugen es, sich im Hintergrund aufzuhalten und möchten keinen Einfluss auf andere Personen nehmen.

E5 Direktheit
In dieser Facette wird die Bandbreite der direkten Meinungsäußerung gemessen. Personen mit einer hohen Neigung zur Direktheit teilen ihre Meinung ungefragt mit, während Personen mit einer niedrigen Neigung ihre Meinung aus Verlegenheit oder Unsicherheit zurückhalten.

13.3 Die Basisdefinition des O-Faktors: Offenheit

Bewahrend (O-)
Personen dieses Faktors ziehen den Status Quo im Allgemeinen der Neuerung und der Innovation vor. Sie streben nach der Einfachheit und sind eher dazu geneigt, komplexe, theoretische Sachverhalte abzulehnen. Personen mit dieser Tendenz halten sich an Traditionen und bewährte Abläufe. Neue Ideen entwickeln sie nur selten, der Fokus liegt hier darauf, Ideen und Innovationen auf Praktikabilität hin zu überprüfen. Diese Personen übernehmen im Allgemeinen die Meinungen anderer.

Moderat (O=)
Personen mit einer moderaten Ausprägung dieses Faktors halten die Balance zwischen der Beibehaltung von bewährten Abläufen und dem Blick für neue Ideen. Führt eine Idee in ihren Augen zu Verbesserungen, wird diese übernommen. Diese Personen möchten auf der einen Seite Dinge einfach bzw. praktisch halten, sie scheuen sich jedoch auf der anderen Seite nicht vor komplizierten Problemen. Gelegentlich nehmen sie neue Ideen von anderen Personen an und entwickeln diese weiter. Auch entwickeln sie eigene Ideen oder Arbeitsmethoden, die unabhängig von der vorherrschenden Meinung sind.

Forschend (O+)
Forschende Personen entwickeln regelmäßig neue Ideen, Arbeitsmethoden und Abläufe. Dabei verfolgen sie einen breiten und vielseitigen Ansatz. Sie neigen zu komplexen Konzepten und werden diese auch immer praktiblen und einfachen Ergebnissen vorziehen. Sie entwickeln ihre Meinung eigenständig, lassen sich dabei nicht von Dritten beeinflussen und vertreten diese. Sachverhalte werden von ihnen nicht ohne Nachfrage akzeptiert.
   Folgend werden die einzelnen Facetten des Faktors Offenheit aufgelistet und erklärt.

O1 Einfallsreichtum
Diese Facette misst, inwiefern Personen gerne Pläne anfertigen und Ideen schöpfen. Personen mit einer hohen Ausprägung haben sehr viele Ideen. Ihre Kreativität ist sehr ausgeprägt. Auf der anderen Seite sind sie schnell gelangweilt und haben

Probleme damit, Routinen zu akzeptieren. Personen mit niedrigen Punktwerten sind besonnen, auf Fakten orientiert und rational. Ihr Augenmerk liegt auf der Umsetzung und nicht Entwicklung von Plänen.

O2 Komplexität
In dieser Facette wird gemessen, inwiefern Personen bereit sind, Komplexität anzunehmen. Personen mit hohen Werten genießen es, mit Theorien zu arbeiten, diese aufzustellen und sind offen für ungewöhnliche Ideen. Im Gegensatz dazu haben Personen mit einer niedrigen Ausprägung die Neigung, sich auf ihr Fachgebiet zu konzentrieren und sind eher praxisorientierte Anwender.

O3 Veränderung
Diese Facette misst, inwiefern Personen Veränderungen annehmen können. Personen mit hohen Werten stehen Veränderungen offen gegenüber, während Personen mit niedrigen Werten Veränderungen als Bedrohung wahrnehmen.

O4 Eigenständigkeit
In dieser Facette wird gemessen, inwieweit Personen unabhängig ihre eigene Meinung bilden. Personen mit hohen Punktwerte haben ihre eigene Meinung und Ansicht gebildet und stellen diese zur Diskussion. Personen mit einer niedrigen Ausprägung dieser Facette stimmen hingegen eher dem zu, was von der Mehrheit unterstützt wird. Expertenmeinungen werden bereitwillig angenommen, ohne diese zu hinterfragen.

13.4 Die Basisdefinition des A-Faktors: Umgänglichkeit

Herausfordernd (A-)
Personen mit einer niedrigen Ausprägung dieses Faktors setzen sich unvermittelt für ihre eigenen Bedürfnisse und Interessen ein. Sie sind oft herausfordernd, stolz und verwenden eine direkte Kommunikation anderen gegenüber. Andere Personen werden direkt als Konkurrenten wahrgenommen. Konflikte scheuen sie nicht, zudem kann es passieren, dass sie Kompromisse nicht als Lösung anerkennen. Herausfordernde Personen streben nach Anerkennung, tun sich jedoch schwer, anderen Personen verdiente Anerkennung zukommen zu lassen.

Verhandelnd (A=)
Verhandelnde Personen wägen eigene Interessen und Belange sorgfältig mit Bedürfnissen anderer Personen ab. Diskussionen und Konflikten halten sie stand und streben nach einem Kompromiss, der beiden Parteien genügend Vorteile bietet. Sie möchten Anerkennung erhalten, wenn dies gerechtfertigt ist und geben verdiente Anerkennung.

13.4 Die Basisdefinition des A-Faktors: Umgänglichkeit

Entgegenkommend (A+)
Der entgegenkommende Typus stellt die Belange anderer Personen über die eigenen. In Diskussionen oder Konflikten geben diese Personen normalerweise nach. Sie tolerieren und akzeptieren Autoritäten und lassen anderen oft den Vortritt. Sie gelten als hilfsbereit und schenken anderen Personen ihr Vertrauen. Ihr diplomatisches Geschick setzen sie gekonnt ein.

Im Folgenden werden die einzelnen Facetten des Faktors Umgänglichkeit aufgelistet und erklärt.

A1 Altruismus
Die Facette misst die Konzentration von Personen auf die Belange anderer. Personen mit hohen Punktwerten berücksichtigen die Bedürfnisse und Interessen von andere in besonderem Maße und sind bereit, ihre eigenen Wünsche zurückzustellen. Personen einer niedrigen Ausprägung konzentrieren sich mehr auf ihre eigenen Bedürfnisse und Interessen, die sie in den Vordergrund stellen.

A2 Konfliktbereitschaft
In dieser Facette wird das Verhalten im Konflikt gemessen. Personen mit niedrigen Werten sind durchsetzungsfähig, werden getrieben vom Wunsch, zu gewinnen und genießen es, andere zu überzeugen. Sie konkurrieren lieber als zu kooperieren. Personen mit hohen Punktwerten vermeiden eher Konflikte und fühlen sich sehr unwohl in angespannten Situationen. Insofern meint die Definition der Testautoren mit der Dimension eher Konfliktvermeidung.

A3 Anerkennung
Diese Facette misst, inwieweit Personen mit Anerkennung umgehen können. Personen mit einer niedrigen Ausprägung streben nach Anerkennung und brauchen diese als Motivator. Personen mit hohen Anerkennungswerten gelten als bescheiden, stehen nicht gerne im Rampenlicht und teilen Anerkennung mit anderen.

A4 Vertrauen
Diese Facette misst den Vertrauenswert bzw. den Misstrauenswert von Personen gegenüber anderen. Personen mit hohen Werten gehen davon aus, dass andere Personen ehrlich sind und hinter jeder Absicht etwas Gutes steckt. Personen mit niedrigen Vertrauenswerten verhalten sich misstrauisch und skeptisch gegenüber anderen.

A5 Takt
In dieser Facette wird die Sorgfalt im Ausdruck von Personen gemessen. Personen mit einer niedrigen Ausprägung kommunizieren sehr direkt, wenig taktvoll und sensibel. Die Wortwahl erfolgt unverblümt und nicht diplomatisch. Im Gegensatz dazu sind Personen mit hohen Werten in der Lage, wortgewandt und diplomatisch zu widersprechen, bzw. zu diskutieren.

13.5 Die Basisdefinition des C-Faktors: Gewissenhaftigkeit

Flexibel (C-)
Der flexible Typus kann seine Aufmerksamkeit schnell hin- und her wechseln. Diese Personen sind bereit dazu, in Ergebnissen Unzulänglichkeiten in Kauf zu nehmen, solange diese noch akzeptabel sind. Sie wählen beim Arbeiten eher einen spontanen, improvisierten Ansatz, anstatt einer strukturierten und vorausschauenden Vorgehensweise nachzugehen. Im Allgemeinen geben sie Details wenig Beachtung.

Ausgeglichen (=)
Der ausgeglichene Typus hält die Waage zwischen Anstrengung und Entspannung. Realistische und erreichbare Ziele plant die Person in ausreichendem Maße und lässt dabei Raum für unvorhergesehene Ereignisse. Sie liefert gute Arbeit ab, ohne dabei einen extremen Perfektionismus zu verfolgen. Die Person ist in der Lage, ihre konzentrierte Arbeit durch einen spontanen Einwurf zu unterbrechen und wieder aufzunehmen.

Konzentriert (C+)
In dieser Ausprägung setzen sich die Personen ehrgeizige und ambitionierte Ziele. Sie arbeiten perfektionistisch und detailorientiert. Vorausschauend planen und strukturieren sie ihre Arbeitsaufgaben. Konzentriert und ohne Ablenkung verrichten sie ihre Aufgaben.

Im Folgenden werden die einzelnen Facetten des Faktors Gewissenhaftigkeit aufgelistet und erklärt.

C1 Perfektionismus
In dieser Facette wird das Streben nach Perfektionismus gemessen. Personen mit einer hohen Ausprägung betreiben einen Mehraufwand, um perfekte Ergebnisse abzuliefern. Sie investieren sehr viel Zeit und Ressourcen in die Perfektion. Personen mit einer niedrigen Ausprägung geben sich zufrieden, wenn sie die Mindestanforderung für die Ausführung von Ergebnissen erfüllen.

C2 Organisation
Diese Facette misst, inwieweit sich Personen organisieren. Personen mit hohen Werten sind ordentlich und gut organisiert. Diese Personen sind ordnungsliebend und haben ein gut strukturiertes Ablagesystem. Dagegen sind Personen mit niedrigen Punktwerten wenig organisiert und strukturiert. Sie haben kaum Probleme mit unstrukturierten Zuständen.

C3 Innerer Antrieb
Die Facette misst das Bedürfnis, Ziele zu erreichen. Personen mit hohen Punktwerten investieren sehr viel, um ihr Ziel zu erreichen. Dabei sind sie ehrgeizig,

fleißig und standhaft. Personen mit einer niedrigen Ausprägung sind mit ihrer momentanen Leistungsebene zufrieden.

C4 Konzentration
Diese Facette misst, inwiefern sich Personen auf eine Aufgabe konzentrieren können. Personen mit einer hohen Ausprägung in dieser Facette haben die Neigung, Aufgaben seriell abzuarbeiten. Sie möchten zuerst eine Aufgabe abschließen, bevor sie eine neue beginnen. Dabei sind sie nicht leicht abzulenken. Im Gegensatz dazu haben Personen mit niedrigen Werten die Tendenz dazu, Aufgaben parallel abzuarbeiten. Störungen sind dabei kein Hindernis. Auch sind sie leicht abzulenken.

C5 Methodisches Arbeiten
Diese Facette misst, inwiefern eine Person plant. Personen mit niedrigen Punktwerten planen wenig und gehen Projekte eher spontan und unüberlegt an. Dabei verlassen sie sich auf ihr Bauchgefühl.

Personen mit hohen Punktwerten denken sorgfältig nach, bevor sie mit etwas beginnen. Sie nehmen sich sehr viel Zeit, um einzelne Schritte zu definieren.

Literatur

Schakel, L., Smid, N., & Jaganjac, A. (2007). *Reflector big five: Professional manual.* PiCompany.

14 Modelle der vertikalen Persönlichkeitsentwicklung

Im Folgenden möchten wir weitere Modelle der Lebensstadienorientierten Entwicklung des Menschen vorstellen. Diese Modelle orientieren sich an der Forschung von Jane Loevinger (1970).

14.1 Die Entwicklungsstufen nach Jane Loevinger

Diese Ausführungen zu den neun Stufen der Persönlichkeitsentwicklung sind aus der Veröffentlichung *Measuring Ego Development*, Second Edition von Lê Xuân Hy (1996) entnommen.

14.1.1 Die 9 Stufen der Ich Entwicklung nach Loevinger

E1: Präsoziales Stadium
Eine der ersten Aufgaben des Neugeborenen ist es, für sich selbst eine stabile Welt von Objekten aufzubauen. Der Aufbau der Objektwelt und die Konstruktion des Selbst sind miteinander verknüpft. Viele Autoren, insbesondere viele psychoanalytische Theoretiker, bezeichnen diesen Zeitraum allein als Ich-Entwicklung, aber das lässt keinen eindeutigen Begriff für die übrigen Phasen zu, die Gegenstand unserer Untersuchung sind. Diese Phase der Ich-Bildung wird erste Stufe genannt und wird der theoretischen Vollständigkeit halber anerkannt. Sie liegt außerhalb des Rahmens unserer Arbeit.

E2: Impulsives Stadium
Die unterste Stufe, die mit unseren Untersuchungsmethoden zugänglich ist, ist die Impulsive Stufe 2. In dieser Stufe ist das Kind ein Wesen mit körperlichen Bedürfnissen und Impulsen, die von anderen kontrolliert werden. Die tiefe und

abhängige Bindung an die Bezugspersonen ist durch körperliche Bedürfnisse geprägt. Andere Menschen werden in den einfachsten Dichotomien verstanden, gut und böse, sauber und schmutzig. Die Guten geben mir, die Bösen tun das nicht. Das wachsende Selbstbewusstsein wird durch das Wort „Nein" bekräftigt. Es gibt wenig Sinn für Verursachung. Bestrafung ist willkürlich oder vergeltend. Die Regeln werden nur unzureichend verstanden. Dem Kind fehlt die Fähigkeit, sein Innenleben in Begriffe zu fassen, so kann das Kind nicht zwischen körperlichem und emotionalem Unwohlsein unterscheiden. Dies ist normales Verhalten für sehr junge Kinder; im Schulalter sind die Kinder im Idealfall darüber hinaus, aber diejenigen, die das nicht tun, können als „impulsive Persönlichkeiten" diagnostiziert werden.

E3: Selbstbeschützendes Stadium
Das Selbstschutzstadium, der erste Schritt zur Impulskontrolle und damit der Charakterentwicklung, tritt ein, wenn das Kind fähig wird, zum unmittelbaren Vorteil zu verzögern. Kinder in diesem Stadium schätzen Regeln und wissen, dass es zu ihrem Vorteil ist, sich an sie einzuhalten. Sie sind Geschöpfe eines mehr oder weniger opportunistischen Hedonismus; es fehlen ihnen langfristige Ziele und Ideale. Sie wollen sofortige Befriedigung und beuten, wenn möglich, andere für ihre Zwecke aus. Da sie zwischenmenschliche Beziehungen als ausbeuterisch empfinden, sind sie selbst vorsichtig und selbstschützend. Wenn sie „in Schwierigkeiten geraten", dann nur, weil sie mit den „falschen Leuten" zusammen waren. So wird die Schuld zwar verstanden, aber zugewiesen anderen, den Umständen oder manchmal auch einem Teil von sich selbst, für den sie sich nicht verantwortlich fühlen („meine Augen"). Bei kleinen Kindern, die diese Phase in der normalen Zeit durchlaufen, sind Rituale und Traditionen im Vordergrund, eine Art Verkörperung von Regeln und Kontrollen. Ältere Kinder und Erwachsene, die in dieser Phase verbleiben, sehen das Leben als Nullsummenspiel; sie können feindselig, opportunistisch oder sogar psychopathisch werden. Die meisten Erwachsenen wachsen jedoch über dieses Stadium hinaus, und wahrscheinlich finden die meisten Selbstschützer einen Platz in der normalen Gesellschaft und wenn sie Glück haben, gut aussehen, intellektuelle Brillanz oder geerbtes Vermögen besitzen.

E4: Konformistisches Stadium
In der normalen Entwicklung, im Schulalter oder irgendwann in den Schuljahren erleben Kinder den Übergang von der egozentrischen, selbstschützenden Phase zur gruppenzentrierten, konformistischen Phase. Psychologen und Philosophen haben das Stadium des Konformismus mehr als jede andere Phase beschrieben. In diesem Stadium identifiziert sich das Kind mit der Gruppe oder ihrer Autorität – seien es Eltern, Lehrer oder Gleichaltrige. Regeln werden einfach akzeptiert, weil sie die Regeln sind.

Dies ist die Zeit der größten kognitiven Einfachheit: Es gibt einen richtigen und einen falschen Weg, und der ist immer für alle gleich, oder zumindest für breite Schichten von Menschen demografisch beschrieben. Was konventionell ist und gesellschaftlich anerkannt ist, ist richtig. Das gilt in der Regel auch für die konventionellen Geschlechterrollen. Allerdings ist eine Person, die sich strikt an einige unkonventionelle Geschlechternormen hält, dennoch ein Konformist. Freundlichkeit und soziale Nettigkeit werden hochgeschätzt; Missbilligung ist eine starke Sanktion.

Die Person kümmert sich um ihr Aussehen, materielle Dinge, Ansehen, soziale Akzeptanz und Zugehörigkeit. Innere Zustände werden in der einfachsten Sprache wahrgenommen (traurig, glücklich, froh, wütend, Liebe und Verständnis), im Gegensatz zu einer fast körperlichen Version des Innenlebens auf niedrigeren Ebenen (krank, verärgert, wütend, aufgeregt) und einem reichhaltigen differenzierten Innenleben auf höheren Ebenen. Menschen, einschließlich des Selbst, werden in Form von Stereotypen wahrgenommen, die auf sozialen Gruppen beruhen und nicht in Form von individuellen Unterschieden.

Die Art und Weise, wie Menschen sind und die Art und Weise, wie sie sein sollten, werden nicht scharf unterschieden. Menschen in diesem Stadium beschreiben sich selbst und andere aus ihrer Gruppe in der Regel mit sozial akzeptablen Begriffen. Die zwischenmenschliche Interaktion wird in erster Linie in Form von Handlungen und nicht von Gefühlen bestimmt und die prototypische Handlung ist das Reden. Gruppendruck kann vermutlich den Übergang von dem Stadium des Selbstschutzes zum Stadium des Konformismus fördern.

Aber was treibt den Übergang aus der reinen Konformität heraus? Möglicherweise findet der junge Mensch während der Grundschul- und Sekundarschulzeit als Mitglied verschiedener Gruppen, dass die Konformität nach unterschiedlichen Normen verlangt. Eine Frau sagte zum Beispiel, dass ihre Mutter sie für ein Vergehen bestrafte, indem sie ihr verbot, zum Gottesdienst zu gehen. Sie fürchtete die Strafe im Jenseits, aber ihre Mutter war die klare und gegenwärtige Gefahr. Ein Mensch kann ein solches Dilemma kaum aushalten, ohne seinen absoluten Glauben an mindestens eine der konkurrierenden Autoritäten aufzugeben.

E5: Stadium des Selbstbewusstseins
Auf welche Weise auch immer, die Person ist im Stadium des Selbstbewusstseins sich bewusst geworden, dass nicht jeder, auch nicht das eigene Ich, den Eigenschaften entspricht, die Stereotypen zu verlangen scheinen. Sobald das, „was ich bin", von dem, „was ich sein sollte", losgelöst ist, ist der Weg für eine Auseinandersetzung mit sich selbst frei. Die Fähigkeit, das Innenleben zu konzeptualisieren, erweitert sich; zwischenmenschliche Beziehungen werden nicht als Handlungen, sondern auch in Form von Gefühlen beschrieben. Bei vielen Menschen in diesem Stadium ist ein ausgeprägtes Gefühl für die Unterscheidung zwischen Selbst und Gruppe vorhanden; Gefühle wie Selbstbewusstsein und Einsamkeit werden beschrieben. Zugleich nimmt die Person wahr, dass es in vielen Situationen alternative Möglichkeiten gibt, die für den Konformisten durch absolute Regeln oder Aussagen abgedeckt sind. Qualifikationen und Eventualitäten sind erlaubt, auch wenn sie immer noch eher in demographischen Begriffen und nicht in Bezug auf individuelle Unterschiede gesehen werden: Zum Beispiel ist eine bestimmte Aktivität in Ordnung, wenn man ein Erwachsener ist, oder wenn man ein Junge ist und nicht, wenn man persönlich qualifiziert ist oder ein tiefes Verlangen

danach hat. Eine solche Modifizierung absoluter Regeln kann für alles gelten, von den sexuellen Sitten bis zur Karriere einer Frau. Das Stadium des Selbstbewusstseins ist im Grunde immer noch eine Version der Konformität.

E6: Gewissenhaftes Stadium
Der Übergang zum Stadium der Gewissenhaftigkeit ist eine weiterer großer und geheimnisvoller rätselhafter Wechsel, denn, wie Freud betonte, solange Sanktionen für Untaten von außen kommen, kann man ihnen entgehen, aber ein schlechtes Gewissen ist eine unausweichliche Strafe.

Wie werden die Menschen dazu gebracht, diesen Wechsel zu vollziehen? Die psychoanalytische Antwort lautet: Durch Identifikation mit anderen, die bewundert, geliebt oder sogar gefürchtet werden. Die Antwort des sozialen Lernens ist, dass eine Person ohne Gewissen auf lange Sicht bestraft oder gesellschaftlich missbilligt wird.

Die Antwort des sozialen Lernens scheint angemessener, um die Entwicklung zur Konformität zu erklären, als für die Entwicklung über dieses Stadium hinaus und intuitiv scheint das Gewissen weniger berechnend zu sein, als es die Theorie des sozialen Lernens impliziert. Dennoch hat die Forschung keine klaren Antworten. Das charakteristische Merkmal des Stadiums Gewissenhaftigkeit ist die Selbsteinschätzung von Normen: Ich billige oder missbillige ein bestimmtes Verhalten nicht nur, weil meine Familie, meine Schulkameraden oder die Behörden dies tun, sondern weil ich es persönlich so empfinde.

Natürlich erkennen die meisten Menschen auf dieser Stufe die Konformität als alltägliche Regel an, sodass der Unterschied zwischen dieser Stufe und den Stufen Konformismus und Selbstbewusstsein nicht das Verhalten selbst ist. Auf dieser Stufe ist man schuldig, nicht in erster Linie oder nicht nur, wenn man eine Regel gebrochen hat, sondern wenn man eine andere Person verletzt hat.

Motive und Konsequenzen sind wichtiger als Regeln an sich; das Sollen wird vom Sein unterschieden. Innere Zustände und individuelle Unterschiede werden anschaulich und differenziert beschrieben. Langfristige Ziele und Ideale sind charakteristisch. Die gewissenhafte Person ist reflektierend; Selbst und Andere werden in Form von reflexiven Merkmalen beschrieben. Die einzigen reflexiven Züge, die regelmäßig auf einer niedrigeren Ebene auftreten, sind Selbstbewusstsein und Selbstvertrauen. Die gewissenhafte Person ist selbstkritisch. Das Erkennen der vielfältigen Möglichkeiten in Situationen führt zu einem Gefühl der Wahl; Entscheidungen werden aus selbstkritischen Gründen getroffen. Die Person strebt nach Zielen, versucht, Idealen gerecht zu werden. Der moralische Imperativ bleibt bestehen, aber es geht nicht nur darum, das Richtige zu tun und das Falsche zu vermeiden.

Prioritäten und Dringlichkeiten werden berücksichtigt. Moralische Fragen sind getrennt von konventionellen Regeln und von ästhetischen Normen oder Vorlieben. Solche Unterscheidungen zu treffen, ist konzeptionell komplexer als auf der Ebene des Konformismus oder niedriger. Leistung wird hochgeschätzt, nicht nur im Hinblick auf Wettbewerb oder sozialer Anerkennung (die immer eine gewisse Bedeutung behalten), sondern in Bezug auf die eigenen Maßstäbe. Arbeit ist nicht nur lästig, sondern eine Gelegenheit zur Leistung, Menschen auf dieser Ebene sind eher bereit als Menschen auf niedrigeren Ebenen über ihre persönlichen Belange hinaus an die der Gesellschaft zu denken. Der pflichtbewusste Charakter hat den negativen Aspekt, dass die Person übermäßige Verantwortung für andere empfindet.

E7: Individualistische Phase
Während die gewissenhafte Person einen ausgeprägten Sinn für individuelle Unterschiede hat, hat die Person auf der nächsten Stufe (individualistisch) einen Sinn der Individualität, der Persönlichkeit als Ganzes oder des Lebensstils.

Es besteht eine größere Toleranz gegenüber individuellen Unterschieden als auf früheren Stufen. Das innere Selbst und das äußere Selbst werden oft unterschieden, eine Unterscheidung, die auf der Stufe des Gewissenhaften in der Besorgnis über trügerisches Verhalten endet.

Obwohl die Sorge um die Probleme der Abhängigkeit und der Unabhängigkeit immer wieder auftaucht, unterscheidet die Person in diesem Stadium zwischen körperlicher, finanzieller und emotionaler Abhängigkeit; die besondere Sorge gilt der emotionalen Abhängigkeit. Die Beziehungen zu anderen Menschen. Mit der Entwicklung der Person aus dem Stadium des Konformisten zum Stadium des Gewissenhaften stehen die Beziehungen zu anderen Menschen teilweise konträr zu dem Streben nach Leistung und dem manchmal übertriebenen Moralismus und der Bedeutung von Verantwortung.

Es gibt weitere neue Elemente auf der individualistischen Stufe, die auf der autonomen Stufe voll entwickelt sind. Zu diesen Ideen gehören die psychologische Verursachung von Phänomenen und die Bedeutung der psychologischen Entwicklung. Unterhalb der Bewusstseinsstufe spricht fast niemand mehr spontan von dem Zusammenhang zwischen wahrgenommenen Problemsituationen und den damit zusammenhängenden psychischen Ursachen oder von der Entwicklung der Persönlichkeit oder der Charaktereigenschaften.

Ein weiteres neues Element ist das Konzept, dass Menschen verschiedene Rollen haben und in verschiedenen Rollen unterschiedlich sind, dass von einer modernen Frau erwartet wird, dass sie als Ehefrau, Mutter, Haushälterin, Geliebte, berufstätige Frau usw. fungiert Geliebte, berufstätige Frau usw. ist zu einem so wichtigen Thema in Frauenzeitschriften geworden, sodass es auch auf niedrigeren Ebenen auftaucht. Es verdeutlicht die Tatsache, dass nicht alle Klischees konformistisch sind.

E8: Autonome Phase
Autonomie ist ein Bedürfnis, das im Laufe des Lebens in verschiedenen Formen wiederkehrt. Erikson (1976) verwendete den Begriff Autonomie, die hier als Selbstschutz bezeichnet wird. Das Kleinkind, selbst in dem impulsiven Stadium, behauptet sich selbst, indem es verlangt, „es selbst zu tun". Hier ist der Begriff Autonomie für ein Stadium am anderen Ende der Skala reserviert.

Ihr Hauptmerkmal ist die Anerkennung des Bedürfnisses anderer Menschen nach Autonomie. Es ist auch eine gewisse Befreiung der Person von dem übermäßigen Streben und Verantwortungsbewusstsein, die für die gewissenhafte Stufe typisch sind. Moralische Dichotomien sind nicht mehr typisch. Sie werden ersetzt durch ein Gefühl für die Komplexität und Vielschichtigkeit im Charakter von realen Menschen und realen Situationen.

Es gibt einen vertieften Respekt für andere Menschen und ihr Bedürfnis, ihren eigenen Weg zu finden und auch ihre eigenen Fehler zu machen. Entscheidende Beispiele sind Mitglieder der eigenen Familie, insbesondere die eigenen Kinder.

Konflikte zwischen Bedürfnissen und Sehnsüchten werden erkannt und oft als Teil des menschlichen Daseins anerkannt und sind daher nicht vollständig lösbar. Es besteht eine hohe Toleranz für Mehrdeutigkeit und Anerkennung von Paradoxien. Humor ist nicht feindselig und berührt die skurrilen Aspekte der Natur der Dinge. Das Streben des Gewissenhaften nach Leistung wird umgewandelt in eine Suche nach Selbstverwirklichung.

E9: Integrierte Stufe
Nur wenige Menschen, wahrscheinlich weniger als 1 % der Bevölkerung, erreichen den theoretischen Höhepunkt, die integrierte Stufe.

Die gegenwärtigen Daten reichen nicht aus, um diesen theoretischen Höchststand zu beschreiben.

Da diese Stufe in den meisten Stichproben selten vorkommt und es große Unterschiede zwischen qualifizierten Beurteilern sowohl bei der Beschreibung dieser Stufe als auch bei der Anwendung der Beschreibung in bestimmten Fällen gibt, wird sie unter den meisten Umständen am besten mit der Autonomiestufe kombiniert werden.

Zusammenfassende Interpretation der Ich-Stufen
Es besteht die Versuchung, die Stufen der Ich-Entwicklung als eine Art Leiter zu sehen, die es zu erklimmen gilt und anzunehmen, dass die Menschen auf den höchsten Stufen am besten angepasst sind. Wahrscheinlich gibt es auf allen Stufen gut angepasste Menschen.

Im Prinzip müssen Ich-Reife und Anpassung unabhängig voneinander beschrieben werden, um die Beziehung zwischen ihnen empirisch zu erfassen. Diejenigen, die unter dem Niveau des Konformisten bleiben, können als unangepasst bezeichnet werden.

Dennoch können sie im Leben recht erfolgreich werden. Weil da die Anerkennung eines inneren Konflikts eines der deutlichsten Anzeichen für eine hohe Ego-Ebene ist, können einige derjenigen, die sich auf der höchsten Ebene befinden, scheinbar oder in Wirklichkeit zu denjenigen gehören, die nicht gut angepasst sind.

Verständlicherweise besteht ein besonderes Interesse an der niedrigsten und höchsten Stufen, denn beide haben eine gewisse Aura des Geheimnisvollen. Die Ursprünge des Ichs sind aus einigen der gleichen Gründe faszinierend wie die Ursprünge jeder psychologischen Funktion. Die höchsten Stufen sind zum Teil deshalb faszinierend, weil sie so viel von dem verkörpern, was jeder von uns anstrebt oder glaubt, dass er oder sie es erreicht hat. Aber wenn man die Ich-Entwicklung einfach als das Fortschreiten von der impulsiven Stufe zur zum autonomen oder integrierten Stadium beschreibt, impliziert es, dass der Entwicklungsverlauf ein stetiges Fortschreiten von niedrig zu hoch ist. Dies wäre ein schwerer Fehler.

Die große Mehrheit der Menschen würde nicht auf diese Weise beschrieben werden, und der Prozess selbst würde verzerrt werden, weil weder die individuellen Unterschiede in der Ich-Entwicklung noch die Dialektik der bevölkerungsreichsten Stufen dargestellt würden.

Literatur

Erikson, E. H. (1976). *Identität und Lebenszyklus.* Suhrcamp.

Hy, L. X., & Loevinger, J. (1996). *Measuring ego development.* Lawrence Erlbaum Associates, Inc.

Loevinger, J., & Wessler, R. (1970). *Measuring ego development I. Construction and use of a sentence completion.* Jossey-Bass.

Susanne Cook-Greuter: Beschreibungen der Stufen der Führungsreife

15

Die Forscherin Cook-Greuter (2014) beschäftigt sich seit vielen Jahren mit dem Thema Vertikale Persönlichkeit in Forschung und Lehre. Sie hat auf der Basis von Loevinger ein eigenes Modell entwickelt. Dieses Modell stellen wir im Folgenden dar (1996).

15.1 Die präkonventionelle Stufe (~5 %)

Stufe 2/3: Egozentrisch: Kernmerkmale: Erhalten und Verteidigen
- Konzentration auf den eigenen Selbstschutz, persönliche Bedürfnisse, materielle Dinge und unmittelbare Möglichkeiten;
- Kann andere manipulieren, täuschen und zwingen, um sie zu managen
- Misstraut anderen, dass sie manipulierend handeln;
- Fragile Selbstkontrolle; feindseliger Humor; Stereotypisierung; externe Schuldzuweisungen
- Sieht Glück als zentral an;
- Sieht Regeln als Freiheitsverlust; das, womit man durchkommt, ist „richtig";
- Bestraft nach „Auge um Auge";
- „Ich gewinne, du verlierst"-Mentalität;
- Feedback wird als Angriff verstanden.

Stufe 3: Gruppenzentriert: Konformität und Zugehörigkeit
- Hält Protokoll und sozial erwartetes Verhalten ein; passt sich an soziale Normen an, arbeitet nach Gruppenstandard;
- Benötigt Zustimmung und ein Gefühl der Akzeptanz; vermeidet negativen Eindruck und Konflikt;
- Denkt in einfachen Begriffen und spricht in Allgemeinaussagen und Klischees;
- Strebt nach Zugehörigkeit, äußere Zeichen von Status;

- Schämt sich, wenn er/sie Regeln verletzt; Gesichtswahrung ist wichtig, um sich gut zu fühlen;
- Kümmert sich um das Wohlergehen der eigenen Gruppe; „Wir-gegen-die"-Mentalität;
- Feedback wird als persönliche Missbilligung empfunden.

Stufe 3/4: Skill- und kompetenzzentriert: Vergleichen und Perfektionieren
- Versunken darin, in ihrem eigenen Interessensgebiet kompetent zu sein, betrachtet ihren Weg als den einzig gültigen;
- Entscheidungen basieren auf unumstößlichen „Fakten"; konsequente Bemühungen, um Techniken und Effizienz zu verbessern;
- Legt Wert auf hohe Standards; starke Überzeugungen und Meinungen; eingefahrene Problemlösung;
- reaktiv, dogmatisch, perfektionistisch; kann in Details stecken bleiben; muss herausstechen;
- Bedürfnis, sich abzuheben und respektiert zu werden; konforme Moralvorstellungen; kritisch und wettbewerbsorientiert gegenüber anderen;
- Kann noch keine Prioritäten unter konkurrierenden Anforderungen setzen;
- Hört Feedback als Kritik.

Stufe 4: Selbstbestimmend: Analysieren und Verwirklichen
- Selbstverantwortung als Akteur, Initiator und nicht als Spielball des Systems;
- Fokus auf das Erreichen von Ergebnissen;
- Effektivität, Ziele, Erfolg; verfolgt Ergebnisse und Effektivität statt nur Effizienz;
- Längerfristige Ziele; zukunftsorientiert;
- Systematisches (wissenschaftliches) Wissen;
- Sucht proaktive Wege um Probleme herum, kann unorthodox sein;
- Beginnt, Komplexität und mehrere Ansichten zu schätzen, aber Glaube an Objektivität; kann zusammenarbeiten, indem er „zustimmt, anderer Meinung zu sein";
- Schätzt Gegenseitigkeit und Gleichheit in Beziehungen;
- Fühlt sich schuldig, wenn eigene Standards oder Ziele nicht erreicht werden, selbstkritisch;
- Akzeptiert Verhaltensrückmeldungen als nützlich für Verbesserungen.

15.2 Die postkonventionellen Stadien (~15–20 %)

Stufe 4/5: Selbsthinterfragung: Relativierend und kontextualisierend
- Sieht sich selbst in Beziehung zum Kontext; Interaktion innerhalb von Systemen;
- Beschäftigt sich mit dem Unterschied zwischen Realität und Schein;
- Erhöhtes Verständnis von Komplexität, systemischen Zusammenhängen und unbeabsichtigten Folgen von Handlungen;

- Bewusstsein für die Auswirkungen auf andere;
- Beginnt, eigenen Annahmen und die von anderen zu hinterfragen;
- Erkennt die Subjektivität von Überzeugungen;
- Spricht eher von Interpretationen als von Wahrheit;
- Kann verschiedene Rollen in verschiedenen Kontexten spielen;
- Postkonventionelle Fähigkeit, Verhalten an den Kontext anzupassen;
- Systematisches und zweigleisiges Problemlösen;
- Beginnt, Feedback um seiner selbst willen zu suchen und zu schätzen.

Stufe 5: Selbstverwirklichung: Integrieren und Transformieren
- Erkennen von höheren Prinzipien, sozialer Konstruktion der Realität, Komplexität und dynamischen System Interaktionen;
- Interesse am Zusammenspiel von Rollen, Theorie, Kontext, Urteil, nicht nur Regeln und Gewohnheiten;
- Verknüpfung von Theorie und Prinzipien mit der Praxis;
- Problemfindung und kreative Problemlösung;
- Sowohl prozess- als auch zielorientiert;
- Bewusstes Erkennen von Paradoxien und Widersprüchen im System und in sich selbst;
- Tiefe Wertschätzung für andere, Toleranz für Unterschiede; nicht feindseliger Humor;
- Sensibilität für den historischen Moment, größere soziale Bewegungen und einzigartige Marktnischen;
- Schafft „Positiv-Summen"-Spiele;
- Setzt sich mit der eigenen Macht bewusst auseinander; manchmal von ihr verführt;
- Sucht Feedback von anderen und der Umwelt als entscheidend für Wachstum und Sinngebung der Welt.

Stufe 5/6+: Konstrukt-Bewusstsein und darüber hinaus: Gezielte Aufmerksamkeit auf Konstrukte, Metakognition und Ego-Fallen bis hin zum endgültigen „alles umarmen" und Bezeugen dessen, was ist
- Fokus auf die Transformation von sich selbst und anderen;
- Hohes Bewusstsein für die Komplexität der Sinngebung, systemisches Zusammenspiel und dynamische Prozesse;
- Sucht persönliche und spirituelle Transformation und unterstützt andere in ihrer Lebenssuche;
- Kann Ereignisse erschaffen, die mythisch werden und die Bedeutung von Situationen neugestalten;
- Arbeitet sowohl mit Chaos als auch mit Ordnung; vermischt Gegensätze; sieht Licht und Dunkelheit,
- Achtet ständig auf die Wechselwirkung zwischen Denken, Fühlen, Wahrnehmen und Handeln;
- Schätzt Ambiguität und Polaritäten sowie Einflüsse von und Auswirkungen auf Individuen, Institutionen, Geschichte und Kultur;

- Behandelt Zeit und Ereignisse als symbolisch, analog, metaphorisch (nicht nur linear, digital, wörtlich);
- Ist sich der kontinuierlichen Selbstdefinition (Geschichtenerzählen) und Veränderung als Teil des Lebensprozesses und der menschlichen Sehnsucht nach Dauerhaftigkeit bewusst;
- Manchmal übermäßig viel Komplexität.
- Kann das, was im Moment ist, auf eine Weise annehmen, die ihn von vielen defensiven Zwängen befreit und Möglichkeiten für weise Entscheidungen und kreative Antworten eröffnet;
- Rückmeldung wird als notwendiger Aspekt des Daseins als lebender Organismus innerhalb von Systemen, die miteinander interagieren, gesehen.

Literatur

Cook-Greuter, S. (2014). *Ego development: A full-spectrum theory of vertical growth and meaning making.* Nicht veröffentlichtes Skript.

Hy, L., X., & Loevinger, J. (1996). *Measuring ego development.* Lawrence Erlbaum Associates, Inc.

16 Vertikale Persönlichkeitsentwicklung, Managementpotenzial und Spin-Out-Faktoren

Wie steht die vertikale Persönlichkeitsentwicklung in Bezug zu der Ausprägung von Managementpotenzial, also die Vorhersage von zukünftigem Management-Erfolg? Welche Rolle spielen in diesem Zusammenhang die Spin-Out-Faktoren (Verhaltensweisen, die in hohem Zusammenhang zu Misserfolg im Management stehen)?

Mit diesen Fragestellungen werden wir uns in diesem Kapitel beschäftigen. Wir haben hierzu eine verkürzte Darstellung aus dem Buch von Bernd Wildenmann *21 Pfade für die erfolgreiche Führung von Menschen* (2015) erstellt. Dazu sollen die Erkenntnisse zur Erforschung des Talents für Management nochmals dargestellt werden, gleichsam wie eine Synchronisation mit der Theorie zur vertikalen Persönlichkeit hergestellt wird.

So viel vorweg: Die vertikale Persönlichkeit ist kein neuer zusätzlicher Potenzialfaktor, sondern ergänzt die vier Faktoren, die die Höhe des Potenzials bestimmen.

Die vier Potenzialfaktoren sind:

- Komplexitätsverarbeitungsfähigkeit
- Motivation aus dem Ungelösten
- Einfluss auf soziale Systeme
- Lernen aus Erfahrung

Diese vier Faktoren ermöglichen zum einen eine ausreichende Definition des Faktors Potenzial als Teil unserer Persönlichkeit, zum anderen können sie in ihrer Messung zur Prognose von zukünftigem Managementpotenzial verwendet werden.

Ergänzt werden diese 4 Faktoren durch die 8 Stufen der vertikalen Persönlichkeitsentwicklung. (Abb. 16.1)

Wie in der nachstehenden Abbildung aufgezeigt, unterstützt eine hohe Reife den Entwicklungsprozess der Entfaltung des Managementpotenzials. Gleich-

		PF1 Komplexitätsverarbeitung	PF2 Motivation aus dem Ungelösten	PF3 Einfluss auf soziale Systeme	PF4 Lernen aus Erfahrung	VP Vertikale Stufen der Persönlichkeitsentwicklung
8	A	Bearbeitung paralleler hoch komplexer Prozesse	Setzt Leistungsstandards außerhalb	Die Einflussnahme löst eine Wirkung auf soziale Systeme aus	Erreicht ein Lerndelta über dem Durchschnitt	Stufe der Autonomie
7	A	Bearbeitung hoch komplexer Prozesse	Interesse/Drive an neuen Aufgaben außerhalb	Nimmt Einfluss in externalen Foren	Kann das neue Lernverhalten übernehmen	Stufe der Selbsthinterfragung
6	B	Treffen mehrdimensionaler Managemententscheidungen	Strebt erfolgreich nach Funktionsänderung innerhalb	Die Einflussnahme löst eine Wirkung auf soziale Systeme aus	Reflektiert die Lernnotwendigkeit	Stufe der selbstbestimmten Gestaltung
5	C	Treffen eindimensionaler Managemententscheidungen	Setzt stets neue Qualitätslevel der Zielerreichung	Nimmt Einfluss auf die übergeordnete Ebene;	Erkennt durch Feedback Lernbedarf	Stufe des Selbstwertes
4	D	Bearbeitung seriell paralleler Prozesse	Entwickelt eigenständig Motivation	Die Einflussnahme löst eine Wirkung auf soziale Systeme aus	Erreicht ein Lerndelta über dem Durchschnitt	Konformistische Stufe
3	E	Intellektuelle Prozessabbildung	Zeigt Interesse an ungelösten Aufgaben	Nimmt Einfluss auf die gleichgeordnete Ebene;	Kann das neue Lernverhalten übernehmen	Egozentrierte Stufe
2		Selbstständige Festlegung von Arbeitsreihenfolgen	Verdrängt ungelöste Problemstellungen	Die Einflussnahme löst eine Wirkung auf soziale Systeme aus	Reflektiert die Lernnotwendigkeit	Stufe des Selbstschutzes
1		Keine Priorisierung von Aufgaben	Keine Reaktion auf neue Sachverhalte	Nimmt Einfluss auf die untergeordnete Ebene	Erkennt durch Feedback Lernbedarf	Impulsive Stufe

Abb. 16.1 Potenzialmodell nach Wildenmann

zeitig bremst eine geringe Persönlichkeitsreife die Entfaltung des Potenzials. (Abb. 16.2).

Nehmen wir eine Person auf der Stufe 3/Vertikale Persönlichkeit mit gleichzeitig hohem Potenzial. Dieser Mensch wird möglicherweise nur auf den eigenen Vorteil bedacht sein, dabei aber, wenn die eigenen Interessen nicht in Erfüllung gehen, schnell ungemütlich oder aggressiv werden.

Eine Person mit hohem Potenzial auf Stufe 2 wird sich schnell absichern wollen oder wird sich sofort angegriffen fühlen und in die Selbstverteidigung gehen, eine Person auf Stufe 4 wird womöglich zu stark an der Erfüllung von Regeln festhalten.

Andersherum wird jemand auf einer hohen Reifestufe bei geringem Potenzial sich bescheiden, vielleicht unauffällig, aber in jedem Falle verständnisvoll verhalten, diese Person wird man in ihrer Reife erst bei näherem Kontakt kennenlernen. Diese Person wird die Höhe des eigenen Potenzials in der Selbsterkenntnis wahrnehmen und damit umgehen. Sie wird sich bald auf ein Gebiet ihrer Fähigkeiten zuwenden, in welchem sie ihre eigenen Talente verwirklichen kann.

Die Einschätzung der Stufe der Vertikalen Entwicklung im Assessmentprozess kann entweder über eine Selbst- und Fremdbefragung (Rangreihe oder absolute Einschätzung) oder über die Methode der Satzergänzung erhoben werden.

Jetzt sollen die Potenzialfaktoren mit den jeweils acht Stufen vorgestellt werden. Es handelt sich hierbei um einen verkürzten Auszug aus dem Buch *21 Pfade für die erfolgreiche Führung von Menschen* (2015) von Bernd Wildenmann.

Danach stellen wir das Konzept der Spin-Out-Faktoren als Antipode-Modell dar. Wie bereits ausgeführt stellen die Spin-Out-Faktoren Verhaltensweisen dar, die in hohem Zusammenhang mit Misserfolg in der Managementkarriere stehen. Je höher die Spin-Out-Faktoren sind, umso höher ist die Gefahr der Entgleisung

Hohes Potenzial	Erfolgreich, rücksichtslos oder zu wenig Selbstvertrauen, egozentriert oder selbstverteidigend	Erfolgreich und sich selbst bewusst, gebend und nehmend, weitsichtig und ganzheitlich
Niedriges Potenzial	Erfolglos und unbeliebt	Unterstützend und helfend, bescheiden, selbstlos, sich unterwerfend
	Geringe Reife der Person	Hohe Reife der Person

Abb. 16.2 Beziehung zwischen Managementpotenzial und Reife der Persönlichkeit

der Karriere. Dies gilt in erster Linie für Führungskräfte in Organisationen, wie aber auch eingeschränkt für Unternehmer.

Unternehmer haben grundsätzlich mehr Freiheitsgrade in ihrem Handeln, ihre Spin-Out-Faktoren äußern sich dann in der Fluktuation bei den eigenen Mitarbeitern und im Verlust von Kunden.

16.1 Was ist Managementpotenzial?

Wie erkennen Sie Talent für Management?
Gibt es Indikatoren, durch die Managementerfolg prognostiziert werden kann? Lassen sich Talente schon früh erkennen? Kann deren Managementerfolg auf spezifischen Hierarchieebenen bestimmt werden?

Diese Fragen wollen wir im Folgenden beantworten. Das Ziel dabei ist, dass Sie sich selbst auf den Prüfstein stellen und sich selbst fragen, wie es um Ihr Potenzial steht. Gleichermaßen ist natürlich jede Führungskraft aufgefordert, Mitarbeitende mit Führungspotenzial zu entdecken und deren Potenzial zu fördern.

Grundsätzlich heißt Managementpotenzial zu haben: In neuen komplexen Situationen erfolgreich zu sein, also das Talent und die Fähigkeit zu besitzen, die Komplexität von sozialen Systemen zu erfassen und die entscheidenden Hebelkräfte zu finden.

Die Entwicklung des Potenzials scheint vor allem von zwei Faktoren abzuhängen:

1. Ausprägung der Potenzialfaktoren
2. Anzahl und Intensität der Herausforderungen

Aus vorstehender Abbildung (Abb. 16.3) lässt sich der Zusammenhang nochmals verdeutlichen. Je mehr herausfordernde Situationen eine Person erlebt, je mehr

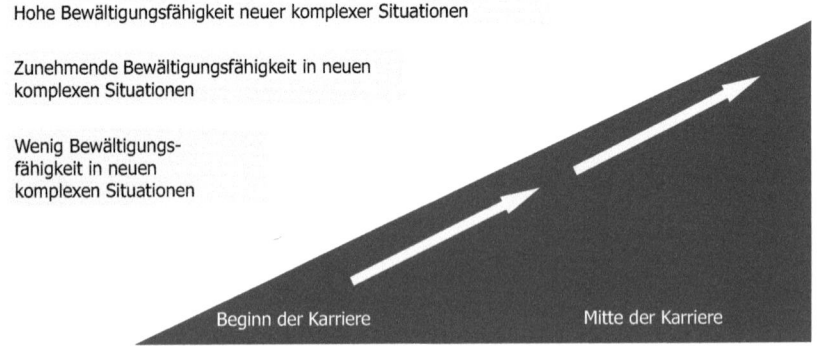

Abb. 16.3 Entwicklung des Potenzials

jemand an die Grenze der Bewältigungsfähigkeit gebracht wird, umso schneller kann eine Person lernen. Je schneller eine Person im sozialen Bereich lernen kann, umso mehr und stärker wird sich aus Potenzial Kompetenz entwickeln. Es geht um die zu prognostizierende mögliche Bewältigungsfähigkeit von komplexen Managementsituationen. Dabei sollte sich die Prognose sowohl auf die zeitliche wie auch qualitative Dimension orientieren. Es geht um die Frage, wann eine Person welche Managementebene bewältigen kann.

Die entscheidende Frage ist, an welchen Kriterien diese Fähigkeit gemessen und damit prognostiziert werden kann. Wir haben uns auf vier Faktoren festgelegt. Zunächst wurden diese Kriterien deduktiv aus vorhandenen Potenzial-Ansätzen verschiedener Autoren rekombiniert. Drei Faktoren wurden aus vorhandenen und publizierten Forschungsprojekten übernommen. Ein zusätzlicher Faktor wurde von uns entwickelt und dem Modell zugefügt. Es zeigte sich in unserer Forschung, dass sich diese vier Faktoren eindeutig bestätigten, anhand der sogenannten „Ertragskritischen Faktoren".

Was sind die entscheidenden Prädiktoren für Managementerfolg?
Die vier Faktoren sind in nachstehender Abbildung (Abb. 16.4) aufgeführt:

Diese vier Faktoren ermöglichen zum einen eine ausreichende Definition des Faktors Potenzial als Teil unserer Persönlichkeit, zum anderen können sie in ihrer Messung zur Prognose von zukünftigem Managementpotenzial verwendet werden.

Man kann einigermaßen gesichert davon ausgehen, dass das Talent für Management genauso angeboren ist, wie das Talent, Golf zu spielen. Wenn es nicht vorhanden ist, kann es nicht entwickelt werden. Wenn es vorhanden ist, wird ein gewisser Drang bei dem Individuum entstehen, das Talent zu entwickeln. Aber es braucht Gelegenheit dafür. Ganz entscheidend für die Entwicklung ist die Anzahl der herausfordernden Situationen, die ein Mensch im Bereich Management bewältigen kann. Wie in jedem Tätigkeitsbereich ist die Übung entscheidend.

1. **Komplexitätsverarbeitung**	3. **Einfluss auf soziale Systeme**
– Die innere Logik in komplexen Strukturen erkennen – Die Struktur für einen Problemlösungsprozess abrufen können – Schwierige Dinge einfach erklären können	– Der Impuls zur Strukturierung – Die Wirkung auf Dritte – Die Fähigkeit zur Entscheidung unter Risiko
2. **Motivation aus dem Ungelösten**	4. **Lernen aus Erfahrung**
– Persönliche Vision des Möglichen – Drive und innere Energie – Leistungslevel setzen – Immer den Fortschritt provozieren	– Selbstvertrauen und Selbstwert – Eine persönliche Wirkung auf andere Menschen – Beziehungsfähigkeit und die Fähigkeit, Atmosphäre zu gestalten

Abb. 16.4 Managementpotenzial

Deshalb ist die beste Personalweiterentwicklungsmaßnahme, Menschen in herausfordernde Situationen zu bringen und dafür zu sorgen, dass sie nicht scheitern.

1. Die notwendige Bedingung für Management-Erfolg ist die Fähigkeit im Umgang mit Komplexität. Die Fähigkeit, die innere Logik in Systemen zu erkennen, komplexe Systeme hinsichtlich der entscheidenden Wirkkräfte analysieren zu können. Das Wesentliche zu erkennen. Die Fähigkeit, schwirige Dinge einfach erklären zu können. Auf unterschiedlichen Abstraktionsebenen denken zu können. Das alles geht mit diesem Faktor einher. Es ist gewissermaßen die notwendige Bedingung für Erfolg.
2. Die Motivation aus der Ungelöstheit einer Situation, ist die unbändige Neugierde einer Person, ungelöste Fragestellungen anzugehen. Neue Konzepte, mögliche Märkte, ungelöste Fragestellungen bannen diese Menschen im höchsten Maße. Ein wichtiger Faktor bei der Bestimmung des Potenzials ist der Faktor Drive/Energie. Je höher die zur Verfügung stehende Energie, desto höher das Potenzial.
3. Der dritte Potenzialfaktor ist der Impuls, Einfluss zu nehmen auf soziale Systeme. Zu strukturieren. Ungefragt. Das Heft in die Hand zu nehmen. Zu entscheiden. Menschen mit Führungsimpuls entscheiden. Das gibt ihnen die informale Berechtigung für die (ungefragt) in Anspruch genommene Führungshandlung.
4. Schlussendlich kommt es darauf an, inwieweit eine Person fähig ist, im Sozialen, im Erfahrungsbereich zu lernen. Solche Menschen machen einen Fehler selten zweimal. Sie schaffen sich stets neue Situationen, in denen sie lernen können. Sie sind aktive Lerner. Sie entwickeln ihre Persönlichkeit, sodass sie ihre Wirkung kennen und Bewusstheit zum eigenen Verhalten erlangt haben.

Aus dem Potenzial erwachsen die potenzialorientierten Kompetenzen (siehe Abb. 16.5), also Handlungsmöglichkeiten. Darüber hinaus gibt es weitere Management-Kompetenzen, die natürlich ebenfalls wichtig sein können. Diese Faktoren unterstützen den Erfolg, aber führen ihn nicht herbei.

Nicht potenzialorientierte Faktoren sind

- Präsentieren
- Eloquent kommunizieren
- Work-live-Balance
- Schriftliche Kommunikation
- Zuhören

Diese Faktoren helfen, den Erfolg zu vergrößern, sind aber nicht essentiell verantwortlich für den Erfolg.

Der entscheidende Unterschied zu den Potenzialfaktoren ist, dass eine Abschätzung eines zukünftig möglichen Leistungsniveaus möglich sein muss. Es sollte möglich sein, das für eine Person erreichbare Leistungsniveau zu be-

Potenzialfaktor	Potenzialorientierte Kompetenz
Komplexitätsverarbeitungsfähigkeit	• Visionen gestalten • Strategisches Management • Umgang mit mehrdeutigen Situationen • Management von Krisen und schwierigen geschäftlichen Situationen
Motivation aus dem Ungelösten	• Maßstäbe setzen • Gestaltungswille • Trends und Möglichkeiten erkennen
Führungsimpuls	• Orientierung geben • Situationen strukturieren • Besprechungen leiten • Entscheidungen herbeiführen
Lernen aus Erfahrung	• Feedback suchen und Verhalten ändern • Ständig Neues lernen

Abb. 16.5 Potenzialorientierte Kompetenzen

stimmen. Die Frage ist also: Welche Hierarchielevel kann eine 25-jährige Person mit 50 Jahren erreicht haben. Potenzialfaktoren müssen prognosefähig sein.

16.2 Fähigkeit im Umgang mit Komplexität

Zurück zu den vier Dimensionen des Potenzials. Die notwendige Funktion ist die Fähigkeit zur Komplexitätsverarbeitung, die weiteren drei Funktionen haben eine hinreichende Bedingung. Dies bedeutet: Wenn die Komplexitätsverarbeitungsfähigkeit den Anforderungen nicht genügt, wird es immer Probleme geben. Die anderen Faktoren erlangen ihre Bedeutung, wenn diese Funktion erfüllt ist. Kompensieren können sie die Komplexitätsverarbeitungsfunktion nicht.

Wissen muss man auch: Die Fähigkeit zur Komplexitätsverarbeitung ist eine intellektuelle Fähigkeit. Sie bezieht sich sowohl auf fachlich-strategische Belange, sowie auf das Verhalten der Menschen in den Organisationen. Viele Change-Prozesse scheitern oft deshalb, weil die verhaltensorientierten Belange nicht beachtet, sondern nur dilettantisch gemanagt werden. Man durchschaut nicht die sozialpsychologische Komplexität.

In dem darzustellenden Modell werden die vier Parameter jeweils in acht Stufen unterteilt. Diese acht Stufen repräsentieren acht Schwierigkeitsgrade bei dem betreffenden Potenzialfaktor.

Bezüglich Komplexitätsverarbeitungsfähigkeit erfordern die Stufen 1 bis 4 eine symbolisch verbale Komplexitätsverarbeitungsfähigkeit. In symbolisch verbalen Kontexten müssen Personen Aufgaben und operative Ziele bewältigen (Vossen & Wildenmann, 2006). Es geht also hier um den konkreten operativen Bereich. Ab Stufe 3 kommt die zeitliche Dimension hinzu. Auf Stufe 5 bis 8 ist abstrakt konzeptionelles Denken und Handeln erforderlich. Es ist die Ebene der Systeme und Strukturen, die Ebene des abstrakten Denkens.

Beginnend ab Stufe 5 wird der strategische Faktor bedeutsam. Es geht jetzt nicht mehr um einzelne Aufgaben und operative Ziele. Der strategische Faktor schiebt sich in den Vordergrund. Zunächst in singulären Entscheidungen. Danach müssen strategische Entscheidungen und Verknüpfungen von mehreren strategisch bedeutsamen Funktionen gefällt werden. Auf den obersten Ebenen kommt der Faktor Zeit, also der Prozess hinzu.

Jetzt zu den genaueren Erläuterungen der verschiedenen Stufen:

Stufe 1
- Eine Person mit einer Komplexitätsverarbeitung Stufe 1 hat eine „oder"-Verarbeitung. Sie denkt in „oder"-Kategorien. Sie sieht nicht die Verknüpfung zwischen Vorgängen und kann nur einen Vorgang nach dem anderen bearbeiten.
- Setzt keine Prioritäten.
- Betrachtet Sachverhalte unvernetzt.
- Zählt Argumente auf, ohne diese zu verknüpfen.
- Arbeitet Aufgaben ab, wobei die Priorität von der jeweiligen Aktualität der Aufgabe dominiert wird.
- Die Arbeitsreihenfolge verschiedener Aufgaben ist zufällig oder von der jeweiligen Aktualität bestimmt (macht immer das zuerst, was gerade auf den Tisch kommt).
- Aus umfassenden Themen/Problemen greift sie zufällig einzelne Aspekte raus, ohne diese im Gesamtzusammenhang zu sehen.
- Differenziert nicht zwischen wichtigen und unwichtigen Informationen.
- Braucht bei neuartigen Aufgaben immer wieder Anleitung und Qualitätsstandards.
- Ist auch mit einfachen Tätigkeiten zufrieden.

Tätigkeiten auf dieser Ebene sind

- Einfach ausführende Tätigkeiten in der Produktion.
- Einfacher Produktverkauf.
- Einfache Sachbearbeitung.

Stufe 2
- Eine Person mit einer „und"-Verarbeitungsfähigkeit kann Beziehungen zwischen Sachverhalten herstellen. Sie erkennt parallele Zusammenhänge und kann damit tätigkeitsübergreifende Verknüpfungen herstellen.
- Setzt Prioritäten bei konkreten Aufgabenstellungen.
- Legt selbstständig sinnvolle Arbeitsreihenfolgen fest.
- Unterscheidet auf der operativen Ebene Wichtiges von Unwichtigem.
- Beachtet alle jeweils für die Aufgaben wichtigen Informationen.
- Sieht und berücksichtigt Verknüpfungen und Zusammenhänge auf gleicher Ebene.
- Optimiert Arbeit, will effektiv sein.
- Setzet Qualitätsstandards neu.

Tätigkeiten auf dieser Ebene sind

- Cross-selling im Verkauf.
- Komplexer Verkauf.
- Teamassistenz und gehobene Sachbearbeitung.

Stufe 3
- Eine Person, die Stufe 3 bewältigt, ist in der Lage, einen komplexen operativen Prozess abzubilden. Es kommt jetzt die zeitliche Komponente hinzu. Diese Person kann zeitliche Planungen mit einem zeitlichen Planungsumfang von mehr als einem bis zu zwei Jahren bewältigen. Kann Projekte über einen längeren Zeitraum (> 1 Jahr) strukturieren und in der Abfolge planen.
- Stellt aufeinander aufbauende Zusammenhänge her, die über den momentanen Zeitpunkt hinaus gehen.
- Erkennt kausale Beziehungen.
- Kann Prozesse, die mehrere Unterprozesse beinhalten, steuern.
- Sieht gegebenenfalls Notwendigkeiten, zuerst bestimmte Voraussetzungen zu schaffen.
- Ist in der Lage, singuläre Prozesse zu steuern.

Tätigkeiten auf dieser Ebene sind

- Aufbau einer Fertigungsstraße.
- Installation und Inbetriebnahme einer Maschine oder Anlage.
- Planung und Durchführung eines Kongresses.

Stufe 4
- Eine Person mit dieser Komplexitätsverarbeitungsfähigkeit kann seriell parallele Fragestellungen bewältigen. Sie ist in der Lage, Interferenzen zwischen Prozessen herzustellen, um so beispielsweise Ressourcenengpässe zu erkennen.

- Kann mehrere Prozesse, die jeweils Unterprozesse beinhalten, steuern und deren Wechselwirkungen und gegenseitige Abhängigkeiten in die Planung mit einbeziehen.
- Findet die Ursachen von Problemen auch in vielfältig vernetzten Situationen.
- Beachtet die vielseitigen Auswirkungen ihrer Entscheidungen über einen gewissen Zeithorizont hinweg.
- Behält auch in vielfältigen Prozessen den Überblick.
- Kann Interferenzen bei mehreren parallelen Prozessen erkennen und in ihre Planungen mit einfließen lassen.

Tätigkeiten auf dieser Ebene sind

- Aufbau einer neuen Betriebsstätte an einem neuen Standort.
- Gleichzeitige Installation und Inbetriebnahme von mehreren komplexen Anlagen und Maschinen.
- Management von großflächigen parallelen Vertriebskampagnen.

Stufe 5

Zwischen Stufe 4 und 5 findet der Wechsel vom operativen zum abstrakt-konzeptuellen Denken statt. Es muss jetzt auf einem anderen Niveau analysiert und entschieden werden. Das bedeutet, eine Person muss auf einer hohen Abstraktionsebene die Systeme erfassen und Entscheidungen fällen. Bei diesen Entwicklungen geht es um Unternehmenssituationen, Managementstrukturen und Systeme zur Verhaltensbeeinflussung von Menschen, wie zum Beispiel Zielsysteme (Vossen & Wildenmann, 2006).

Die Managemententscheidungen sind auf einer Stufe auf einem „oder"-Niveau, also eindimensional. Eine eindimensionale Entscheidung ist beispielsweise, bei Absatzproblemen allein mit Kostenreduzierungen zu reagieren.

Auf dieser Ebene ist es notwendig, singuläre, den eigenen Bereich betreffende Entscheidungen zu treffen. Es sind auf dieser Ebene keine Verknüpfungen zu anderen Funktionen herzustellen. Auf Unternehmensebenen sind hier Entscheidungen notwendig, die auf dem Strukturniveau eine einfache Ursache-Wirkungs-Verbindung beinhalten. In einem kleineren (aus einer zentralen Funktion) bestehenden Unternehmen (z. B. ein mittleres Autohaus) ist die Bewältigung dieser Komplexitätsschiene wichtig. Es werden auf dieser Stufe nicht nur die Aufgaben effektiv bewältigt.

Für eine Person auf dieser Stufe geht es um die Herausarbeitung der Logik des Erfolges für eine Funktion. Die Fähigkeit, aus einer Vielzahl von Ansatzpunkten für ein zentrales Abteilungsprojekt das wichtigste Projekt zu definieren. Dieses Projekt muss jedoch das Niveau einer Aufgabe überschreiten.

- Erfasst eindimensionale Managementprobleme auf komplexen Ebenen, analysiert sie und trifft adäquate Entscheidungen.
- Entwickelt strategische Positionierungen für einzelne Disziplinen.

- Bezieht Trends, die mit ihrem Bereich in Zusammenhang stehen, in strategische Überlegungen mit ein.
- Priorisiert „wichtige" strategische Fragestellungen höher als „dringende" operative Fragestellungen.

Themenstellungen auf dieser Ebene sind

- Wie können wir unsere Vertriebsleistung entscheidend verbessern?
- Wie gehen wir vor, um neue Kunden zu gewinnen?
- Wie können wir unsere Verkaufsleistung verbessern?
- Was können wir tun, um Kosten einzusparen?
- Wie können wir einen Vorteil zur Konkurrenz aufbauen?
- Wie entwickeln sich die Bedürfnisse unserer Kunden, wie können wir darauf reagieren?
- Wie sollen wir die Strukturen unseres HR-Bereiches wählen (Referenten-System regional oder funktional getrennte Abteilungen)?
- Wie soll unsere Controlling-Leistung in Zukunft aussehen? Sollten wir uns nicht von „Kontrolle" und hin zu „Steuerung" bewegen?

Stufe 6
Mitentscheidend für den Komplexitätsbedarf auf Stufe 6 ist die Notwendigkeit der funktionsübergreifenden Analyse und Lösung der Managementfragestellungen. Der Einzug mehrerer Funktionen wie Vertrieb, Logistik, Fertigung, Personal und Service verlangt eine entschieden höhere Abstraktionsfähigkeit und Kombinationsfähigkeit. Vergessen werden darf hier nicht, dass auch der Miteinbezug der menschlichen Faktoren, also der eigentliche Führungsanteil des Problems, mit in die Anforderung auf Stufe 6 genommen werden muss. Die Frage ist: Wie gelingt es, die Menschen dazu zu bringen, die gefundenen neuen Lösungen zu akzeptieren und umzusetzen.

Eine Person auf Stufe 6 muss die gegenseitige Abhängigkeit und Verknüpfung dieser Funktionen intellektuell abbilden können. Sie hat die Fähigkeit, hierfür Strukturen zu finden, die Abhängigkeiten und Engpässe zu erkennen und entsprechende Entscheidungen zu fällen und umzusetzen.

- Erfasst mehrdimensionale Managementprobleme in ihrer Abhängigkeit, analysiert sie und trifft adäquate Entscheidungen.
- Erfasst Zusammenhänge zwischen verschiedenen Disziplinen und Bereichen auf hohem Abstraktionsniveau im strategischen Bereich.
- Kann durch die Verknüpfung von einzelnen Erkenntnissen im strategischen Bereich neue, unerwartete Lösungen kreieren.
- Findet sinnvolle Gesamtzusammenhänge, indem sie verschiedene scheinbar nicht zusammenhängende Positionen verknüpft.
- Bezieht auch Trends, die zunächst scheinbar nicht relevant sind und/oder scheinbar nicht mit dem Anliegen verbunden sind, in ihre Entscheidungen ein.

- Erfasst die Zusammenhänge zwischen mehreren Funktionen (Einkauf, Logistik, Fertigung, Anlage, Verkauf) und kann den kritischen Pfad und den entscheidenden Zusammenhang erkennen und zu einer Entscheidung führen.

Tätigkeiten auf dieser Ebene sind

- Lösung eines Ressourcenproblems im Bereich Produktion, das durch Managementprobleme im gesamten Prozess der Wertschöpfung verursacht wird.
- Entwicklung einer Vision für ein Unternehmen. Diese Vision verknüpft latente Kundenerwartungen, Mentalität der Mitarbeiter und Nutzung von zentralen logistischen Veränderungen.
- Bewältigung eines umfangreichen Restrukturierungsprozesses in einem Unternehmensbereich oder Unternehmen.

Stufe 7

Stufe 7 der Komplexitätsverarbeitung erweitert Stufe 6 um die zeitliche Komponente. Die rein parallele Betrachtung genügt nicht mehr. Es kommt die prozessnahe Betrachtung hinzu. Die lösende Fragestellung unterscheidet sich in der prozentualen Durchdringung und Antizipation. Der Erfolg liegt in der Bewältigung eines umfangreichen und komplexen Prozesses. Ein ideales Beispiel für eine solche Fragestellung ist die erfolgreiche Bewältigung eines Fusionsprozesses oder die Bewältigung eines geplanten Wachstums einer mittleren oder größeren Firma.

Wenn diese Stufe von einer Führungskraft nicht bewältigt wird, gibt es einfach signifikant mehr Probleme. Wie viele Fusionen haben aus diesem Grund die erwarteten Effekte nie erreicht? Man hatte die Komplexität dieses Vorgangs einfach überschätzt.

Auf Stufe 6 werden die Aktionen nicht mittel- oder langfristig geplant. Eine „Tür" wird geöffnet. Weitere „Türen" erscheinen jetzt als Handlungsalternative.

- Auf Stufe 7 kann eine Person den gesamten Prozess gedanklich abbilden. Diese Personen sind immer „5 Züge voraus".
- Bewältigt unternehmensrelevante Fragestellungen, deren kritischer Erfolgspunkt die prozessnahe Frage ist.
- Bewältigt langfristig komplex gestaltete Prozesse auf Unternehmensebene.
- Kann mehrdimensional ausgebaute Systeme und Strukturen im Unternehmen erfolgreich einführen und wirksam machen.
- Kann auf Unternehmensebene Sanierungen vornehmen und das Unternehmen visionär ausgestalten.
- Führt ein Wertkonzept im Unternehmen faktisch ein.
- Schafft es, die möglichen Synergien aus Fusionen des Unternehmens zu realisieren.
- Schafft es, auch abstrakte Themen wie zum Beispiel ein Wertekonzept für das Unternehmen profitabel einzuführen.

16.2 Fähigkeit im Umgang mit Komplexität

Tätigkeiten auf dieser Ebene sind

- Das Wachstum eines Unternehmens geplant gestalten.
- Einen mehrjährigen Turnaround-Prozess mit hoher Durchdringung geplant bewältigen.

Stufe 8
Bei der Stufe 8 der Komplexitätsbewältigung stehen mehrere komplexe zeitlich relevante Fragestellungen im Raum. Die Komplexitätsbewältigung im Management-Bereich wird man auch eher in größeren Unternehmen vorfinden. Sicher auch im Mittelstand, wenn erhebliches Wachstum generiert werden soll. Es gibt dann verschiedene parallel sequenziell durchzuführende Projekte wie: Sicherung der Finanzierung des Wachstums, Schaffung der Führungsstruktur und Bereitstellung der dafür notwendigen Führungskräfte, Aufbau und Inbetriebnahme der Fertigungsstätten, Aufbau des Vertriebs etc. Je bewusster und in sich vernetzt geplanter diese Einzelprojekte bewältigt werden, umso reibungsloser wird der gesamte Prozess ablaufen.

- Eine Person auf Stufe 8 bewältigt parallel mehrere auf jeweils höchster Komplexitätsebene gestaltete Prozesse.
- Kann mehrdimensional aufgebaute Systeme und Strukturen erfolgreich einführen und wirksam machen.
- Schafft es, die möglichen Synergien durch die Durchdringung und Beherrschung des Prozesses aus Fusionen zu realisieren.
- Kann Interferenzen zwischen unternehmensweiten Prozessen erkennen und unter Beachtung der zeitlichen Komponente parallel Prozesse zum Erfolg bringen.

Tätigkeiten auf dieser Ebene sind

- Umstrukturierung eines Konzerns mit hoher planerischer antizipativer Durchdringung.
- Ausgestaltung eines Konzerns hin zu hoher Wertigkeit des Unternehmens.
- Realisierung einer langfristig geplanten Strategie.

Was passiert, wenn eine Person mit ihren Fähigkeiten die entsprechenden Level der Komplexitätserwartung nicht erreicht? Es entstehen Probleme in der Abwicklung oder es werden vorhandene und mögliche Chancen nicht genutzt.

Sobald ein Projektmanager mehrere komplexe Projekte parallel nicht bewältigen kann, wird sich das in Kundenbeschwerden, verzögerten Inbetriebnahmen und langen Mängellisten äußern. Es heißt nicht, dass die Aufgabe nicht erledigt werden kann.

Folgender Fall soll den Sachverhalt verdeutlichen: In einem international tätigen Industrieunternehmen war Jahre lang der Servicebereich von einem Manager geführt worden, der in seiner Komplexitätsverarbeitungsfähigkeit überfordert war.

Stufe 5 wäre mindestens die Voraussetzung gewesen, Stufe 2 hat er höchstens bewältigt. Diese Überforderung zeigte sich im Ergebnis an mehreren Stellen. Nachdem Chancen zur Marktausweitung nicht erkannt und somit nicht genutzt wurden, konnten die Umsatzerwartungen des Vorstandes und die stets sinkenden Stückzahlen in Ersatzteilen nur durch ständige Preiserhöhungen aufgefangen werden. Was wahrlich zu einem Teufelskreis führte. Auf der anderen Seite stellte dieser Manager Führungskräfte ein, die entweder genau auf oder unter seinem Niveau waren. „Ärmel hochkrempeln" war die Devise. Nicht strategisch die Sache angehen. Das Image des Bereiches innerhalb der Organisation sank immer mehr. Die Motivation der Mitarbeiter erodierte auf ein Minimum.

8-Stufen-Modell: Komplexitätsverarbeitung
Wie bereits anfangs erwähnt, sollten die Potenzialfaktoren eine Prognose der über die Lebenszeit maximal erreichbaren Ebenen ermöglichen. Abb. 16.6 fasst diese 8 Stufen nochmals komprimiert zusammen. Für den Faktor Komplexitäts-

Stufe	Die Person…	oder	und	seriell	parallel
1	zeigt keine Priorisierung von Aufgaben. Ist nicht in der Lage, eine Rangfolge von komplexen Sachverhalten zu erstellen.	X	0	0	0
2	legt selbstständig seine Arbeitsabfolge fest.	X	X	0	0
3	kann einen Prozess intellektuell abbilden.	X	X	X	0
4	bearbeitet parallel mehrere Prozesse.	X	X	X	X
5	trifft eindimensionale Managemententscheidungen.	X	0	0	0
6	trifft mehrdimensionale Managemententscheidungen.	X	X	0	0
7	ist in der Lage, komplexe Prozesse zu beherrschen.	X	X	X	0
8	bearbeitet parallel komplexe Prozesse.	X	X	X	X

Abb. 16.6 Das 8-Stufen-Modell: Komplexitätsverarbeitung

16.3 Motivation aus dem Ungelösten

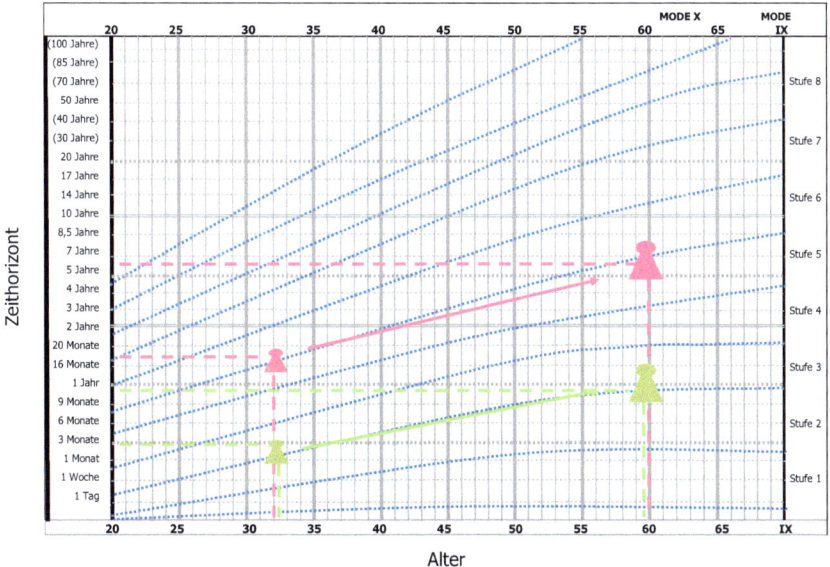

Abb. 16.7 Potenzialentwicklungschart nach Jaques, Cason und Jaques, 1994

verarbeitung hat sich Jaques (Cason & Jaques, 1994) intensiv mit dieser Fragestellung beschäftigt. Nach Jaques entwickelt sich die Komplexitätsverarbeitungsfähigkeit stetig im Verlauf des Lebens.

Das Potenzialentwicklungschart nach Jaques (Abb. 16.7) zeigt die Entwicklung des Potenzials des Faktors Komplexitätsverarbeitungsfähigkeit. In diesem Chart werden verschiedene Parameter in Beziehung gesetzt.

Auf der Senkrechten ist der sogenannte Zeithorizont dargestellt. Mit Zeithorizont ist der Zeitraum definiert, der für eine Aufgabe idealerweise benötigt wird. Auf der Horizontalen wird das Lebensalter angezeigt. Auf der Senkrechten rechts in der Abbildung sind die 8 Stufen der Komplexitätsverarbeitungsfähigkeit dargestellt. Die Kurven in der Abbildung geben den Entwicklungsverlauf der einzelnen Stufen in Abhängigkeit des Lebensalters wieder.

Schon daraus kann man ersehen, dass sich die Komplexitätsverarbeitungsfähigkeit über das gesamte Lebensalter hinweg entwickelt. Vorausgesetzt wird allerdings, dass das Individuum die Gelegenheit dazu hat und genügend Fähigkeit aus Erfahrung besitzt zu lernen.

Um ein Beispiel zu machen: Eine 30-jährige Person ist in der Lage, ein Projekt mit einer Projekterledigungsdauer von vier Jahren zu bewältigen. Diese Person befindet sich damit aktuell auf Stufe 4. Potenziell kann diese Person mit 60 Jahren Projekte mit einem zwanzigjährigen Zeithorizont bewältigen. Die lässt sich anhand des Steigungsgrades der Kurve in der Grafik ablesen. Gleichzeitig kann die endgültige Potenzialstufe erkannt werden. In diesem Fall hat die Person das Potenzial für Stufe 7.

16.3 Motivation aus dem Ungelösten

„Wir leben in einer turbulenten Welt – einer Welt, in der wir uns ändern müssen, um zu überleben; in der wir uns entwickeln müssen, um Erfolg zu haben; in der paradoxerweise allein die Tatsache der ständigen Veränderung unser Risiko, nicht zu überleben, erhöht" (Crainer et al., 1997, S. 19).

Durch dieses einführende Zitat kann der zweite Faktor wie folgt definiert werden: Eine Person mit hoher Ausprägung dieses Potenzialfaktors trägt den Impuls in sich, ungelöste Situationen unverzüglich anzugehen und daraus Motivation zu schöpfen. Es ist ein Mensch, der immer mehr will und selten mit einem (langfristigen) Ist-Zustand zufrieden ist (Crainer et al., 1997). Im folgenden Potenzialfaktor zur Beschreibung und Verdeutlichung von Motivation aus dem Ungelösten, wird auf die Forschungsarbeiten von *Hodgson* und *White* eingegangen. Die Forschungsarbeiten sind in dem Buch Überlebensfaktor Führung (Crainer et al., 1997) sowie in dem Tool Ambiguity Architekt von Lominger (Eichinger et al., 1999) beschrieben.

Stufe 1 bis 5: Bezugspunkte sind das bekannte Umfeld, der eigene Bereich, die eigenen Themen, die Motivation aus dem Ungelösten „innerhalb der Box".

Stufe 6 bis 8: Bezugspunkte sind unbekannte Felder, Kontexte und Themen, die außerhalb des eigenen Bereiches liegen, die Motivation aus dem Ungelösten „außerhalb der Box".

Stufe 1:

- Ist nur begrenzt aufnahmefähig, wenn Informationen nicht leicht zu integrieren sind.
- Erkennt Widersprüche in Argumentationen nicht leicht.
- Nimmt Ungeklärtes oder Unstimmiges nicht wahr.
- Hält sich an einfache und eindeutige Sachverhalte und Erklärungen.

Stufe 2:

- Blendet widersprüchliche Informationen aus.
- Ignoriert oder verdrängt Widersprüchliches oder ungelöste Aspekte.
- Bevorzugt einfache und eindeutige Sachverhalte.
- Bleibt lieber beim Altbewährten.

Stufe 3:

- Das Unbekannte reizt.
- Hakt ungewöhnlich viel nach, wenn es um Dinge in seinem Aufgabenbereich geht.
- Es fällt schwer, sich mit dem erzielten Ergebnis zufrieden zu geben.
- Deckt Lücken und Unstimmigkeiten in bestehenden Konzepten auf.
- Kann mit Mehrdeutigkeit umgehen.
- Widersprüchlichkeit oder Unklarheiten wecken das Interesse.

16.3 Motivation aus dem Ungelösten

Stufe 4:

- Entwickelt innerhalb des Aufgabenbereiches eigenständig neue Konzepte.
- Gibt sich mit bestehenden Ausarbeitungen nicht zufrieden.
- Befasst sich gerne mit objektiv unlösbaren Aufgaben aus seinem Bereich.
- Entwickelt sinnvolle Verbesserungsvorschläge, was seinen Bereich angeht.
- Hinterfragt Standpunkte und Meinungen, die sich auf seinen Bereich beziehen.
- Kann sich längerfristig überdauernd mit einem Thema beschäftigen.

Stufe 5:

- Gibt keine Ruhe, bis die Lösung für ein Problem des Bereiches gefunden wurde.
- Ist ständig auf der Suche nach neuen Informationen, die das Themenfeld betreffen.
- Setzt ein neues Anspruchsniveau an die Klarheit und Genauigkeit von Ausarbeitungen.
- Denkt Pläne für seinen Bereich bis zum Ende durch.
- Bildet sich in seinen Themenbereichen ständig fort.

Stufe 6:

- Informiert sich über Themen aus anderen Bereichen.
- Wendet sich völlig neuen Kontexten zu.
- Hakt generell ungewöhnlich viel nach, egal ob das Thema zutrifft oder nicht.
- Interessiert sich für Neuerungen in verschiedensten Bereichen.
- Sucht nach Ursachen und Zusammenhängen.
- Hat großes Interesse an für ihn bislang fremdem Wissen und Tätigkeitsbereiche.

Stufe 7:

- Sucht neue Wege, Dinge anzugehen.
- Entwickelt hohe Energie diese neuen Bereiche selbst zu gestalten.
- Geht mitunter ein beträchtliches Risiko ein.

Stufe 8:

- Spielt den Ball stets nach vorne und setzt Standards, die vorher nicht da waren.
- Entwickelt Ideen und setzt damit neue Standards.
- Sieht weithin Verbesserungsbedarf und arbeitet Verbesserungsansätze aus.
- Hinterfragt alles kritisch.
- Betrachtet regelmäßig Fragen als offen, die eigentlich als beantwortet gelten.
- Betrachtet den Fortschrittsprozess nie als abgeschlossen.

- Sieht immer wieder neue Möglichkeiten der Verbesserung, die er/sie sofort angeht.

Eine zusammenfassende Darstellung der Stufen finden Sie in Abb. 16.8.

8-Stufen-Modell: Motivation aus dem Ungelösten
Die Motivation aus dem Ungelösten entwickelt sich ebenfalls in Kurven über den Lebenszyklus entlang der unterschiedlichen Graphen hinweg (siehe Abb. 16.9).

	Stufe	Die Person…	Neugier	Drive	Level setzen
In der Box	1	zeigt keine Reaktion auf neue Sachverhalte. Ignoriert neue bessere Lösungsansätze und gibt sich mit der altbewährten Herangehensweise zufrieden. Nimmt keine neuen Sachverhalte wahr.	0	0	0
	2	verdrängt ungelöste Problemstellungen, bei denen er zunächst keine Lösung sieht. Verdrängt neue Aufgaben und Problemlagen. Schließt die Augen vor komplexen Themen und geht diese nicht an. Nimmt die neuen Sachverhalte wahr.	0	0	0
	3	zeigt Interesse an ungelösten Aufgaben. Entwickelt Wissensdrang, wenn ihm unbekannte Themen vorgelegt werden. Wird auf komplizierte Sachlagen aufmerksam, in denen er noch keinen konkreten Lösungsansatz erkennen kann	X	0	0
	4	entwickelt eigenständig Motivation und tastet sich an die neuen Aufgaben heran. Setzt sich für ungelöste Problemstellungen ein. Hat den Drive, neue Aufgaben auszuüben. Handelt selbstständig an kurzfristigen oder langfristigen Aufgaben. Nimmt aktiv Verbesserungen vor. Übernimmt anstehende Aufgaben und bleibt ausdauernd am Lösungsprozess.	X	X	0
	5	definiert die jeweiligen Lösungsetappen bis zum Endziel. Setzt stets neue Level in der Qualität der Zielerreichung.	X	X	X
Aus der Box	6	zeigt Interesse an ungelösten Aufgaben außerhalb seines bisherigen Tätigkeitsbereiches. Entwickelt Wissensdrang, wenn ihm unbekannte Themen vorgelegt werden. Wird auf komplizierte Sachlagen aufmerksam, in denen er noch keinen konkreten Lösungsansatz erkennen kann.	X	0	0
	7	entwickelt eigenständig Motivation und tastet sich an ungelöste Problemstellungen heran. Hat den Drive, neue Aufgaben auszuüben. Handelt selbstständig an kurzfristigen oder langfristigen Aufgaben. Nimmt aktiv Verbesserungen vor. Übernimmt anstehende Aufgaben und bleibt ausdauernd am Lösungsprozess.	X	X	0
	8	definiert die jeweiligen Lösungsetappen bis zum Endziel. Setzt stets neue Level in der Qualität der Zielerreichung. Setzt Leistungsstandards.	X	X	X

Abb. 16.8 Das 8-Stufen-Modell: Motivation aus dem Ungelösten

16.4 Einfluss auf soziale Systeme

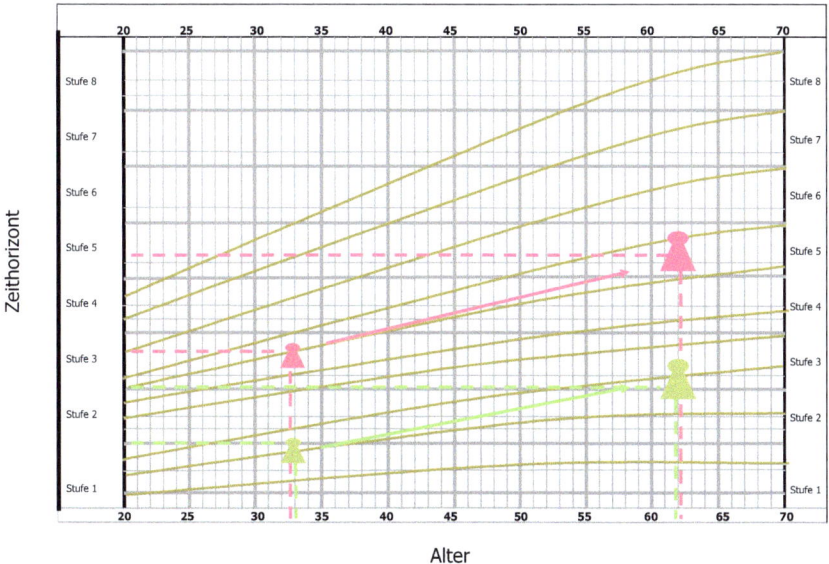

Abb. 16.9 Entwicklung der Motivation aus dem Ungelösten über Lebenszyklus

16.4 Einfluss auf soziale Systeme

Dieser inhärente Führungsimpuls bewegt Menschen dazu, ungefragt soziale Situationen zu gestalten. Sie greifen sofort in Führungssituationen ein, wenn ein Vakuum entsteht. Sie fangen sofort an, zu strukturieren, wenn Orientierungslosigkeit vorhanden ist. Sie nehmen Einfluss und sie haben Einfluss. Sei es, dass sie den Verlauf einer Sitzung in ihre Hand nehmen, sei es, dass sie bestimmte unzureichende Zustände konfrontieren. Sie möchten strukturieren.

Dabei gibt es zum einen den Impuls, zum anderen die Wirkung. Erst wenn beides vorhanden ist, kann dieser Faktor wirklich wirken. Von der Entwicklung her wird zuerst der Impuls da sein. Die Wirkung zu erhalten ist oft Sache der Persönlichkeitsentwicklung und damit zeitabhängig. Dieser Faktor kann zwar anlagemäßig vorhanden sein, wird sich aber erst über die Zeit und viele herausfordernde Situationen hinweg entwickeln. Personen, die den Faktor Wirkung nicht entwickeln können, also bei dem Impuls stehen geblieben sind, erscheinen als machtgierig ohne jedoch einen Effekt zu generieren.

Somit ist es wichtig auf jeder Stufe die beiden Teilaspekte des Faktors Impuls und Wirkung zu entwickeln. Ein gutes Maß für die Ausprägung dieses Faktors, ist die Anzahl und Qualität der Entscheidungen, die eine Person im Kontext mit anderen fällt. Alles in Allem finden sich Menschen mit einem starken Impuls zur Einflussnahme auf soziale Systeme meist in einer Führungsrolle wieder. Es gelingt der Führungskraft, andere durch eine natürliche Autorität für ihre Ideen zu begeistern, mit ihr eine neue Richtung einzuschlagen und sich mit ihrem Rückhalt auf das Ungewisse hinzuzubewegen. Wichtig ist, dass die Person neben dem Impuls auch über die nötige Wirkung auf soziale Systeme verfügt (Vossen, Wildenmann, 2006).

In dem 8-Stufen-Modell (Abb. 16.10) können nun die verschiedenen Abwägungen des Faktors Einfluss auf soziale Systeme abgeleitet werden. Voraus-

	Stufe	Die Person...	Impuls	Wirkung	
Hierarchisch unter-geordnete Personen	1	nimmt Einfluss und versucht die soziale Umwelt zu strukturieren.	X	0	Inkompa-tible Meinung
	2	die Einflussnahme löst eine Wirkung auf soziale Systeme aus. Die Meinung der beeinflussten Mitglieder wird verändert, so dass sich gegebenenfalls Entscheidungen ändern.	X	X	
Hierarchisch gleich-gestellte Personen	3	nimmt Einfluss und versucht die soziale Umwelt zu strukturieren.	X	0	
	4	die Einflussnahme löst eine Wirkung auf soziale Systeme aus. Die Meinung der beeinflussten Mitglieder wird verändert, so dass sich gegebenenfalls Entscheidungen ändern.	X	X	
Hierarchisch über-geordnete Personen	5	nimmt Einfluss und versucht die soziale Umwelt zu strukturieren.	X	0	
	6	die Einflussnahme löst eine Wirkung auf soziale Systeme aus. Die Meinung der beeinflussten Mitglieder wird verändert, sodass sich gegebenenfalls Entscheidungen ändern.	X	X	
Externales Forum	7	nimmt Einfluss und versucht die soziale Umwelt zu strukturieren.	X	0	
	8	die Einflussnahme löst eine Wirkung auf soziale Systeme aus. Die Meinung der beeinflussten Mitglieder wird verändert, so dass sich gegebenenfalls Entscheidungen ändern.	X	X	

Abb. 16.10 Das 8-Stufen-Modell: Einfluss auf soziale Systeme

16.4 Einfluss auf soziale Systeme

gesetzt wird, dass das Verhalten jeweils in Führungssituationen mit inkompatibler Meinung geprüft wird.

Stufe 1 bis 2	Gemeint ist der Führungsimpuls gegenüber untergeordneten Personen, auch bei Vorliegen nichtkompatibler Meinung bzw. die Wirkung, die man auf die Personen hat, wie erfolgreich man Einfluss nimmt
Stufe 3 bis 4	Gemeint ist der Führungsimpuls gegenüber gleichgestellten Personen bzw. die Wirkung, die man auf die Personen hat, wie erfolgreich man Einfluss nimmt
Stufe 5 bis 6	Gemeint ist der Führungsimpuls gegenüber übergeordneten Personen bzw. die Wirkung, die man auf die Personen hat, wie erfolgreich man Einfluss nimmt
Stufe 7 bis 8	Gemeint ist der Führungsimpuls gegenüber Personen außerhalb des eigenen Unternehmens/Konzerns, auf gleicher oder höherer sozialer/hierarchischer Ebene bzw. die Wirkung, die man auf die Personen hat, wie erfolgreich man Einfluss nimmt

Stufe 1:

- Hat den Impuls, auf das Verhalten von untergeordneten Personen Einfluss zu nehmen, auch wenn nichtkompatible Meinungen vorherrschen.
- Möchte auf die Meinung, das Denken von untergeordneten Personen Einfluss nehmen.
- Übernimmt Verantwortung bei untergeordneten Personen.
- Möchte bei untergeordneten Personen die Entscheidungen treffen.
- Ergreift die Initiative bei untergeordneten Personen.
- Möchte und versucht auch sich bei untergeordneten Personen durchsetzen, auch wenn nichtkompatible Meinungen vorherrschen.

Stufe 2:

- Eine untergeordnete Person richtet sich in ihrem Verhalten nach der einflussnehmenden Person.
- Prägt die Meinung von untergeordneten Personen.
- Von einer untergeordneten Person wird Verantwortung übertragen.
- Eine untergeordnete Person orientiert sich an der Person.
- Wird von untergeordneten Personen als natürliche Autorität anerkannt.
- Trifft Entscheidungen bei untergeordneten Personen.
- Setzt sich bei untergeordneten Personen durch.

Stufe 3:

- Möchte auch auf das Verhalten von gleichgestellten Personen Einfluss nehmen.
- Möchte auf die Meinung, das Denken von gleichgestellten Personen Einfluss nehmen.

- Übernimmt Verantwortung auch bei gleichgestellten Personen.
- Möchte auch bei gleichgestellten Personen Entscheidender sein.
- Ergreift die Initiative auch bei gleichgestellten Personen.
- Möchte sich zum Teil durchzusetzen und versucht dies, auch bei gleichgestellten Personen.

Stufe 4:

- Auch eine gleichgestellte Person richtet sich in ihrem Verhalten nach der einflussnehmenden Person.
- Prägt die Meinung auch von gleichgestellten Personen.
- Verantwortung wird auch von einer gleichgestellten Person übertragen.
- Auch eine gleichgestellte Person orientiert sich an dieser Person.
- Wird als natürliche Autorität anerkannt, auch von gleichgestellten Personen.
- Trifft Entscheidungen auch bei gleichgestellten Personen.
- Setzt sich auch bei gleichgestellten Personen durch.

Stufe 5:

- Möchte auch auf das Verhalten von übergeordneten Personen Einfluss nehmen.
- Möchte auch auf die Meinung, das Denken von übergeordneten Personen Einfluss nehmen.
- Übernimmt Verantwortung, auch bei übergeordneten Personen.
- Möchte auch bei übergeordneten Personen entscheiden.
- Ergreift auch bei übergeordneten Personen die Initiative.
- Möchte sich durchsetzen und versuchen dies, auch bei übergeordneten Personen.

Stufe 6:

- Auch eine übergeordnete Person richtet sich in ihrem Verhalten nach der einflussnehmenden Person.
- Auch von einer übergeordneten Person prägt sie die Meinung.
- Verantwortung wird auch von einer übergeordneten Person übertragen.
- Auch eine übergeordnete Person orientiert sich an der Person.
- Wird als natürliche Autorität anerkannt, auch von übergeordneten Personen.
- Trifft Entscheidungen auch bei übergeordneten Personen.
- Setzt sich auch bei übergeordneten Personen durch.

Stufe 7:

- Möchte generell immer auf das Verhalten von anderen Personen Einfluss nehmen, auch außerhalb des eigenen Unternehmens und auch bei fremden Personen.

- Möchte generell immer auf die Meinung, das Denken von anderen Personen Einfluss nehmen, auch außerhalb des eigenen Unternehmens und auch bei fremden Personen.
- Übernimmt generell immer Verantwortung, auch außerhalb des eigenen Unternehmens und auch bei fremden Personen.
- Möchte generell immer entscheiden, auch außerhalb des eigenen Unternehmens und auch bei fremden Personen.
- Ergreift generell immer die Initiative, auch außerhalb des eigenen Unternehmens und auch bei fremden Personen.
- Möchte und versucht sich generell immer durchsetzen, auch außerhalb des eigenen Unternehmens und bei fremden Personen.

Stufe 8:

- Eine Person auch außerhalb des eigenen Unternehmens und auch eine fremde Person, richtet sich generell in ihrem Verhalten immer nach der Einflussnehmenden Person.
- Prägt generell immer die Meinung, auch außerhalb des eigenen Unternehmens und auch bei fremden Personen.
- Verantwortung wird generell immer, auch außerhalb des eigenen Unternehmens und auch bei einer fremden Person auf die Person auf Stufe 8 übertragen.
- Eine Person orientiert sich generell immer an ihr, auch außerhalb des eigenen Unternehmens und auch fremde Personen.
- Wird generell immer als natürliche Autorität anerkannt, auch außerhalb des eigenen Unternehmens und auch bei fremden Personen.
- Trifft Entscheidungen generell immer, auch außerhalb des eigenen Unternehmens und auch bei fremden Personen.
- Setzt sich generell immer durch, auch außerhalb des eigenen Unternehmens und auch bei fremden Personen.

8-Stufen-Modell: Einfluss auf soziale Systeme
Auch für dieses Kriterium finden Sie nachstehend die Entwicklungsverläufe, orientiert am Lebensalter (Abb. 16.11).

16.5 Lernen aus Erfahrung

Der Faktor **Lernen aus Erfahrung** wird nach Lombardo et al. (1995) folgendermaßen definiert: Die Entwicklung eines leitenden Mitarbeitenden hängt nicht nur von reinem Talent ab, sondern auch von den Erfahrungen, die dieser gemacht hat und vor allem auch davon, welche Rückschlüsse er daraus gezogen hat. Aus den eigenen Erfahrungen zu lernen und sie beim nächsten Mal umzusetzen, ist eine wichtige Fähigkeit. Überdies suchen die Personen, die diesen Faktor hoch ausgeprägt haben, nach immer neuen Herausforderungen. Herausfordernden Situationen stellen sie sich auch dann, wenn sie eine hohe Verantwortung beinhalten.

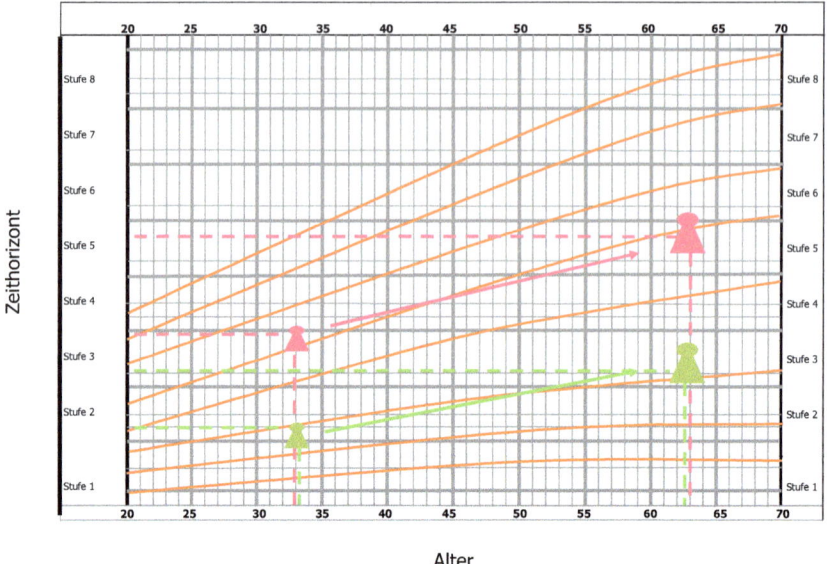

Abb. 16.11 Entwicklung Einfluss auf soziale Systeme über Lebenszyklus

Die Personen sind somit in hohem Maße in der Lage, neue Handlungsstrategien zu entwickeln.

Generell lassen sich bei der Entwicklung von Führungskräften zwei Phasen unterscheiden:

1. Die Phase des geplanten Lernens
2. Die Phase des Erlebenslernens

Die Phase des geplanten Lernens beschreibt alle Lernerfahrungen, die in der Schule, Studium oder Ausbildung gesammelt werden.

Die zweite Phase, der Entwicklung von Führungskräften, erfasst alle Lernsituationen des Alltags- und Berufslebens. Die Fähigkeit aus gemachten Erfahrungen, wie zum Beispiel einer Situation, Chancen, Risiken und Herausforderungen, Schlüsse zu ziehen, ist die eigentliche Grundlage der Potenzialentwicklung. Dieser Faktor, Lernen aus Erfahrung, korreliert sehr hoch mit beruflichem Erfolg (Wildenmann, 1999).

Nur durch Erfahrung kann eine Führungskraft im beruflichen Umfeld abschätzen, wie man mit Vorgesetzten umgeht, wie man ehemalige Kollegen führt, wie man mit feindseligen ausländischen Regierungen verhandelt, wie man angespannte politische Situationen bewältigt oder nötigenfalls Mitarbeitende entlässt. Diese und viele andere Lektionen lernt man an vorderster Front durch herausfordernde Aufgaben und Probleme, durch kompetente oder inkompetente

16.5 Lernen aus Erfahrung

Chefs, aber auch durch Fehler, Krisen oder Missgeschicke. Jede Erfahrung ist anders beschaffen, genauer gesagt sind nicht alle Erfahrungen gleich. Es hängt davon ab, wie sie genutzt werden. Aus unterschiedlichen Erfahrungen werden unterschiedliche Dinge gelernt (Lombardo et al., 1995).

Die Fähigkeit, aus Erfahrung zu lernen, ist sozusagen die notwendige Bedingung für die Potenzialentwicklung. Die hinreichende Bedingung ist die Summe und Intensität der erfahrenen Herausforderungen. Je intensiver und häufiger eine Person gefordert wird und je öfter eine Person diese Situationen bewältigt, umso mehr wird die Entwicklung des Potenzials akzeptiert (Wildenmann, 1999).

Der vierte Potenzialfaktor, Lernen aus Erfahrung, ist deshalb sehr wichtig, weil dieser Lernfaktor die Tiefe und Schnelligkeit des Lernens in den anderen Faktoren bestimmt. Je stärker dieser Faktor ausgeprägt ist, umso schneller intensiver lernt eine Person im sozialen Bereich.

Im Folgenden wird das 8-Stufen-Modell zu Lernen aus Erfahrung beschrieben.

Das Modell in Abb. 16.12 beinhaltet acht aufeinander aufbauende Stufen zum Faktor Lernen aus Erfahrung. Der Potenzialfaktor Lernen aus Erfahrung wird in das Verhalten im konkreten Lernbereich und das Verhalten im abstrakten Lernbereich unterteilt.

Im konkreten Lernbereich werden vier Stufen aufgeführt:

Die erste und niedrigste Stufe ist die Erkenntnis des Lernbedarfs. Die zweite Stufe beinhaltet die Reflexion des Lernbedarfs. In der dritten Stufe kann die Person den Transfer zu neuen Aufgabengebieten leisten und in der höchsten Stufe des konkreten Lernbereichs erreicht die Person ein Lerndelta über dem Durchschnitt.

Befindet sich eine Person auf Stufe fünf, so erkennt sie ihren Lernbedarf im abstrakten Lernbereich. In Stufe sechs reflektiert die Person neue Lernnotwendigkeiten im abstrakten Lernbereich. Kann sie ein neues Lernverhalten übernehmen, befindet sie sich auf Stufe sieben. Die höchste Stufe des Potenzialfaktors Lernen aus Erfahrung wird erreicht, wenn eine Person in Schnelligkeit und Intensität überdurchschnittlich stark im abstrakten Bereich lernt.

Stufe 1 bis 4: Bezugspunkt ist der inhaltlich konkrete Bereich, das Lernen von genau umschreibbaren Kompetenzen und Fertigkeiten, die man hauptsächlich durch Übung erlernen kann

Stufe 5 bis 8: Bezugspunkt ist der abstrakte Lernbereich. Es geht um komplexe Kompetenzen, wie zum Beispiel das Lernen zu Lernen oder das Lernen von Flexibilität, im sozialen Bereich oder Persönlichkeitsentwicklung. Übung reicht hier für Erfolg nicht mehr aus

Stufe 1:

- Kann eigenen Lernbedarf bezüglich benötigter einfacher Kompetenzen und Fertigkeiten erkennen, geht dem aber nicht nach.
- Wenn von anderen auf eine Schwäche in der Erfüllung konkreter Aufgaben hingewiesen wird, wird diese bei sich erkannt, aber nichts geändert.

	Stufe	Die Person...	Erkenntnis	Reflexion	Transfer	Lerndelta
Konkreter Lernbereich, einfache Kompetenzen	1	erkennt durch Wahrnehmung und Feedback Lernbedarf.	X	0	0	0
	2	reflektiert die Lernnotwendigkeiten. Durchdenkt neue Handlungsalternativen.	X	X	0	0
	3	kann das neue Lernverhalten übernehmen. Erweitert oder verändert sein Verhaltensrepertoire. Leistet Transfer zu neuen Aufgabengebieten.	X	X	X	0
	4	erreicht ein Lerndelta über dem Durchschnitt. Lernt sowohl in Schnelligkeit und Intensität überdurchschnittlich stark.	X	X	X	X
Abstrakter Lernbereich, Persönlichkeit komplexe Kompetenzen	5	erkennt durch Wahrnehmung und Feedback Lernbedarf.	X	0	0	0
	6	reflektiert die Lernnotwendigkeiten. Durchdenkt neue Handlungsalternativen.	X	X	0	0
	7	kann das neue Lernverhalten übernehmen. Erweitert oder verändert sein Verhaltensrepertoire. Leistet Transfer zu neuen Aufgabengebieten.	X	X	X	0
	8	erreicht ein Lerndelta über dem Durchschnitt. Lernt sowohl in Schnelligkeit und Intensität überdurchschnittlich stark.	X	X	X	X

Abb. 16.12 Das 8-Stufen-Modell: Lernen aus Erfahrung

Stufe 2:

- Reflektiert eigenen Lernbedarf hinsichtlich benötigter einfacher Kompetenzen und Fertigkeiten und setzt sich Lernziele.
- Ist sich über Schwächen bewusst und versucht sie durch Übung zu verringern.
- Wenn ein Lernfeld in einem Aufgabenbereich für sich entdeckt wird, wird sich das Ziel gesetzt, die Kompetenz zu lernen.

- Ist bereit, sich zu verbessern und Neues zu erlernen.

Stufe 3:

- Reflektiert eigenen Lernbedarf hinsichtlich benötigter einfacher Kompetenzen und Fertigkeiten und erwirbt die entsprechenden Kompetenzen.
- Ist sich über Schwächen bewusst und verringert sie durch Übung.
- Wenn ein Lernfeld in einem Aufgabenbereich entdeckt wird, wird erfolgreich an der Entwicklung in diesem Feld gearbeitet.
- Verbessert sich und lernt Neues, wenn es um konkrete Fertigkeiten und Kenntnisse geht.

Stufe 4:

- Reflektiert eigenen Lernbedarf hinsichtlich benötigter einfacher Kompetenzen und Fertigkeiten und erwirbt die entsprechenden Kompetenzen überdurchschnittlich schnell.
- Ist sich über Schwächen bewusst und verringert sie sehr rasch durch Übung.
- Benötigt nicht viel Zeit oder Übung, um sich in konkreten Bereichen zu verbessern oder neue Kompetenzen zu erwerben.
- Wenn ein Lernfeld in einem Aufgabenbereich für sich entdeckt wird, kommt es überraschend schnell zu einer erreichten Verbesserung.
- Verbessert sich ständig und lernt immerzu Neues, wenn es um konkrete Fertigkeiten und Kenntnisse geht.
- Ein einmal unterlaufender Fehler in einer konkreten Aufgabe passiert nie wieder. Macht Fehler bezogen auf einfache Aufgaben immer nur einmal.

Stufe 5:

- Kann eigenen Lernbedarf bezüglich abstrakter Bereiche wie im Bereich Verhalten, Persönlichkeit oder soziale Kompetenzen erkennen, geht dem aber nicht nach.
- Wenn von anderen auf eine Schwäche in einem abstrakteren Bereich hingewiesen wird, wird diese erkannt, aber nichts geändert.

Stufe 6:

- Reflektiert eigenen Lernbedarf hinsichtlich Fähigkeiten oder Reaktionsweisen und setzt sich Lernziele.
- Ist sich über Schwächen auf allen Ebenen bewusst und versucht sie durch Übung zu verringern.
- Wenn ein Lernfeld in irgendeinem Bereich für sich entdeckt wird, wird sich das Ziel gesetzt, die entsprechenden Fähigkeiten auszubilden.
- Ist bereit, sich als Person zu verbessern und Neues zu erlernen.

Stufe 7:

- Reflektiert eigenen Lernbedarf hinsichtlich Fähigkeiten oder Reaktionsweisen und erwirbt die entsprechenden Kompetenzen.
- Ist sich über Schwächen auf allen Ebenen bewusst und verringert sie durch Übung.
- Wenn ein Lernfeld in irgendeinem Bereich für sich entdeckt wird, wird erfolgreich an der Entwicklung in diesem Feld gearbeitet.
- Verbessert sich und lernt Neues, wenn es um abstrakte Entwicklungen im Bereich Persönlichkeit oder Fähigkeiten, wie zum Beispiel soziales Geschick, geht.

Stufe 8:

- Reflektiert eigenen Lern- und Entwicklungsbedarf hinsichtlich Fähigkeiten oder Reaktionsweisen und erwirbt die entsprechenden Fähigkeiten oder zeigt das angestrebte Denken oder Verhalten überdurchschnittlich schnell.
- Ist sich über Schwächen in allen Feldern, von der Persönlichkeit hin zu konkreten Denk- und Verhaltensweisen bewusst und verringert sie sehr rasch.
- Benötigt nicht viel Zeit oder Übung, um sich in konkreten Bereichen zu verbessern oder neue Kompetenzen zu erwerben.
- Wenn ein Lernfeld in irgendeinem Bereich für sich entdeckt wird, kommt es überraschend schnell zu einer erreichten Verbesserung.
- Verbessert sich ständig und lernt immerzu Neues, auch wenn es um scheinbar schwer erlernbare Dinge geht.
- Zeigt konstant zunehmend erfolgreichere Verhaltensweisen.
- Ein einmal unterlaufender Fehler, egal in welchem Bereich, passiert nie wieder.

8-Stufen-Modell: Lernen aus Erfahrung
Auch für den vierten Potenzialfaktor lassen sich Entwicklungspfade aufzeigen (siehe Abb. 16.13).

Was sind Misserfolgs-Faktoren?
Misserfolgs-Faktoren oder Spin-Out-Faktoren (Wildenmann, 2015) im Management sind nach McCall (1998) Verhaltensweisen oder Verhaltensmuster, durch die eine berufliche Laufbahn, trotz vorhandener Kompetenz sowie vorhandenem Potenzial, behindert oder sogar gestoppt werden kann. Es handelt sich hierbei nicht um starre Persönlichkeitsdimensionen, sondern um veränderbare Verhaltensmuster. Lesley und Van Velsor (1996) definieren eine entgleiste Führungskraft als jemanden, der auf einer bestimmten Führungsebene stagniert oder das Unternehmen freiwillig verließ.

In den späten 80er Jahren entdeckten Lombardo et al. (1988) einen sehr interessanten Zusammenhang. Es scheint Faktoren zu geben, die eher für den Erfolg oder Nicht-Erfolg verantwortlich sind und es gibt Faktoren, die eher für den Misserfolg verantwortlich sind.

16.5 Lernen aus Erfahrung

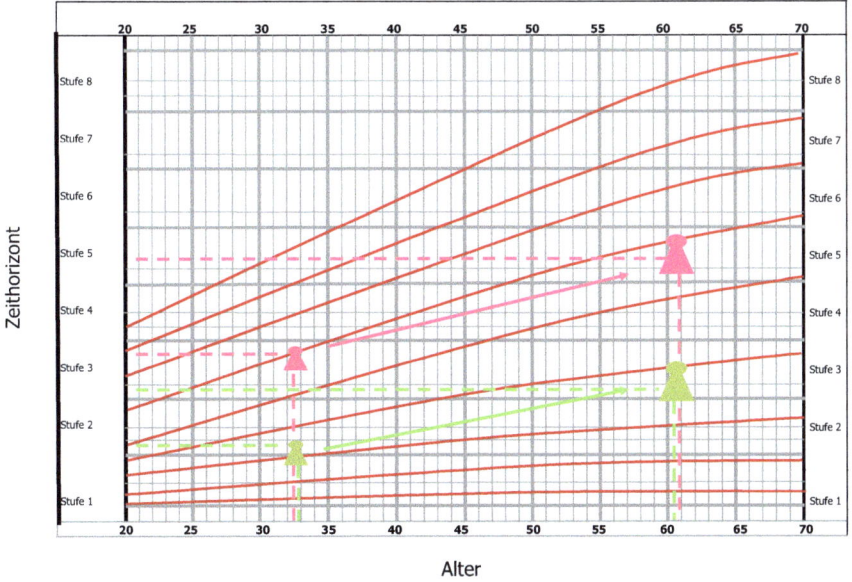

Abb. 16.13 Entwicklung Lernen aus Erfahrung über Lebenszyklus

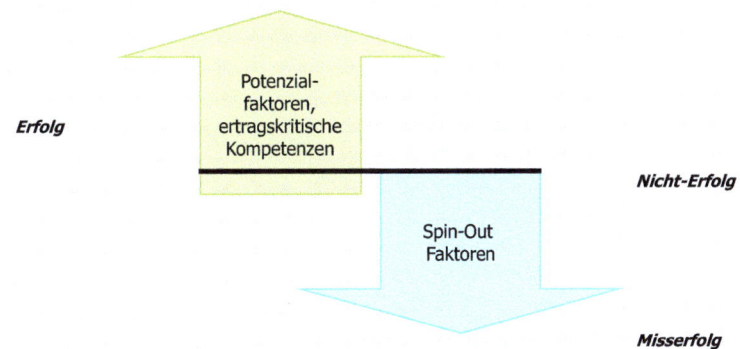

Abb. 16.14 Das Zwei-Faktoren-Modell

Wie aus Abb. 16.14 hervorgeht, gibt es eine Erfolg/Nicht-Erfolg-Linie: Die Potenzialfaktoren und die ertragskritischen Kompetenzen unterstützen eine Person bei ihrem Management-Erfolg. Die Spin-Out-Faktoren sind davon unabhängig und führen zum Misserfolg. Hat also jemand nicht so richtig Erfolg und kommt in seiner Karriere nicht voran, liegt das wahrscheinlich am fehlenden Potenzial und an den daraus resultierenden fehlenden ertragskritischen Kompetenzen. Kommt es trotz vorhandenem Potenzial zu Misserfolg in der Karriere, sind oft die Spin-Out-

Faktoren verantwortlich. Der Misserfolg kann an folgenden Stufen festgemacht werden:

- Eine Person wird in Personalkonferenzen kritisch diskutiert.
- Eine Person wird bei vertikalen Besetzungen nicht berücksichtigt.
- Eine Person wird bei horizontalen Besetzungen nicht berücksichtigt.
- Eine Person wird bei hausweiten Projekten nicht eingesetzt und/oder bekommt nicht die Leitung eines solchen Projekts.
- Eine Person wird auf eine unbedeutende Position versetzt.
- Eine Person muss das Unternehmen verlassen.

Ein interessantes Phänomen ist es, dass zum einen das Misserfolgsverhalten der betreffenden Personen in der eigenen Selbstsicht verdrängt wird. Man will also zu diesem Thema kein Feedback oder wertet ein entsprechendes Feedback ab.

Das zweite Phänomen ist, dass in aller Regel das Spin-Out-Verhalten individuell positiv konnotiert wird. Die betreffende Person findet quasi eine Umdrehung des Spin-Out-Faktors in eine mögliche positive Bedeutung. So könnte beispielsweise jemand, dem oder der „strategische Mängel" zurückgemeldet werden, dieses Defizit damit begründen, dass er oder sie zu viel operative Aufgaben hat und damit keine Zeit für strategische Fragestellungen erübrigen kann.

Eine Aufstellung von 16 Spin-Out-Faktoren, die nach unserer Beobachtung in Unternehmen nachweislich zur Karrierebehinderung bzw. zum -stopp geführt haben, finden Sie nachfolgend:

- Legt wenig Gewicht auf die personelle Qualität bei der Auswahl seiner/ihrer Mitarbeiter oder bei der Zusammenstellung eines Teams.
- Ist eher misstrauisch oder arrogant gegenüber anderen Menschen; glaubt nicht an den Leistungswillen der Mitarbeiter.
- Zieht sich beleidigt zurück, wird laut oder ärgerlich, wenn die Dinge nicht nach seinen/ihren Vorstellungen laufen.
- Gibt zu schnell auf, hat keine Geduld oder kein Durchhaltevermögen.
- Bemerkt nicht, dass er/sie in der gegenwärtigen Position nicht verwurzelt ist; lehnt sich zu weit aus dem Fenster.
- Schafft es nicht, die Akzeptanz seiner Vorgesetzten zu bekommen, weil er/sie seine/ihre Werte und Verhalten nicht synchronisieren kann.
- Zeigt zu angepasstes Verhalten, konfrontiert weder nach oben noch nach unten; löst entscheidende Personalprobleme nicht.
- Verhält sich zu teamorientiert, zu gesellig; fordert und entscheidet nicht oder bezieht keine Position.
- Erstarrt in seinem/ihrem Verhalten; lernt nicht mehr dazu und verliert seine/ihre Flexibilität; ist unfähig, sich auf neue Situationen einzustellen.
- Verhält sich zu egozentriert, denkt nur an eigene Interessen und verfolgt allein persönliche Ziele.
- Hat einen Job angenommen, der in den Augen der Kollegen keinen eigentlichen Zugewinn bringt (z. B. nur Koordination).

- Kann trotz Feedback sein Verhalten nicht ändern, zieht sich zurück und verdrängt Veränderungsnotwendigkeiten.
- Schafft es nicht, seine/ihre Mitarbeiter für sich einzunehmen; die meisten fürchten ihn/sie oder lehnen ihn/sie ab.
- Es fehlen ihm/ihr für den Job entscheidende Kenntnisse oder Fähigkeiten (sowohl fachlich-inhaltlich wie auch strategisch).
- Hat zu wenige in der Organisation, die zu ihm/ihr halten.
- Verhält sich in politischen Angelegenheiten zu verbissen; hat kein diplomatisches Geschick.

Literatur

Cason, K., & Jacques, E. (1994). *Human capability: A study of individual potential and its application.* Cason Hall & Co Pub.

Crainer, S., Hodgson, P., & White, R. P. (1997). *Überlebensfaktor Führung: über den zukünftigen Umgang mit Risiko und Unsicherheit im Management.* Signum.

Eichinger, R. W., Hodgson, P., Lombardo, M. M., & White, R. P. (1999). *The ambiguity architect navigating rough water user's manual.* Lominger Limited Inc.

Lesli, J. B., & Van Velsor, E. (1996). *A look at derailment today: North America and Europe.* Cernter for Creative Leadership.

Lombardo, M. M., McCauley, C. D., & Ruderman, M. N. (1988). Explanations of success and derailment in upper – level management positions. *Jounal of Business and Psychologie, 2*(3), 199–216.

Lombardo, M. M., McCall, M. W., & Morrison, A. M. (1995). *Erfolg aus Erfahrung.* Klett-Cotta.

McCall, M. W. (1998). *High flyers: Developing the next generation of leaders.* Harvard Business Press.

Vossen, I. & Wildenmann, B. (2006). *Unveröffentlichte Rohdaten.* Karlsruhe.

Wildenmann, B. (2015). *21 Pfade für die erfolgreiche Führung von Menschen.* Springer Fachmedien.

Wildenmann, B. (1999). *Die Persönlichkeit des Managers.* Hogrefe.

17 Zusammenhang der Faktoren Potenzial, Spin-Out Faktoren und vertikale Entwicklung der Persönlichkeit

In der zusammenfassenden Interpretation zwischen den verschiedenen Faktoren liegt eine große Chance, den Kern der Persönlichkeit zu erfassen. Daraus kann dann eine profunde Analyse entwickelt und eine valide Entscheidung gefällt werden.

Wie bereits früher bemerkt, modellieren die Erkenntnisse der vertikalen Persönlichkeit die Erkenntnisse zu den Potenzialfaktoren und Spin-Out-Faktoren. In der zeitlichen Betrachtung liegt der Schlüssel.

Wir möchten an einem kurzen Beispiel die Zusammenhänge darstellen. Es geht um eine Unternehmensnachfolge. Ein 32-jähriger Sohn soll das Unternehmen seines Vaters übernehmen. In der Analyse sticht der junge Mann durch außerordentlich hohe Werte bei Intelligenz und Komplexitätsverarbeitung hervor. Er hat einen ausgeprägten Führungsimpuls und ist sehr neugierig. Aber irgendetwas bremst seine Energie, seine Werte beim 2. Potenzialfaktor sind mittelmäßig.

Es zeigt sich auch eine hohe Anpassungsbereitschaft und Unterordnung. Er will es seinen Eltern recht machen, darunter ist ein nicht ausgelebter Ärger zu spüren, aber er nimmt seine Eltern in Schutz. Diese Kollision raubt ihm seine Energie und seine Bereitschaft, eigene Ziele zu formulieren und mit Kraft anzustreben. Auf der vertikalen Skala ist er auf Stufe 5, fällt aber immer wieder auf Stufe 2 zurück. Und verliert seinen Glauben an sich selbst.

Also wird ihm die Weiterentwicklung auf der vertikalen Persönlichkeitsentwicklung es ermöglichen, dass sich die Potenzialstufen Komplexitätsverarbeitung und Motivation aus dem Ungelösten erst voll entfalten können.

Ein weiteres Beispiel, es handelt sich hier ebenfalls um einen authentischen Fall. Wir haben diesen Fall auch verfremdet, um die betreffende Person zu schützen. Wir möchten die Dynamik, aber auch die Beziehungen zwischen den Potenzialfaktoren, den Spin-Out-Faktoren und den Stufen der vertikalen Entwicklung aufzeigen:

Wie aus Abb. 16.1 ersichtlich ist, hatte die betreffende Person für die Vorstandsposition, die sie bekleidete, nur unzureichendes Potenzial im Bereich Komplexitätsverarbeitung (Stufe 3).

Die Person arbeitete in einer Aktiengesellschaft als Vorstand im Ressort Marketing und Vertrieb. Die strategischen Entscheidungen beschränkten sich auf einzelne, nicht vernetzte Ideen, für die Entwicklung des Vertriebes waren nur wenige Ideen vorhanden. Das bislang praktizierte Vorgehen wurde unreflektiert weitergeführt.

Im zweiten Potenzialfaktor Motivation aus dem Ungelösten hatte der Kandidat hohe Werte (Stufe 6).

Im Bereich Einfluss auf soziale Systeme hatte der Kandidat Stufe 6. Allerdings war der Führungsimpuls unkultiviert und sehr autoritär. Durch den grenzwertigen Führungsstil entstand in dem ganzen Bereich eine sehr große Fluktuation.

Die Anpassungsleistung der Führungskräfte war immens, die Leistung des Bereiches ging stark zurück.

Im Potenzialbereich Lernen durch Erfahrung war der Kandidat nur gering talentiert (Stufe 1). Die Person erkannte zwar einen Lernbedarf, konnte aber die erkannten Bedarfe in keiner Weise einlösen.

Jetzt zu den Persönlichkeitsstufen. Hier hatte die betreffende Person die Stufe 4 erreicht, fiel aber immer wieder auf die Stufe 2 zurück und war über weite Strecken damit beschäftigt, eigene Fehlentscheidungen zu rechtfertigen und Probleme aus offenen Baustellen durch das Öffnen von neuen Baustellen zu lösen.

Am Ende wurde der Kandidat entlassen. Hier zeigt es sich eindrücklich, wie die Entwicklung der Persönlichkeit mit den Potenzialfaktoren und den Spin-Out-Faktoren synchronisiert werden kann und muss. Auch kann auf der Persönlichkeitsebene die in der Persönlichkeit liegende Ursache des Problems lokalisiert und entwickelt werden.

Allerdings können dadurch die Defizite auf der Potenzialseite nicht unendlich kompensiert werden.

Die Ursache für den fatalen Misserfolg liegt einerseits in der mangelnden Lernfähigkeit und des instabilen Selbstwertgefühls des Kandidaten. Der Kandidat war nicht fähig, seinen Führungsstil anzupassen.

Andererseits wissen wir aus der Potenzialforschung, dass die Fähigkeit, Komplexität zu verarbeiten, nur bis zu einer persönlichen Endstufe gefördert werden kann. Diese Endstufe ist durch das angeborene Talent des Einzelnen bestimmt. Dann kann das fehlende Moment nur durch Beratung und Unterstützung Dritter kompensiert werden.

Dazu ein weiteres Beispiel: Eine Marketingmanagerin wurde aufgrund ihres Erfolges in einer Wettbewerbsfirma abgeworben und für viel Geld angestellt. Es wurde der rote Teppich ausgerollt. Sie setzte sich mit voller Energie und Engagement ein. Alsbald verschlechterte sich das Arbeitsklima, die Mitarbeitenden, alles Akademiker, beklagten sich über zu hohe Leistungserwartungen, über das mitunter abweisende Verhalten, über die mangelnde Wertschätzung und Beachtung und über fehlende oder laufend veränderte Prioritäten. Die ganze Situation wurde zum Problem, als selbst die außerordentlich hohen Gehälter die entstehende Fluktuation nicht mehr aufhalten konnte.

Die psychologische Ursache lag in ihrem Perfektionismus, genährt durch ein frühes Gefühl der eigenen Unzulänglichkeit und Wertlosigkeit. Sie setzte sich wie alle anderen unter Druck, weil sie nicht an sich glauben konnte. Sie musste lernen, sich zu reflektieren und eine Bereitschaft entwickeln, auch auf tieferer Ebene an sich zu arbeiten.

Im Zusammenspiel der Potenzial- und Persönlichkeitsfaktoren zeigt es sich, dass die Persönlichkeitsfaktoren kein eigenes Potenzialkriterium sind. Vielmehr helfen diese möglichen Entwicklungen, dass sich die Potenzialfaktoren entfalten können oder dass Einschränkungen aufgelöst werden. Es geht auch darum, Werte zu realisieren. Eine Person auf Stufe 3 kann ökonomisch sehr erfolgreich sein, dabei aber weitgehend rücksichtslos handeln. Durch eine Reifung der Persönlichkeit könnte eine qualitative Veränderung stattfinden. Eine Vergrößerung der Werteorientierung würde sicherlich zu einer Vergrößerung des Netzwerkes führen. Die Orientierung auf die Qualität würde einen viel größeren Stellenwert bekommen. Dann würde das Thema Skalierung in den Mittelpunkt rücken. Der Mensch möchte ein Ganzes schaffen, etwas, das bleibt.

Durch die Reifung der Person entstehen also Möglichkeiten, die sonst verborgen bleiben. Es werden dadurch Bereiche erschlossen, die sonst nicht realisiert werden. Die Persönlichkeit wirkt wie ein Katalysator: Die einzelnen Potenzialbereiche werden dadurch viel wirksamer. Durch die Entwicklung des Selbstwertgefühls werden insbesondere die sozialen und Verhaltensbereiche gestärkt. Die Menschen entwickeln eine hohe Beziehungsfähigkeit, eine von innen kommende Überzeugungsfähigkeit und eine hohe Autonomie im Verhalten.

Ein weiterer Faktor ist die stets über die Stufen zunehmende Bewusstheit in der Wahrnehmung seiner selbst wie auch der anderen. Die Menschen auf den höheren Stufen der Reifung möchten mehr verstehen, warum etwas passiert. Sie sind dann auch bereit, sich selbst auf einer tieferen Stufe zu analysieren und können eigene Schwächen erkennen, ohne sich deshalb abzuwerten.

So zeigt sich hier, dass in der Kombination zwischen den horizontalen Verfahren, den Potenzialeinschätzungsverfahren und den vertikalen Verfahren ein enormes Kombinationspotenzial steckt. Wir haben deshalb diese 3 Bereiche in diesem Buch dargestellt. Einmal das Wildenmann-Potenzial-Verfahren, für die horizontalen Instrumente das NEO-PI-R-Verfahren und den Reflektor Big Five, für den vertikalen Bereich das Wildenmann-Modell Vertikale Persönlichkeit.

Dadurch gewinnen sowohl Assessmenteinschätzungen an einer qualitativen Ausweitung wie auch die Ansatzpunkte für eine Beratung von Menschen in unterschiedlichsten Lebenslagen deutlich an Qualität. Außerdem verbreitet sich das Spektrum von möglichen Interventionen in der Analyse- und Lösungsphase einer Beratung.

Literatur

Abrahams, J., & Zweig, C. (1991). *Meeting the shadow.* Penguin Putnam Inc.
Ahnert, L. (Hrsg.). (2014). *Theorien in der Entwicklungspsychologie.* Springer.
Angleitner, A., & Ostendorf, F. (2004). *NEO-Persönlichkeitsinventar nach Costa und McCrae.* Hogrefe-Verlag GmbH & Company KG.
Bents, R., & Blank, R. (2004a). *Typisch Mensch: Einführung in die Typentheorie.* Hogrefe Verlag GmbH & Company KG.
Bents, R., & Blank, R. (2004b). *Golden profiler of personality – manual.* Huber.
Cason, K., & Jacques, E. (1994). *Human capability: A study of individual potential and its application.* Cason Hall & Co Pub.
Center for Creative Leadership. (1987). *Benchmarks.*
Costa, P. T., Jr., & McCrae, R. R. (1997). Personality trait structure as a universal human. *American Psychologist, 52*(5), 509.
Cook-Greuter, S. R. (1999). *Postautonomous ego development: A study of its nature and measurement.* Harvard University.
Cook-Greuter, S. (2014). *Ego development: A full-spectrum theory of vertical growth and meaning making.* Nicht veröffentlichtes Skript.
Erikson, E. H. (1976). *Identität und Lebenszyklus.* Suhrcamp.
Franz von, M.-L., & Hillmann, J. (1980). *Zur Typologie C. G. Jungs, Schriftenreihe des C. G. Jung-Institut, Die inferiore und die Fühlfunktion.* Adolf Bonz Verlag GmbH.
Frey-Wehrlin, C. T., & Liebscher, M. (2020). *Jung, Carl Gustav: Psychologische Typen.* JB Metzler.
Howard, P. J., & Howard, J. M. (1997). *The big five workbook.* CentACS.
Hy, L. X., & Loevinger, J. (1996). *Measuring ego development.* Lawrence Erlbaum Associates, Inc.
Jacobi, J. (1971). *Die Psychologie von C. G. Jung, eine Einführung in das Gesamtwerk, mit einem Begleitwort von C.G. Jung.* Walter.
Jung, C. G. (1958). *Praxis der Psychotherapie.* Rascher.
Jung, C. G. (1960). *Psychologische Typen.* Rascher.
Jung, C. G. (1963). *Zur Psychologie westlicher und östlicher Religion.* Rascher.
Jung, C. G., von Franz, M.-L., von Henderson, J. L., Jacobi, J., & Jaffe, A. (1968). *Der Mensch und seine Symbole.* Walter Verlag AG.
Jung, C. G. (1973). *Über die Psychologie des Unbewußten, 1942.* In: Schlegel, L. (Hrsg.), *Grundriß der Tiefenpsychologie.* Franke Verlag GmbH.
Jung, C. G. (1980). *Typologie* (4. Aufl.). Walter-Verlag AG.
Lesli, J. B., & Van Velsor, E. (1996). *A look at derailment today: North America and Europe.* Cernter for Creative Leadership.
Loevinger, J., & Wessler, R. (1970). *Measuring ego development I. Construction and use of a sentence completion.* Jossey-Bass.

Lombardo, M. M., Ruderman, M. N., & McCauley, C. D. (1988). Explanations of success and derailment in upper – level management positions. *Jounal of Business and Psychologie, 2*(3), 199–216.

Lominger LTD. (1995). *Choices.* Cernter for Creative Leadership.

McCall, M. W. (1998). *High flyers: Developing the next generation of leaders.* Harvard Business Press.

McCall, M. W., Lombardo, M. M., & Morrison, A. M. (1995). *Erfolg aus Erfahrung.* Klett-Cotta.

Ott, L., Wittmann, R., & Gay, F. (2006). *5. Das DISG-Persönlichkeitsprofil 1. Persönlichkeitsmodelle und Persönlichkeitstests: 15 Persönlichkeitsmodelle für Personalauswahl, Persönlichkeitsentwicklung, Training und Coaching* (S. 159).

Pavlov, I. P. (1927). *Conditioned reflexes; an investigation of the physiological activity of the cerebral cortex.* Humphrey.

Rooke, D., & Torbert, W. (2005). Seven transformations of leadership. *Harvard Business Review, 4.*

Schakel, L., Smid, N., & Jaganjac, A. (2007). *Reflector big five: Professional manual.* PiCompany.

Schlegel, L. (1973). *Grundrisse der Tiefenpsychologie.* UTB Franke.

Schlegel, L. (1984). *Die transaktionale Analyse.* UTB Franke.

Schwarzinger, D. (2020). *Die Dunkle Triade der Persönlichkeit in der Personalauswahl: Narzissmus, Machiavellismus und subklinische Psychopathie am Arbeitsplatz.* Hogrefe Verlag GmbH & Company KG.

Tscheuschner, M., & Wagner, H. (2008). *Der Weg zum Hochleistungsteam. Praxisleitfaden zum Team Management System nach Charles Margerison und Dick McCann.* Gabal.

Vossen, I., & Wildenmann, B. (2006). *Unveröffentlichte Rohdaten.* Karlsruhe.

White, R. P., Hodgson, P., & Crainer, S. (1997). *Überlebensfaktor Führung: Über den zukünftigen Umgang mit Risiko und Unsicherheit im Management.* Signum.

White, R. P., Hodgson, P., Lombardo, M. M., & Eichinger, R. W. (1999). *The ambiguity architect navigating rough water user's manual.* Lominger Limited Inc.

Wildenmann, B. (2003). *Leadership circle II.*

Wildenmann, B. (2015). *21 Pfade für die erfolgreiche Führung von Menschen.* Springer Fachmedien.

Wildenmann, B. (1999). *Die Persönlichkeit des Managers.* Hogrefe.

MIX
Papier aus verantwortungsvollen Quellen
Paper from responsible sources
FSC® C105338

If you have any concerns about our products,
you can contact us on
ProductSafety@springernature.com

In case Publisher is established outside the EU,
the EU authorized representative is:
**Springer Nature Customer Service Center GmbH
Europaplatz 3, 69115 Heidelberg, Germany**

Printed by Libri Plureos GmbH
in Hamburg, Germany